原书第12版

批 判 性 思 维

[美] 布鲁克·诺埃尔·摩尔（Brooke Noel Moore）理查德·帕克（Richard Parker）著　朱素梅 译

CRITICAL THINKING 12th Edition

机械工业出版社
China Machine Press

图书在版编目（CIP）数据

批判性思维（原书第 12 版）/（美）布鲁克·诺埃尔·摩尔（Brooke Noel Moore），（美）理查德·帕克（Richard Parker）著；朱素梅译 . —北京：机械工业出版社，2020.9（2024.4 重印）

书名原文：Critical Thinking

ISBN 978-7-111-66442-0

I. 批⋯ II. ①布⋯ ②理⋯ ③朱⋯ III. 思维科学 IV. B80

中国版本图书馆 CIP 数据核字（2020）第 225365 号

北京市版权局著作权合同登记 图字：01-2020-4292 号。

Brooke Noel Moore, Richard Parker. Critical Thinking, 12th Edition.
ISBN 978-1-259-69087-7

Copyright © 2017 by McGraw-Hill Education.

批判性思维（原书第 12 版）

出版发行：机械工业出版社（北京市西城区百万庄大街 22 号　邮政编码：100037）

责任编辑：薛敏敏

责任校对：李秋荣

印　　刷：保定市中画美凯印刷有限公司

版　　次：2024 年 4 月第 1 版第 12 次印刷

开　　本：147mm×210mm　1/32

印　　张：11.375

书　　号：ISBN 978-7-111-66442-0

定　　价：65.00 元

客服电话：(010) 88361066　68326294

| PREFACE 前言 |

本书第 12 版问世了，我们依然不忘初心：帮助训练学生的批判性思维、做出更好的决策，也让从事批判性思维教学的老师更得心应手地使用本书。为更好地实现我们的初愿，欢迎师生们联系我们，提出你们的宝贵意见。

一如既往，新版更新了例子，其中的人物和事件都是学生更熟知的。正如我们之前提到过的，对老师而言新近发生的事件，对于刚入校的大学生来说可能已然是模糊的历史。本书的其他变动分述如下。

章节具体变化

- 第 1 章全面介绍了我们的批判性思维观，较之前更深入地探讨了影响思维的认知偏见。

- 第 2 章中修改了一节：最佳解释推理。

- 第 3 章较为精简，但对模糊与抽象有充分探讨，对定义的种类也有更新阐述。

- 第 4 章有例行修订并增加了一部分内容：来自社交媒体的新闻。
- 第 5 章更新了图片，在"暗示"一节中增添了"意味深长地提及"这个子话题。
- 第 6 章改动较小，主要更新了例子和图片。
- 第 7 章变化不大，主要用学生更明了的语言表达各"诉诸"谬误。
- 第 8 章相对于之前的版本来说是全新的，新版将"假阳性"替换为更易理解的"错误的归纳换位"。
- 第 9 章更新为浅显易懂的例子，单独论述了"存在假设"，使人们更难忽略它。
- 第 10 章最值一提的变动是重新纳入了真值函数论证模式（简版），以便满足不同的教学需求。
- 第 11 章对概括和类比的顺序做了微调，有关因果假说的分析保持不变。
- 第 12 章主要修改了一些例子。

| CONTENTS 目录 |

前言

| CHAPTER1 第1章 |

别轻易置信

本章学习目标

1. 界定批判性思维
2. 理解信念和断言在批判性思维中的作用
3. 识别现实情境中的问题
4. 识别论证
5. 界定并识别干扰批判性思维的认知偏差
6. 理解书中术语:"真"和"知识"

2015年12月14日午前,明尼苏达州罗切斯特的一家斯特林银行,一男子入行抢劫。⊖这名男子头戴黑色绒线帽,手戴黑色手套,胸前印有四叶草的绿色运动衫上写着"好运相伴"。他向银行

⊖ http://www.postbulletin.com/news/crime/robber-hits-rochester-bank-a-second-time-arrested-at-gunpoint/article_c0f55ab9-97b5-5a52-95d7-484ef2b6fcc9.html.

工作人员索要现金并出示写着"带有枪支"的纸条。当警察赶到现场，跟随该男子留在雪地上的足印追到附近的 Comfort Inn 停车场时，他已驱车离去。

次日，KIMT-TV 的记者在该银行追踪报道这起抢劫案时，那名男子竟试图再次抢劫这家银行。被访者一看到抢劫男子便大声喊叫："那就是强盗！"记者立即打电话报警。这一次，警察顺着嫌疑人的脚印，认准了他的车辆并逮捕了他。

目前，教育家对到底什么是批判性思维尚未达成共识。尽管如此，毫无争议的是：那名"好运相伴"的男子不是批判性思考者。首先，抢劫银行不是谋生的最佳方法。其次，纵然执意要抢劫银行，也不能留下通向自己车辆的足迹，也不该在电视摄制组正在拍摄时实施抢劫。批判性思维涉及许多方面，其中一项就是：考虑行动的可能结果。

通常，当我们得心应手地思考或行动时，我们并不是在进行批判性思考。当我们评估信念和行为时（即当我们对其进行批判时），批判性思维就开始了。有一种常见思维：它让我们形成看法、进行判断、做出决定、制订计划、形成结论、提出假说等。还有一种批判性思维：它批判前一种思维，让前述思考过程及推理接受理性评估。在我们考量自己（或者他人）的思维是否符合逻辑、是否符合好的标准的时候，我们就是在进行批判性思考。

当你学习其他课程时，老师会对你提交的作业展开批判性思考，给出相应的批判性评语。你也可以自己进行批判性思考，对自己完成的作业展开批判性思考，让老师无可挑剔地对你说："干得好！"

类似的情况也会出现在工作场所或军队中。当需要你解决问题、对棘手的情况提出建议或针对一系列问题给出结论时，你的同事、朋友或上司往往会给你反馈或评论，他们所做的就是对你的论证进行批判性思考。

当然，如果你聪颖过人以至于思考时从不犯错，那你可能不需要别人的反馈。遗憾的是，有证据表明，以为自己是专家的人更有可能相信他们知道自己不知道的事情。[○]绝大多数人都难免在推理时偶尔出错。人们往往会忽视重要的因素，会无视和我们所持观点相抵触的思想。另外，我们的思想可能并不像自己所认为的那样清晰明白。人们通常都会从这种批判性评价中获益，哪怕这种批判性的评价是由我们自己做出的。如果我们不是随心所欲地敷衍了事，而是对自己的论证展开反思并不断完善，我们就更可能得出合理的结论。

当有人试图影响我们的思想和行为时，批判性思维就有了用武之地。从购买厨具到为总统投票，我们往往要接收来自陌生人或朋友的种种说辞。如何对销售说辞进行批判性评估难以在此一言蔽之，但可以肯定地说，批判性思维能帮助我们识破骗局。

有些教育者将批判性思维等同于解决问题或创新思维（跳出框架的思维）。这个看法很好，尽管有时候这些被推荐的解决问题方案和可能的创新必须接受检验，但这恰恰是批判性思维的来源。

本书旨在指导读者如何展开批判性思维。本书将阐释好论证的最低标准，即无论在何种语境中，值得我们关注的推理所必须满足的基本条件。同时，本书还将介绍常见的不利于构建好论证的诸多干扰因素，也会教你识别人们在形成结论时的常见错误。大学里的其他课程也会在一定程度上提高你的思维能力，这些课程会训练你基于给定的原则、特定的视角，思考哪些重要因素是需要考量的。但是这些课程不会专门关注在形成结论的过程中，哪些论证违背了本书中给出的本该遵守的论证规则。

即使不能起到其他作用，阅读批判性思维的书或者学习批判

○ *Scientific American Mind*, January/February 2016, p.13.

性思维的课程也起码可以帮助你避免在论证的过程中人们易犯的种种错误。越少犯这些错误，你就会越明智。不是指你在一时一事上精明起来，而是指你总体上更明智。批判性思维的各项技能可以运用于任何你运用思想的领域。

无论我们是对自己的思维还是他人的思维展开批判性思维，提出的具体问题都依赖于所讨论的议题。决定投票给谁、是否买房、数学证明是否可靠、买什么牙膏、养哪种狗等，不同的问题需要考虑不同的因素。但无论考虑什么，我们都希望能够避免做出或接受不好的论证。我们还希望排除无关因素的干扰，希望不任由情感主宰自己的思想，希望不做谬误和偏见的牺牲品，不听信于不称职的权威或者一知半解的臆断。所有这些，虽然没有囊括评估推理的所有标准，但它们是主要的，也是重要的，本书将分别关注并分析这些。

批判性思维（详细版）

教育资助委员会的大学学习评估工程（CLA）具体罗列了很多批判性思维的重要技能。率先掌握这些技能能使你脱颖而出。这些技能如下：

- 判断信息是否恰当
- 区分理性的断言和情感的断言
- 区别事实和观点
- 识别证据的不足
- 洞察他人论证的陷阱和漏洞
- 独立分析数据或信息
- 识别论证的逻辑错误
- 发现数据和信息与其来源之间的联系
- 处理矛盾的、不充分的、模糊的信息

- 基于数据而不是观点建立令人信服的论证

- 选择支持力强的数据

- 避免言过其实的结论

- 识别证据的漏洞并建议收集其他信息

- 知道问题往往没有明确答案或唯一解决办法

- 提出替代方案并在决策时予以考虑

- 采取行动时考虑所有利益相关的主体

- 清楚地表达论证及其语境

- 精准地运用证据为论证辩护

- 符合逻辑且言辞一致地组织论证

- 展开论证时避免无关因素

- 有序地呈现增强说服力的证据

资料来源：www.aacu.org/peerreview/pr_sp07_analysis1.cfm.

1.1 信念和断言

我们为何要不厌其烦地进行批判性思维？前面已经说到，批判性思维的终极目标在于形成正确的结论、做出明智的决定。由于人们的决定其实反映了他们的结论，简便起见，我们可以说，批判性思维的目的在于得出正确的结论，实现这个目的的手段就是用理性的标准来评估我们的思维。当然，我们也可以运用批判性思维评估他人的思维。

得出结论的时候也就是形成信念的时候。结论和信念密切相关。如果你得出结论"电池没电了"，你就会相信电池没电了。下面我们将界定一些重要概念。

显然，信念就是你所相信的。需要强调的是，信念是命题。也

就是说，信念可以表达为陈述句，它或者为真或者为假。澄清这一
点就可以避免许多混淆，后面还将说明这一点。

　　本书对"信念""判断""观点"的使用不做区分。当我们用陈述
句来表达信念（或者判断、观点）时，都是在"陈述"或者"断言"，
对于我们的表达而言，这些是不必区分的。断言固然可以用于表达
信念之外的东西，但对于本书的运用而言，断言主要用于表达信念。

信念和断言是命题，它们被表达为或真或假的陈述句。

不批判性思考有可能导致滑雪的你被冰雪掩埋。

1.1.1　客观断言和主观断言

　　在说明何为"结论"之前，我们先来区分客观断言和主观断言。
客观断言（objective claim）的特征是：它的真或假不取决于思考
者认为它是真还是假。"火星上有生命"就是客观断言。纵使突然
间所有的人都认为火星上有生命，火星上也不会真的因此突然出现
生命。"上帝存在"也是客观断言，因为它是否为真并不取决于人
们是否认为它真。

　　虽然客观断言或者为真或者为假，但是对于一个给定的断言，

我们有可能并不知道其真假。"俄勒冈州的波特兰离北极比离赤道近"是一个真的客观断言,"俄勒冈州的波特兰离赤道比离北极近"是一个假的客观断言,而"俄勒冈州的波特兰比缅因州的波特兰有更多的集邮爱好者"则是一个真假未知的客观断言,至少本书作者不知道这个断言的真假。

当然,并非所有的断言都是客观的。"布鲁诺·马尔斯自命不凡"就不是客观断言,因为它不具有上面提到的特征。一个人是否自命不凡的确取决于人们的想法。如果没有任何人认为布鲁诺·马尔斯自命不凡,他就不是。如果帕克认为布鲁诺·马尔斯自命不凡,而摩尔认为布鲁诺·马尔斯不是,那他们可以各持己见。因为关于某人是否自命不凡的观点,与观点持有者的看法有关。

这一类的断言是主观断言(subjective claim)。主观断言的真假与人们认为它为真还是为假不无关联。关于口味的判断就是典型的主观断言,如"米醋太甜"。米醋是否太甜?这取决于你怎么想。有的比较往往也是主观断言,如单板滑雪比双板滑雪更有趣吗?除了你如何想以外,并没有更进一步决定其真或假的依据。值得注意的是,许多陈述既包含客观的元素也包含主观的成分。例如"有人偷走了我们俏皮的混凝土草坪鸭",草坪鸭是不是"混凝土"的是客观断言,草坪鸭到底是不是"我们"的也是客观断言,它是否被偷了还是客观断言,但被偷的混凝土草坪鸭到底是否"俏皮"是主观断言。

1.1.2 事实与观点

人们往往会区分"事实"与"观点",并认为所有的观点都是主观的。但并不是所有的观点都是主观的,因为有的观点的真假并不取决于观点持有者的个人看法。而且,本书中,"观点"可以等同于"信念"。如果你相信俄勒冈州的波特兰离北极比离赤道近,那么你的观点是真的,但即使你改变了主意,你之前的这个信念还是真的。如果愿意，你可以把客观的观点称作关于事实的观点或信念，但这并不意味着任何关于事实的观点都是真的。"俄勒冈州的波特兰离赤道比离北极近"就是一个假的关于事实的观点。

> 关于事实的观点（信念、断言）与客观的观点（信念、断言）所表达的意思相同：其真假不取决于主体怎么想。

关于思维的思维

> 客观断言的真假与思考主体的看法无关！针对这一点，你可能会问："'乔安妮在想弗兰克'这个陈述的真假不是取决于乔安妮的看法吗？"答案是否定的。这个陈述的真假取决于乔安妮是否在想弗兰克这个事实。

1.1.3   相对主义

相对主义（relativism）是这样一种观念，即真理与特定文化的标准有关。更确切地说，相对主义认为，如果你的文化和其他文化具有不同的真理或证据标准，就不存在独立的"上帝视角"来判断一种文化标准是否比另一种更为正确。

无论如何看待这样一种抽象的哲学学说，都不能认为客观陈述的真可以通过一种文化认为它真来决定。假如某文化一致认为"水"不是 H_2O，那要么是该文化中的人弄错了，要么他们的"水"这个字并不指称水。

1.1.4   道德主观主义

道德主观主义（moral subjectivism），即道德观念是主观的，例如"斗牛在道德上是错误的"或"杰森不应该对父母撒谎"。换句话说，如果你认为斗牛在道德上是错误的，那这是于你而言的，你并不需要考虑任何其他真相。哈姆雷特的一句名言"世事本无好坏，皆因思想使然"很好地表达了道德主观主义。

要警惕哈姆雷特的这条格言。不妨问问自己：如果有人真相信折磨驴子或将通奸的妇女处死无可厚非，你会认为那是他的想法，而让他折磨驴子或用石头砸死通奸的妇女吗？显然你不会这样。就如认为电解液对人体有益不会导致人们认为喝电解液对人体有益一样，认为上述两种行为无可厚非并不会给行为带来任何正当性。

1.2 论题

本书使用论题（issue）这个概念，指的就是问题。摩尔比帕克高吗？当我们提出这样的问题时就在提出一个论题：摩尔是否比帕克高。换一种说法，我们是在探讨断言"摩尔比帕克高"是否为真。就像我们已经讨论过的，有些问题或论题是客观问题或论题（objective question or issue）。摩尔是否比帕克高就是一个客观问题，因为它的答案并不取决于我们怎么想。

另有一些论题是主观的。我们已经解释过这一点。歌手"吹牛老爹"的衣着是否得体就是一个主观论题。

讨论论题的首要任务就是确定到底什么是论题。我们将会发现，在实际情形中，准确识别到底什么是有问题的断言（即论题到底是什么）不仅是重要的，而且往往是困难的。我们识别论题的困难是由多种原因导致的：从有意混淆到含混的术语以及思想本身的混乱等。

让我们来看看沃伦·哈丁总统在其就职演说上说的一段话：

我们曾毫无准备地错过了面临的实际挑战，现在该考虑如何让我们所有的公民都加强公民责任并增加我们的成就。

令人费解吧！你能理解哈丁的意思吗？没有任何人能理解。因为这些话根本就不表达任何意义（美国讽刺作家亨利·路易斯·门肯曾将之描述为"通过手势而明白的冠冕堂皇的废话"[○]）。我们将在第 3 章中具体深入地阐述如何理解一个断言的意义。

如果我们不知道一个论题到底指的是什么，就无从评价支持或反驳该论题的论证。如果我们不知道一个论题到底指的是什么，对于进一步解决关于该论题的争议就会束手无策。对于"在别的空间里是否生活着和你一模一样的人"这个问题，何种证据能支持你回答有或没有呢？没有人能给出答案（除非接受过高等物理教育的人在技术层面使用相关的术语，否则，当提到不同的"空间""平面"或"宇宙"时，人们都会不知所云）。"一切都是一体的吗"也可以说是一件你无法解决的事情，就像你想知道"整个宇宙是不是在 5 分钟前被虚假的记忆和虚构的记录瞬间创造出来的"一样。[○]

并非只在讨论形而上学的问题时才会出现论题模糊的现象。政客总是喜欢咏叹："人生而向往自由。"这样的说法听起来无疑深得人心，但仔细推敲你可能不禁会问：到底有哪些证据支持这个说法呢？

我们并没有说只有那些能通过科学测试或实验的方法去解决的论题才值得考量。道德论题就无法通过科学的手段去解决。数学难题、历史问题、重大的哲学疑难等都无法通过实验的方法来求解。上帝存在吗？有自由意志吗？上帝是否存在或者有无自由意志究竟有什么不同？法律问题、美学问题等一系列问题都是不能仅仅借助科学方法就得出答案的，这样的问题还可以列出一长串。我们谈论这些主要是要说明，如果要让自己或者他人认真思考某个问题，要让批判性思维者认真对待某个问题，就必须考虑到底哪些因素与问题的答案有关。

○ Reported on NBC News, *Meet the Press*, January 16, 2005.
○ 这个著名的例子来自哲学家伯特兰·罗素。

1.3　论证

据我们所知，许多大学生在认真考虑是否要养猫或狗，这让他们很矛盾。一方面，养个好宠物很棒，但另一方面，这将带来额外的工作和开支，而且他们不知道去旅行时该如何安置宠物。

如果你是这样的学生，就需要从正反两方面权衡论证。论证（argument）是为接受一个断言给出理由。下例就是一个论证：

狗可以陪伴我，所以我要养只狗。

下面是另一个论证：

有狗的话，房东会提高房租的，所以我不能养狗。

第一个论证是要养狗，第二个论证则是不能养狗。

你擅长推理吗？

你是那种擅长推理的人吗？有些人是。不幸的是，也许不太擅长推理的人最有可能高估自己的推理能力。

资料来源：Justin Kruger and David Dunning, "Unskilled and Unaware of It: How Difficulties in Recognizing One's Own Incompetence Lead to Inflated Self-Assessments," *Psychology* 1 (2009): 30-46.

论证由前提和结论两部分构成。其中，前提（premise）是为另一个断言提供理由的陈述，一个论证中可能含有多个前提。被前提支持或证明的断言就是论证的结论（conclusion）。

对于所有的论证而言，论证的结论就是在表明对论题所持的立场，而论证的前提则是要给出持特定立场的理由。

上面两个论证示例，要解决的问题是，我是否应该养狗。第一个示例的前提（狗可以陪伴我）给出了我应该养狗的理由。第二个示例的前提（房东会提高房租的）则给出了一个我不该养狗的理由。

这与批判性思维有什么关系？你想针对重要问题（示例中为是否养狗）做最佳决策时，会从正反两方面评估利弊。能明智地进行这种权衡和评估，或许不是批判性思维的全部，却是批判性思维的根本要素。

本书的大部分篇幅都是探讨对论证的理解和评估的。在第2章中我们将对其展开具体讨论，这里先谈值得注意的两点：

1. 并非所有的论证都像上面的示例那样简洁清楚，有的论证复杂而且长篇大论。爱因斯坦的 $E=mc^2$ 的结论需要一系列高深的数学和物理理论的支持，而这些理论共同构成了对 $E=mc^2$ 的论证。

2. 不是所有的问题都需要论证来解决。对于你的嗓子疼不疼的问题，你无须论证就可以直接说明。

下一节，我们将讨论影响我们清晰思考的心理因素。

1.4 认知偏差

潜意识特征有时会以意想不到的方式影响人们的心智过程。最近的研究表明，穿着正装或身穿医生的白大褂可能会提高一个人在认知测试中的表现。看到快餐商标（例如麦当劳的金色拱门）可能会使人更仓促地处理信息。在一个实验中，当被试被告知所戴的昂贵太阳镜是假冒的时，在涉及现金支付的测试中，这些被试的作弊倾向就增加了。在另一项实验中，男性被试身穿T恤时比他们西装革履时在模拟谈判中获利更少。

⊖ Referenced in *Scientific American Mind*, January/February 2016, p.13.

⊖ Referenced in a posting dated April 13, 2010, by Christopher Peterson in *Psychology Today*. https://www.psychologytoday.com/blog/the-good-life/201004/fast-food-and-impatience.

⊜ This and the experiment cited in the next sentence also are referenced in *Scientific American Mind*, January/February 2016, p.13.

假如我们是完全理性的，我们对事物的判断将会绝对基于逻辑和客观证据。然而，信念的形成过程总会掺杂一些难以察觉的人类固有的心理因素。心理学家把这些时常难以预见的心理因素称作认知偏差。认知偏差扭曲着我们对现实的理解，干扰我们清晰、精确、客观思考的能力。

举个例子，在判断某人提出的一个观点时，我们的思维更倾向于"我是否赞同这个观点"而非"此观点是否合乎逻辑"。比如以下这段推断，它是不是好的推理呢？

> 所有斗牛犬都是狗。
>
> 有的狗咬人。
>
> 因此，有的斗牛犬咬人。

这不是好的推理。依据这种推理逻辑我们可以得出结论，有的斗牛犬是猎狐犬。毕竟，所有的斗牛犬都是狗，有的狗是猎狐犬。如果你花了一些时间才发现上面论证的逻辑错误，那是因为这段话的结论是正确的。

通过结论的可信度来判断一个推论的正确与否被称作信念偏差（belief bias）。与此密切相关的认知偏见是确认偏差（confirmation bias），这是指对支持自己观点的证据给予更多权重的倾向。民主党人往往认为福克斯新闻中的证据充满偏见，共和党人则可能认为支持福克斯新闻充满偏见的证据是微不足道、难以服人的。在科学中，好的实验要确保实验者不会"挑选"证据，即寻求支持（他们自认为正确的）假设的证据，而忽略相反的证据。

确认偏差和信念偏差之间没有严格的区别，它们都是人类倾向的无意识表达：人们认为自己对问题所持的立场就是正确的一面。批判性思维意味着我们要对支持自己观点的论证特别警醒。

有些认知偏差会掺杂着启发（heuristics），也就是我们下意识锁定某些情况来预测事件的可能性。下例就是可得性启发（availability heuristics），人们无意识地依据刚提及的事件的频率来判断这件事发生的可能性。比如，看完很多起地震、坠机或者虐童的新闻后，你会整天想这些事。也正因如此，你很可能高估了这些事件发生的概率。如果坠机率真的上升了，你也理所应当更频繁地听到关于坠机的信息，这没错。但是这并不说明你想的越多，某事发生的概率就越大。

从可得性启发中可以看出逸事概括（我们将在后面讨论这个逻辑谬误，当一个人仅根据一份证据便对某个事物产生一个绝对的概括时，这个人便在逸事概括）这样的错误是多么容易发生。可得性启发甚至还跟错误共识效应（false consensus effect）有关，错误共识效应指人们默认自己和周围人的观点、与整个社会的观点一致的倾向。⊖

另一扭曲认知的是从众效应（bandwagon effect），它指人们下意识地让自己的想法向大多数人的想法靠拢的倾向。从众效应是我们认知扭曲背后威力最强的罪魁祸首之一。在一项著名的实验中，心理学家所罗门·阿希（Solomon Asch）发现其他人说的他们所看到的事物甚至有可能改变我们认为我们自己看到的东西。⊖我们（本书的作者们）让学生用智能手机和遥控器来选择或投票。这使得班内学生的选项或投票分布以柱状图的形式立刻显示在大屏幕上。结果常常是当一个选项获得一些投票后，几乎所有人都改变了他们原本的选择并相信这一选项才是对的，即使这个选项明显不正确或不合逻辑。

如果你以前不明白为什么消费品企业总是千篇一律地做自己销量第一的广告，那现在答案应该已经在你脑中了。市场营销人员懂

⊖ L. Ross, "The 'False Consensus Effect': An Egocentric Bias in Social Perception and Attribution Processes," *Journal of Experimental Social Psychology* 13, no. 3 (May 1977): 279-301.

⊖ 关于阿希对自己研究的总结，见 www.panarchy.org/asch/social.pressure.1955.html。

得从众效应。他们知道只要让顾客相信很多人都在买他们的产品，销量就会提升。

政客同样也知道我们常常下意识地将自己的想法靠向大众观点。因此，为了赢得选民支持，宣传者在演讲中宣称有很多人都支持他们。有时他们甚至会用更加有效的办法——断言没人支持他们对手。假如有两个选项 X 和 Y，"没人会喜欢 X 的"比"大家都喜欢Y"更能让人们支持 Y。这是消极偏见（negativity bias）——人们在评估时，相较于积极信息更看重消极信息的倾向——使然。消极偏见在我们的脑海中根深蒂固：我们的大脑神经对负面信息比对正面信息更敏感活跃。[⊖]在经济学中有一个消极偏见的推论：人们往往更愿意避免损失而不是积累收入，即损失规避（loss aversion）。

理性选择？

批判性思维的目标在于得出正确的结论或者做出明智的选择或决定。日常经验告诉我们：渴望、担忧、个人目标等都会影响人们的选择。正如文中解释的那样：实验心理学已经揭示，还有很多未曾料到的、令人惊讶的因素影响着人们的思考。

- 在最近的一个实验中，耶鲁大学和哈佛大学的研究者让被试通过阅读申请者的个人简历来评估候选人的工作能力，申请者的简历被夹在笔记板上呈现给被试。一些笔记板的重量是0.75 磅①，而另一些笔记板的重量是 4.5 磅。持有较重笔记板的被试给了候选人总体较高的评价。显然，对候选人条件的"理性评估"被完全无关的物理暗示干扰了。

① 1 磅 = 0.454 千克。
资料来源：*The Sacramento Bee*, June 23, 2010.

⊖　Tiffany A. Ito, et al., "Negative Information Weighs More Heavily on the Brain," *Journal of Personality and Social Psychology* 75, no. 4 (1998): 887-900.

当遇到下述现象时不必大惊小怪：对于隶属异于自己的社团、教派、党派或国籍的人，人们更容易形成负面看法，这是圈内偏见（in-group bias）的表现，它是另一可能扭曲和误导我们认知和判断的因素。我们时常认为自己的圈内人员组成非常多元化、有个性，而圈外人都是如蝼蚁一般相互之间毫无区别的人。同样，我们常常把圈内人的成功归结于勤奋努力，把失败归结于天公不作美。对于我们圈子以外的人，则认为他们的失败多半是因为他们自己的缺陷，而他们的收获多半是好运所致。这种认为只有自己才会被意外和现实所制约而外人不会的倾向叫作**基本归因错误**（fundamental attribution error）。⊖

实验结果显示，人与人之间并不需要多少共同点就能构建出组群身份和归属感。就算是通过扔硬币的方式被分到同一组的人也会立刻对组内的人产生归因偏见。⊜在著名的社会心理学实验"罗伯山洞实验"（Robber's Cave experiment）中，22 个互不相识的 12 岁男孩被随意分成两组。当两组产生竞争关系时，各组的组员们都展现出对对方组的敌意，很多其他举动也都表明他们已经被圈内偏见所控制。⊜

人们对谁是圈内人谁是圈外人往往会快速做出判断。高中的转校生立刻就会被新学校的学生贴上"外来者"的标签。曾经，本书的作者之一和他的夫人在加州繁华富裕的小镇卡梅尔（Carmel）的海岸线上遛狗（一条并不名贵的狗）。夫人牵着狗继续向前走时，作者因停下来系鞋带落在夫人身后。恰好此时，一位穿戴时尚的女

⊖ E. E. Jones and V. A. Harris, "The Attribution of Attitudes," *Journal of Experimental Social Psychology* 3 (1967): 1-24. Henri Tajfel, *Human Groups and Social Categories* (Cambridge, England: Cambridge University Press, 1981).

⊜ Tajfel, *Human Groups and Social Categories*.

⊜ 关于罗伯山洞实验的报告，请见 http://psychclassics.yorku.ca/Sherif/。

士路过并略带蔑视地瞟了一眼作者蹦蹦跳跳、傻里傻气的狗。可能因为她觉得这不是一只符合当地气质的纯种贵妇犬吧，她扬起了下巴，做出一副高傲的姿态。那名女士走到因系鞋带落在后面的作者面前时，仍扬着下巴，愠怒道："看见前面那个女人了吗？她一看就不是咱们镇上的人。"很明显，她不知道刚才路遇的妇人正是这位男人的妻子。仅仅因为作者没牵那条举止不高贵的狗，这位女士便认为作者跟她一样是这富裕小镇的一员，与作者的夫人不同。

在 20 世纪 60 年代进行的一系列关于服从权威（obedience to authority）的实验中，心理学家斯坦利·米尔格兰姆（Stanley Millgram）安排穿着白大褂的实验人员让普通男人和女人对无辜的人实施足以致命的电击，愿意听命的人的百分比高得令人难以置信。⊖这个结果可以有很多种解释，但人们有无条件听命于权威的倾向这一点已无须其他实验来进一步确证了。我们最近听说了法国的一个假冒电视娱乐节目的测试，它与米尔格兰姆的实验类似。在这项测试中，主持人让选手们对另一位假扮的选手施以电击。这些选手都立刻照做了，完全没有考虑他们有可能杀死对方。我们并不能清晰地断定人们到底是仅仅因为在盲目服从权威还是因为一些其他的本能而做出这些举动，但可以肯定的一点是，这种过激举动绝对不可能是理性思考的结果。⊜

另一种心理和认知干扰源来自过度自信效应（overconfidence effect）。它是自我欺骗偏见的一种，并可以在多种不同的环境下

⊖ 米尔格兰姆在 *Obedience to Authority: An Experimental View* (New York: HarperCollins, 1974) 中讨论了这个实验。

⊜ 美联社记者詹姆斯·基顿在 2010 年 3 月 18 日的《萨克拉门托蜜蜂报》（*The Sacramento Bee*）中提及，被试是否怀疑过这些电击并不是真的呢？他们事后的陈述并未排除他们怀疑的可能，但同时也显示他们确实认为自己真的在给实验中的假扮选手施加电击。

起作用。[⊖]当人们预估自己对某事判断正确的概率时，预测值通常都比实际值要高——至少在问题很难或者在所面临的是不熟悉的领域时。[⊜]也许过度自信效应可以解释为什么《美国偶像》(*American Idol*) 中的许多参赛人开始都信心满满地认为自己就是下一位美国偶像，而当评委宣布他们不能进入下一轮的时候他们会震惊得说不出话来。[⊜]

与过度自信效应密切相关的一个概念是高于平均水平的错觉(better-than-average illusion)。这种错觉使人们认为自己比大多数人要更足智多谋或有更好的驾驭能力。一个经典案例是 1976 年对 SAT 考生进行的调查。在这项调查中，50% 以上的人认为自己比一半以上的 SAT 考生更有领导力。^⑩同样的现象发生在当人们把他们的智力、记忆力以及工作能力与他们的同事进行比较时。在我们自己做的非正式测试中，超过 80% 的学生把他们自己的批判性思考能力评为全班前 10%。

⊖ 然而，人们不理智地去夸大自己的能力并没有成为普遍现象。关于一个展现过度自信效应的在线测试，参见 http://www.tim-richardson.net/joomla15/finance-articles-profmenu-70/73-over-confidence-test.html.

⊜ Sarah Lichtenstein and other authors, "Calibration of Probabilities: The State of the Art to 1980". Daniel Kahneman, Paul Slovic, and Amos Tversky, *Judgment under Uncertainty: Heuristics and Biases* (Cambridge, England: Cambridge University Press, 1982), 306-34.

⊜ 这种可能性是由迦德·萨阿德在《今日心理》(*Psychology Today*) 中提出的，参见 www.psychologytoday.com/blog/homo-consumericus/200901/self-deception-american-idol-is-it-adaptive.

⑩ Mark D. Alicke and other authors in "The Better-Than-Average Effect". Mark D. Alicke and others, *The Self in Social Judgment: Studies in Self and Identity* (New York: Psychology Press, 2005), 85-106. "比大多数人好"的错觉也被称作乌比冈湖效应 (Lake Woebegone Effect)，具体可参见加里森·凯勒讲的在虚拟的明尼苏达小镇上所有的孩子都比大多数人好的故事。

　　遗憾的是，证据显示就算人们已经了解到高于平均水平错觉的存在，他们仍旧认为相比于大多数人，自己不易不被这种错觉影响。⊖

　　不必惊讶，在形成信念的过程中，心理和本能所起到的作用与客观证据所起的作用旗鼓相当。尽管我们的资金状况没有变化，但一辆我们昨天看来买不起的车，今天再看也许就会觉得在自己的承受范围之内。如果有人邀请我们去橄榄花园吃饭，我们会期待一次不错的晚宴。但如果那人改成去较低端的餐厅吃饭，就算他告诉我们两地的食物完全一样，我们还是会犹豫。在买 25 美元一支的笔时，人们愿意走更远的路来节省 10 美元。但如果是买一套 500 美元的西装，人们便不再愿意为了省 10 美元而多跑路。⊖我们的大脑已被编入许多"病毒"，它们扭曲我们的认知，给我们戴上有色眼镜，并影响我们客观思考的能力。

　　针对这些"病毒"最有效的防御手段是什么呢？把批判性思考变成一种习惯吧，特别要对那些似乎符合我们早已相信的观点的论证和证据持审慎态度。

1.5 "真"和"知识"

　　归根结底，我们希望通过严谨的批判性思维所得出的结论是真的，而且我们希望知道这些结论是真的。对"真"和"知识"的概

⊖ http://weblamp.princeton.edu/~psych/FACULTY/Articles/Pronin/The%20Bias%20Blind.PDF. 并非在所有积极特性方面人们都持有自己"比大多数人好"的错觉。有时候，人们会低估自己的能力。关键是人们并不能对自己的能力形成精确的判断，包括我们抵抗错觉给我们带来的影响的能力。

⊖ Daniel Ariely, *Predictably Irrational* (New York: HarperCollins, 2008), 19-20.

念的探寻源远流长。随着时间的流逝，人们不断提出解释"真"以及"知识"的具有竞争性的理论。值得庆幸的是，仅就我们的讨论而言，我们不需要深入探究历史上的各种相关论争。

针对"真"，我们首先需要理解的是：通常，任何可以称作信念或者断言的陈述，不是真的就是假的。无论一个命题表达的是信念、观念、判断还是陈述或断言，真或假都是命题的特征。正如前面所说的，命题的真、假特征是客观的，它不因人们对命题所持的态度而改变。

断定一个断言为真的方式多种多样。通常，我们认为下列语句都在做相同的断定：

桌上有本书。

桌上有本书，这是真的。

事实上，桌上有本书。

的确，桌上有本书。

尽管日常生活中我们明白"我知道"意味着什么，但针对"知识"，哲学家展开了深入、持久的论争。通常满足下列条件时，你就有资格说自己知道"桌上有本书"是真的：（1）你相信桌上有本书；（2）你已经排除合理怀疑，证明了自己的信念；（3）没有理由怀疑你会在相信此事上犯错，如你曾多夜未眠或服用迷幻药之类。彻底的怀疑论者认为，我们不可能知道任何事。但人们不禁要反问：他们何以知道这一点？或许他们的答复是：凭借猜测。

1.6　批判性思维所能做的和不能做的

批判性思维是评估你自己或者他人就特定情形得出的结论的思考过程。这么说或许有过于窄化之嫌，例如作曲家在尝试寻找合适的乐器来演奏音乐主题时会进行批判性思考，将军在确定军事目标并权衡实现这一目标的各种策略时会进行批判性思考，牙医在权衡修复牙齿的保持时间与患者的预期寿命时也会进行批判性思考，机械师试图通过听发动机声音诊断机械故障时同样会进行批判性思考。各行各业的人在面对自己的独特问题时都会检视自己的思考。

每门学科、各行各业无一例外都会涉及我们将在下一章中开始讨论的两种推理。人们的思考往往受制于情绪、利益、一厢情愿的思维，另外，我们难以避免自己的思维受包括确认偏见在内的各种认知偏见的约束。本书将揭示并警醒这些。

批判性思维并不一定能告诉你：你是否该养只狗，你该支持谁当总统，全球变暖是否为真以及为什么你的汽车不能发动。但是，针对前述每一问题的思考，批判性思维的确能够帮助你识别其中不好的推理。

本章总结

当我们评估得出结论所使用的推理时，我们就是在进行批判性思考。结论是信念，当运用真或假的陈述句来表达它们时，它们就是断言。客观信念（或观点或主张或陈述等）的真不依赖于人们是否认为它为真。

论题只是一个问题。论证用来确立对论题的立场，立场是论证的结论。情感、利益、一厢情愿的思维、确认偏差及其他妨碍客观性的心理因素都可能影响对论证的评估。

下面是本章中探讨的思想的完整清单。

- **断言**：用陈述句表达的信念（判断、观点）就是断言或陈述。

- 客观断言和主观断言：其真假不取决于思考者的看法的断言是客观断言。不具备前述特征的断言就是主观断言。
- 事实与观点：人们有时候称真实的客观断言为"事实"，用"观点"指主观断言。
- 关于事实的观点：一种客观观点。说一个观点是"关于事实的"并不是指它是真的，而是指它的真不取决于思考者是否认为它真。
- 道德主观主义：道德主观主义是这样一种观念，在谈论事物的道德属性时，所有的断言纯粹是主观的。"世界上的事并没有好坏之分，是人的想法做了这样的区分。"
- 论题：问题。
- 论证：论证由两部分组成，即为结论提供支持的前提以及被前提所支持的结论。
- "论证"：有时候人们用论证这个词表达的实际上是论证的前提。
- 论证和论题：论证的结论所表达的是，经过考虑之后的关于论题的立场。
- 认知偏差：影响人们信念形成的心理因素，具体如下。
  - 信念偏差：通过结论的可信度来判断一个推论正确与否。
  - 确认偏差：看重支持我们观点的想法的倾向。
  - 可得性启发：依据提及一个事件的频率来判断这件事发生的可能性。
  - 错误共识效应：指人们假定自己的观点和周围人以及整个社会的观点大致相同。
  - 从众效应：指人下意识地让自己的想法向大多数人的想法靠拢的倾向。

- 消极偏见：指人们相信消极信息多于积极信息的倾向。
- 损失规避：人们往往更愿意避免损失而不是积累收入。
- 圈内偏见：认为属于自己圈内的人与圈外人不同的认知偏差。
- 基本归因错误：以不同的方式理解自己和他人的行为、圈内人与圈外人的行为。
- 服从权威：听从权威指令的倾向。
- 过度自信效应：过高估计自己对于某事判断正确的概率。
- 高于平均水平的错觉：指人们在与他人相比时，过高地估计自己的能力。

● 真：一个断言如果不是假的，就是真的。

● 知识：如果你相信某事为真，并排除合理怀疑，证明了它的真，而且没有理由认为你是错的，那就可以断言——你知道。

| 第 2 章　CHAPTER2 |

两类推理

本章学习目标

1. 识别论证的特征
2. 区分演绎推理和非演绎推理；理解推理的有效、可靠以及推理的强和弱
3. 识别推理的未表达前提
4. 识别衡平推理、最佳解释推理（IBE）
5. 区分作为说服手段的道德、情感和逻辑
6. 理解分析评价论证的技术

这一章深入讨论论证（不同于后面要讨论的转移注意力、诉诸情感等谬误）。

2.1　论证：基本特征

论证由前提和结论两部分构成：用于支持或证明某断言的是前

提，被支持的断言是结论。

上帝存在。

这只是一个陈述，并不是论证。

上帝存在，这一点就像你的脸上有鼻子一样清楚明白。

这也不是论证，只不过是一个更加强调的陈述。

上帝存在，不信这一点的人将会下地狱。

这依然不是论证，这只是试图通过恐吓让人相信上帝存在。

我认为上帝存在，因为我是基督徒。

这看起来很像论证，但实际上不是。这只是在解释"我"为什么相信上帝。

但下例是一个论证：

上帝存在，因为宇宙有其产生的原因。

该例和前面各例之间的区别在哪里？该例中有前提（宇宙有其产生的原因）和被前提支持的结论（上帝存在）。

在第 1 章中我们解释过，论证由两部分构成：前提和结论。其中，前提用于证明结论。这里需要注意如下两点。

2.1.1 "结论"作为"前提"

同一个陈述可以作为一个论证的结论，也可以作为另一论证的前提。如

前提：刹车不灵，发动机烧机油，变速器不灵，这辆车很难发动。

　　　　结论 1：这辆车该报废了。

　　　　结论 2：我们该买新车了。

　　此例中的陈述"这辆车该报废了"是一个论证的结论，也是"我们该买新车了"的前提。

　　如果一个论证的前提不被确信、引起争议或遭遇挑战，论证者就要为之辩护，论证该前提为真。当为辩护一个论证的前提而提出新论证时，原论证的前提就是新论证的结论。在这个意义上，一个论证的结论就是另一个论证的前提，论证的过程往往由多个推理环环相扣而形成推理链。但每一推理链都有其起点。如果我们不停地要求断言者论证他的每个前提，就像年幼的孩子不停地询问"为什么"，这不仅是惹人恼怒的，也是不理性的。如果你问"为什么这车该报废"，也许会得到"这车难以启动"的回答，如果你接着问"为什么认为这车难以启动"，或许让人难于回答。

结论指示词

　　论证中运用下列语词，通常表示就已经给出的前提将要得出结论（"……"表示结论）。

　　于是……　　　　　结果……

　　所以……　　　　　因此……

　　这表明……　　　　这蕴涵……

　　这显示……　　　　这证明……

　　例如：斯塔西开保时捷，这显示她或者她父母很富有。

　　结论是：她或者她父母很富有。

　　前提是：她开保时捷。

2.1.2　未表达的前提和结论

　　论证可能包含并未表达的前提。如

> 前提：没有身份证的人不能将书从图书馆借走。
> 结论：比尔不能从图书馆将书借走。

这个论证中包含着未表达前提：比尔没有身份证。

论证还可能包含未表达的结论，例如：

> 最能反映主流民意的政党将赢得 2020 年的总统大选，共和党最能反映主流民意。

如果有人表达上述意见，就意味着他认为共和党将赢得总统大选，这也是他在论证中未表达的结论。

日常表达中往往省略那些显而易见因而无须提及的前提。论证"这辆车没法修了，扔掉它吧"中包含着未表达前提：没法修理的汽车该被扔掉。但这一点是显而易见的，因而不需要再提起。

未表达结论虽然不如未表达前提常见，但论证中包含未表达结论也并不罕见。

稍后我们还将回到这个话题。

2.2 两种论证

正如第 1 章已经提到的，有两种好的论证：演绎论证和非演绎论证。

2.2.1 演绎论证

如果一个演绎论证的前提为真，则其结论得到证明。乍看起来这很简单。为了阐明问题，我们先学习演绎逻辑的基本概念：**有效**。当一个论证满足条件"当其前提为真时，其结论不可能为假"时，这个论证就是有效的。这听起来很复杂，但其实还好。下面是有效论证的一个实例。

前提：在比尔·克林顿之前任总统的是吉米·卡特且乔治·H. W. 布什是在比尔·克林顿之后任总统的。

结论：吉米·卡特比乔治·H.W. 布什先担任总统。

显然，不可能使得这个论证的前提为真而且结论为假，因而这是有效论证。

或许你已经注意到这个论证的前提中有错：吉米·卡特并不是比尔·克林顿前一届的总统，乔治·H.W. 布什才是比尔·克林顿前一届的总统。尽管上例中的前提是假的，但这个论证还是有效的，因为该论证不可能出现前提为真而结论为假的情形。有效的意思是：前提如果为真，那么结论不可能为假。

前提指示词

论证中运用下列语词，通常是引入前提。这些词语往往在结论之后出现。"……"代表实际论证中的前提。

既然……

因为……

由于……

依据……

例如：或者斯塔西或者她父母富有，既然她开保时捷。

前提是：她开保时捷。

结论是：斯塔西或者她父母富有。

术语**可靠**用来描述前提为真的有效推理。下例是一个可靠的论证。

前提：比尔·克林顿比乔治·W. 布什高，乔治·W. 布什比吉米·卡特高。

结论：比尔·克林顿比吉米·卡特高。

上例之推理有效而且前提为真，所以是可靠的推理，可靠推理的结论是得到了证明的。

2.2.2 非演绎论证

与演绎论证的前提证明结论不同，非演绎论证的前提不能证明结论，非演绎论证的前提支持结论。例如：

> 下午两点之后，海湾大桥车行缓慢。
> 所以，可能金门大桥的路况也是如此。

海湾大桥下午两点后拥堵的事实并不能证明金门大桥同时段也会拥堵，但可以支持金门大桥车行不畅的结论，这个前提提高了下午两点之后金门大桥交通拥堵的可能性。

再看一个非演绎推理的例子：

> 尚未有人 3 分钟之内跑完 1 英里[○]。
> 所以，将不会有人能在 3 分钟之内跑完 1 英里。

与前例一样，这个推理的前提支持了结论但不能证明结论。

"支持"有程度的不同。前提给结论提供的支持，其程度可以是从较低的微弱支持到较高的相当强的支持。依据前提给结论提供的支持程度的不同，非演绎论证分为较好论证和较坏论证。逻辑学用强（stronger）和弱（weaker）分别描述这两种论证。前提为结论提供的支持越高，非演绎论证越强；前提为结论提供的支持越低，非演绎论证越弱。

> 下午两点之后，海湾大桥、圣马特奥大桥、圣拉斐尔大桥、丹巴顿大桥车行缓慢。所以，可能金门大桥的路况也是如此。

○ 1 英里 = 1609.344 米。

这个论证比前面的例子要强，因为两相比较，这个论证的前提更加提高了结论的可能性。给定时间内特定区域越多桥梁路况拥堵，越表明此区域路况拥堵是普遍情况。

再看下面的例子：

亚历山德拉很少回短信。所以，她可能很少回邮件。

这个论证的前提还是支持而不证明结论。短信和邮件的区别足够明显，所以虽然这个论证的前提对结论有所支持，但支持程度并不高。如果前提说亚历山德拉除不回短信外，还不回电话、不回信，论证的强度就增加了。

在第 11 章中，我们将具体说明评价非演绎论证的标准。

2.3 排除合理怀疑

在习惯法中，最高的证明标准是"排除合理怀疑"。在刑事案件中，有关各方将他们认为与犯罪事实相关的证据提交给法庭。继之，控辩双方就各证据与犯罪的关联（或无关）或被告是否有罪展开论证。当需要陪审团宣告裁决时，法官会告知陪审团，除非证据能排除合理怀疑，证明被告犯罪了，否则要宣告被告无罪。

实际上，作为证明标准，排除合理怀疑的要求低于演绎证明。演绎证明的标准用日常语言可相应地表达为"排除任何怀疑"。可靠推理的结论才算是排除了任何怀疑的。从逻辑的角度看，可靠的论证指：（1）所有的前提都是真的；（2）不可能前提为真但结论为假。依此标准，通常我们认可的"吸烟能引起肺癌"以及"在犯罪现场发现的 DNA 是被告的"等都没有得到证明。所以说，在实际生活中，当人们说某事已经得到证明时，他们是在"非正式"的意义上表达的。他们并不是说被证明的是可靠论证的结论。本书在谈论"证明"时，是遵从严格的逻辑意义的。

2.4 演绎论证与非演绎论证的区分

一个有效的策略是通过例证来区分演绎论证和非演绎论证。让我们看下面的例子。

有效的演绎论证：

胡安生活在赤道，所以胡安生活在南极和北极中间。

较强的非演绎论证：

胡安生活在赤道，所以胡安生活在湿润的气候中。

在第一个例子中，只要知道"赤道"的含义，你就明白它在南极和北极中间。第二个例子则不同，"赤道"的意义中并不含有气候湿润的信息。所以：

如果前提中的语词依据定义已含有结论为真的信息，那就是有效的演绎论证。

一般来说，有效演绎论证的有效，归结于论证的"形式"。请思考下面的论证：

如果胡安是 XXX，那么他是 YYY，胡安不是 YYY，所以胡安不是 XXX。

让这个论证有效的是它的形式：

如果 P 那么 Q

非 Q

所以非 P

　　最终你会明白，决定这个论证有效的，以及决定这个论证的形式有效的，是语词"如果……那么……""非"。只要你明白这些语词是如何起作用的，你就会明白：这两个语词引出的前提，其结论一定为真。

　　还有一种区分演绎论证和非演绎论证的方式：你通常不会说演绎论证为结论提供了证据。"胡安生活在赤道"为"胡安生活在南北极中间"提供了证据，或者前者支持了后者的说法听起来都很奇怪。所以：

> 如果说一个论证为结论提供了证据的说法听起来奇怪，这就提示，这个论证是演绎论证。

　　"菲多是只狗为菲多是哺乳动物提供了证据"的说法显得很奇怪，"菲多是狗"不是为"菲多是哺乳动物"提供了证据，而是证明了"菲多是哺乳动物"。"菲多是狗，所以菲多是哺乳动物"是有效的演绎论证。

2.5　演绎、非演绎和未表达前提

　　有人说："天要下雨了。"旁边的人问他何以知道要下雨了。他说："刮起了南风。"这个人是想证明天要下雨了吗？或许并非如此。如果他完整地表达，可能是

表达前提：刮起了南风。
未表达前提：附近地区，南风过后往往天要下雨。
结论：天要下雨。

也就是说，说话者旨在说明天有可能要下雨。

　　需要注意的是，上述论证中的未表达前提也可以是一个全称陈述：本地南风过后总是下雨。如果未表达前提是这样的陈述，那就构成了演绎论证。

表达前提：刮起了南风。

未表达前提：附近地区，南风过后天总是下雨。

结论：天要下雨。

如果说话者这样表达，那么他旨在做演绎论证：不可能出现前提真但结论假的情况。从理论上说，说话者可能有两种意图：非演绎论证或演绎证明。

有时不便针对说话者提问：你百分百地确定吗？但经验（背景知识）告诉我们：特定方向的风之后并不一定总是下雨。所以，说话者心中所想的可能只是第一个论证。他并不想排除例外，证明天要下雨，他只是想表明：天下雨的可能性较大。

通过增加一个全称命题——所陈述的对象没有例外，不难将一个非演绎论证转换为有效的演绎论证。但说话者心里想表达的究竟是哪种呢？要回答这个问题，只能借助经验和常识。

如，有人说：丝塔茜和贾斯汀面临着离婚，他们总在打架。

通过补充全称命题"所有打架的夫妻都面临着离婚"，可以将上述表达转换成一个演绎论证。但补充这样没有量词限制的命题看起来并不恰当。说话者并非要证明丝塔茜和贾斯汀面临着离婚，他只是说存在着这种可能性。

说话者也常常内心想表达演绎论证但并不表达其中一些前提。如，格林教授对布朗教授说："给她不及格。这已经是第二次抓到她作弊了。"对于这个表达，把格林教授的话理解为"布朗教授可能给作弊学生不及格"就显得不合常理。如果完整地表达，格林教授的论证应该如下。

表达前提：这是第二次抓到她作弊了。

未表达前提：任何人两次被抓到作弊都该不及格。

结论：她该不及格。

所以，上下文和语境能帮我们弄明白说话者心里的未表达前提到底是什么，究竟说话者是在做演绎论证还是非演绎论证。

有时，我们无法用上述方法解决问题。有人说："酒吧都关门了，时间已过凌晨2点。"如果说话者心中的未表达前提是"这个城市，酒吧都是凌晨2点关门"，那他很可能是在通过演绎来证明"时间已过凌晨2点"；但如果说话者心中的未表达前提是"这个城市的大部分酒吧凌晨2点关门"或"这个城市的酒吧通常凌晨2点关门"，得到的就是试图支持结论的非演绎论证。未表达前提到底是什么？要得到答案，我们只有更多地了解情境或说话者。

实际生活中的论证往往包含未表达前提。通过不同的方式补充未表达前提，可以形成非演绎论证，也可以形成演绎论证。通常上下文和语境能帮助我们理解说话者的意图，但有时候语境也不能帮助我们解决问题。后一种情形下，我们应考虑各种因素，推断出可信的未表达前提。关于可信度的问题，我们将在第4章讨论。

广告图片是论证吗？

简单回答：不是。具体回答：依然不是。只有在能引发你思考购买商品的理由这个层面上，广告图片才"给你提供购买商品的理由"。在任何意义上，图片都不是也不可能是论证。

2.6　衡平推理

我该养只狗吗？要不要旷课去参加我堂兄的婚礼？做不做化疗？我们的日常思维总是伴随着权衡支持或反对的种种思考。这种权衡利弊的推理就是**衡平推理**（balance of considerations reasoning）。衡平推理通常既包含演绎的成分也包含非演绎的成分。

> 该禁止攻击性武器吗？一方面，这么做会违背美国宪法第二修正案。另一方面，澳大利亚严格控制枪支之后，因枪支导致的意外死亡数量明显下降，若美国禁枪也可能会有这样的效果。禁还是不禁，真是一个艰难的选择。

上面的第一步思考，即禁止攻击性武器会违背宪法第二修正案因而不能禁止，是演绎论证，第二步思考，即禁枪可能减少枪支导致的意外死亡，是非演绎论证。

非演绎论证有强弱之分；演绎论证则是有效的或可靠的。尽管对所考量的事件进行权衡往往很难，但也并不是无望地臆断。在本书第 12 章中，我们将讨论道德评价的视角与准则，届时你会通过实例明白权衡往往涉及某个甚至多个视角下的道德准则。

2.7　最佳解释推理

最佳解释推理（inference to the best explanation, IBE）的结论是某事实存在或者为真，因为它作为假说为我们观察到的另一事实提供了最佳解释。先看下例：

> 我先生和狗都不在家，拴狗的绳子也不见了。最佳解释是我先生出去遛狗了。所以，我先生出门遛狗去了。

还有一个例子：

> 有时候我的背疼得厉害。是花园劳动引起的吗？或者是负重导致的？不是的。它一直都疼，早晨起床后更甚。我是买了那个昂贵的床垫后就开始背疼的。所以，是那个床垫引发了我的背疼。

这个论证的结论是床垫引发了背疼。这个假说为背疼提供了最佳解释。值得注意的是，这个论证明确比较了其他解释选项，这使得它既是衡平推理又是最佳解释推理。其中被权衡的是其他解释选项。

再看两个例子：

> 莎拉是教席最终两个候选人之一，莎拉的条件更优越，但她文身了。获得教席的人是不得文身的。所以莎拉文身导致她错失教席。
>
> 地板上有水。洗脸池和浴缸都没在用，天花板也没漏水，房间里唯一的水源就是抽水马桶。所以，抽水马桶漏水了。

前例中莎拉没能获得教席的最佳解释被视为她文身了。由于没有其他解释被考量，因此可以认为文身解释被默认胜出。第二个例子中的抽水马桶漏水被当作最佳解释，它是与其他可能的解释选项明确比较过的，最终这个解释胜出。

有时候，最佳解释推理也被称为"溯因推理"。它是非演绎论证的一种，它支持而不证明结论。我们将等到第 11 章再进行更深入细致的讨论，哪些因素决定了一种解释比另一种解释更好。

2.8　哪些表达不是前提、结论或论证

相信你已经注意到我们所说的"论证"不是两个人之间的争吵或争辩。尽管激烈的意见交换不免会伴随争辩，但这和批判性思维

之间有一定距离。批判性思维中的论证往往并不需要两个人，我们往往是为了达到自己的目的而进行论证的。当我们评估自己的论证时，就在进行批判性思考。

值得我们注意的是，有些表达看起来像论证、前提或结论，但其实可能并不是。

2.8.1 图像

图像不是前提、结论或论证，电影也不是。你手里的苹果手机有很多功能，但它并不能产出前提、结论或论证。论证的两个构成要素——前提和结论，都是用或真或假的陈述句来表达的。图像可能是动态的、扣人心弦的、优美的、复杂的或现实的，但它们没有真假的特征。电影是真的吗？这是没有意义的问题。任何不能以"真"或"假"衡量的表达都不可能作为前提或结论。任何不能用有效、无效或强弱程度来衡量的表达也都不是论证。

不能作为前提、结论或论证的还包括情感、感受、风景、神态、姿势、咕哝、呻吟、贿赂、威胁、娱乐以及说唱。由于它们会使你对某些事物形成意见和判断，因此也许你会把它们当成前提，但起因并不是前提。起因并不是一个命题：它既不真也不假，所以它不能是前提。

2.8.2 "如果……那么……"所连接的句子

"如果你现在洗车，那么车上将会有污渍。"这样的句子可以作为一个论证的前提，其结论是"你不该现在洗车"；上述语句也可以是一个论证的结论，其前提是"天在下雨"。尽管这个语句既可以作为前提也可以作为结论，但它本身并不是论证，论证既要有前提也要有结论。虽然这个语句有两个构成部分，但其中任何一个部分本身都不能作为前提或结论。"如果你现在洗车"不是一个陈述，

"那么车上将会有污渍"也不是陈述，它们各自不能作为前提或结论。总而言之，"如果……那么……"所连接的语句不是论证。

2.8.3   对事实的罗列

需要注意的是：很多貌似论证的论证实际上并不是论证。下文只是一系列事实的罗列：

> 身份信息的失窃较上一年度增多了至少10倍。越来越多的人学会了如何轻易获取他人的社会安全号码、银行账号等信息。当地警方提醒大家谨防他人获知上述信息。

尽管这些断言的主题相近，但没有任何一个断言为其他断言提供理由，因而不构成一个论证。但下面的文字就不同了，你能否看出其中包含着论证呢？

> 过去一年来学会窃取他人身份信息的人成倍增加了，所以你比以往更容易成为信息失窃受害者。

这里的第一个断言是理由，为相信第二个断言提供了支持。这两个断言就构成了一个论证。

2.8.4   "A 因为 B"

语词"因为"有时连接事情的原因，也有时候引出论证的前提。针对迈克身穿湿漉漉的泳衣走进了宾馆大堂，看下面的两个陈述：

> 迈克穿着泳衣，因为他刚游完泳。
> 迈克刚游完泳，因为他穿着泳衣。

这两个表达形式都是"X，因为 Y"，但左边句子是揭示迈克穿

泳衣的原因，右边句子是论证迈克刚游完泳。只有右边的表达才是
论证。可以这样区分：左边句子中的"因为"引出的是解释，右边
句子中的"因为"引出的是证据。

理解上述两个句子之间的区别
很重要。虽然论证和"原因，结果"
的表达都运用句式"X，因为Y"，
但其相似之处仅止于此。从根本上
说，论证是为了支持或证明结论，
而解释是为了指明某事物的原因、
它如何运作或它是如何制作的，等
等。论证与解释是根本不同的思考。
论证一条狗身上有跳蚤和解释狗身
上有跳蚤的原因是不同的思维。论
证暴力犯罪事件增多也不同于解释
犯罪率升高的原因。

亚里士多德的第一张自拍。

2.9　道德、情感和逻辑

亚历山大大帝正当青年时就征服了世界。亚历山大本人也居功
自傲并以他的名字命名了很多城市，以纪念自己的丰功伟绩。亚历
山大大帝的老师、伟大的古希腊哲学家亚里士多德，虽然没有以他
的名字命名任何城市，但就人类文明史上的烙印而言，亚里士多德
的比亚历山大大帝的更加刻骨铭心。

作为逻辑学、生物学、心理学之父，亚里士多德几乎对所有领
域都做出了深远的贡献。亚里士多德所涉足的领域（除了以上三个）
包括物理学、天文学、气象学、动物学、形而上学、政治学、经济
学、伦理道德，还有修辞学。

在亚里士多德对修辞学的贡献中，有关说服的理论值得一提。他的说服理论可简单概括为著名的三种说服模式。首先，亚里士多德提出人们会被演说者的背景、名声、成就、专业技能等人物特征所说服。亚里士多德称这种说服模式为道德（ethos）。其次，演说者也可以通过与他的听众建立个人联系并运用修辞技巧来博得听众的情感共鸣进行说服。这种说服模式被亚里士多德称作情感（pathos）。最后，演说者也可以通过信息和论证来说服听众，而这就是亚里士多德所说的逻辑（logos）。

遗憾的是，逻辑——作为理性论证——是最难奏效的说服方法。这也是为什么广告很少说理。商家发现他们的第一代自动面包机很难引起人们的兴趣。当他们宣传第二代自动面包机只比第一代的大一点点却贵很多时，人们才发现第一代面包机是多么有诱惑力，于是第一代面包机被一扫而空。如果顾客仅仅知道一件商品性价比很高就会掏钱，那为什么还要费劲跟人们说理来说服他们面包机很有用呢？

尽管总的来说逻辑并不是最奏效的说服方法，但人们仍然时常通过逻辑来说服别人。这也许会引导你把论证定义为说服的手段，但这恰恰是行不通的。记住，有两种论证。演绎论证可靠与否，丝毫不取决于人们是否真的被它说服了。同样地，非演绎论证有强弱之分，但论证的强度仅仅取决于论证的前提究竟为结论提供了多大可能性的支持，而丝毫不取决于听众是否被该论证说服。同一个观点对帕克来说也许有说服力，但对摩尔来说也许就是无稽之谈——听众是否被说服取决于其主观态度和一些心理因素，而非逻辑。实际上，不具有批判性思维能力的人常常会被华而不实的论证所说服。人类常常对有理有据的观点表示中立而对最差的论证产生共鸣。如果你想说服别人去相信某件事，试试洗脑式的宣传吧。阿谀奉承也是已知的奏效的手段。

　　我们将在第 4 ～ 8 章中更加细致入微地讨论被亚里士多德称作道德和情感的两种说服方式。我们这样做不是为了让你了解如何说服别人，而是让你能够意识到道德和情感对人们思维的影响。

　　当然，需要声明，我们并不是在暗示做有说服力的作家或演说家是坏事。修辞课的目的正是让你成为有说服力的作家。我们要倡导的是：每当你发现自己被别人说的某些话所说服时，尝试从那个人"以情服人"的表达中剥离出"以理服人"的部分，然后重新审视，其理是否足以让人信服。

2.10　理解论证的技术

　　为了评估论证，我们需要先理解论证。使论证难以理解的原因不一而举。有的论证是通过口头表达的，稍纵即逝，以至于不能确定其前提或结论；有的论证结构复杂；有的论证中夹杂着种种非论证成分；有的论证易被误解；有的论证理由如此之弱以至于我们不能确定是否可将之视为理由。

　　对于理解论证，首先要找出结论——某语篇的主要观点。其次，要找出为得出结论而陈述的种种理由，即寻找前提。最后，找出针对前提的论证（如果有）。为了展开上述步骤，需要在口头表达或书面论证中准确找出前提或结论并且理解这些断言之间的相互联系，即理解论证的结构。

2.10.1　刻画论证的结构

　　对于书面论证，我们可以先给其前提和结论的语句标注数字，然后利用这些数字来刻画论证的结构。让我们看下面的例证：

　　我不认为应该给卡洛斯买车。实际上，卡洛斯不负责任，因为他对自己的事不关心。我们也没有足够的钱来买车，我们目前入不敷出。上周你还抱怨我们的财务状况，而且没理由你是不会抱怨的。

先让我们标出前提及结论的提示词，然后为每个表达前提和结论的句子依次标注数字：

①[我不认为应该给卡洛斯买车]。实际上，②[卡洛斯不负责任]，因为③[他对自己的事不关心]。④[我们也没有足够的钱来买车]，⑤[我们目前入不敷出]。⑥[上周你还抱怨我们的财务状况]，而且⑦[没理由你是不会抱怨的]。

接下来，我们刻画论证的结构。用箭头表示"所以"，或引出证据（或理由、前提等）。前三句的论证结构图为：

⑥和⑦共同支持④，表达这个论证的方式是在⑥+⑦的下面加条线，用箭头连接它们的指向④：

由于⑤和⑥+⑦分别独立地论证④，我们可以将该关系刻画为：

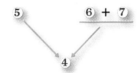

由于④和②分别独立地论证①，整个论证的结构图可以表示如下：

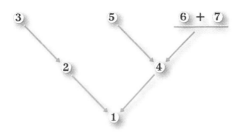

如上例所示，刻画论证的结构并不繁杂：先标示前提和结论的指示词，识别具有论证功能的断言（后面你会明白这的确是一个假设），依次用数字标注表达这些断言的句子，如果两个（或以上）前提缺一不可，就用加号连接这些句子，然后用箭头表达"所以"。

有些断言构成不止一个结论的理由。如：

①［卡洛斯一直不负责任。］②［他当然不该有自己的车。］而且在我看来，③［他也可能会忘掉冬天的夏威夷之行。］

这个论证的结构图是：

我们往往也会在论证中发现与论证的立场相反的断言。如：

①［我们应该有更多的非裔美籍教师。］②［这就是要通过新的多元化方案的原因。］的确，③［这对白人或许有些不公平。］但④［拥有更多的黑人教师对于社会利大于弊。］

值得注意的是，③引入的是对②所表达的论证的反驳。我们可以用在表达"所以"的箭头上划线的方法表示反驳：

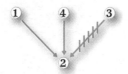

当然，也可以采用其他的方法来刻画论证的结构，如标出主要结论，在该结论和其前提间用实线连接，次级论证的前提和结论（主论证的前提）间用波浪线连接，等等。我们上面介绍的方法只是多种刻画论证的结构方法中的一种。但如果不能从大量的背景资料中识别表达论证的断言，任何一种刻画方法都不能帮助我们揭示论证的结构。

2.10.2　透过各种装饰性的表达来识别论证

将论证从口头或书面的语篇中剥离出来并非易事。由于表达者对自己要表达的主要观点或多或少是清楚的，因此他们往往以为听众或读者也同样地知晓其所要表达的，但情况并非如此。

如果你无法从接收的信息中识别出结论是什么，或许是由于这个语篇根本就不是论证。要确认你面对的语篇是论证、报告、描述、解释还是其他，关键在于确定表达者是否为支持或证明其断言提供了理由。

也许问题在于结论并没有被明确表达出来。这时候我们可先把论证放在一边，先问问自己：这个人到底想证明什么？无论如何，识别结论对于理解论证是第一步也是至关重要的一步。

如果你难以辨认出前提是什么，那么或许你面对的语篇是修辞（见第 5 章）。（在纯粹的修辞中你无法找出前提，因为其中根本没有前提。）在学习完第 5 ~ 8 章后你就能够区分论证和修辞了。

通过在实际生活中应用在本书中学到的关于论证的知识，你就能领会学术论文中的那些难以理解的论证。在理解长篇论文中的论证时，你会发现前面介绍的刻画论证的结构是有益的。通过这一章对识别论证的方法的学习，即使不刻画论证的结构，你也会对自己所接受的结论的理由更加了然。如果你自己撰写难以驾驭的论著，那么刻画你的论证结构图也是有益的建议，这有助于你基于清晰的说理结构来组织文章。

2.11 评估论证

批判性思维要求我们评估论证。评估论证从两个方面入手：逻辑和真假。

一方面，我们从逻辑的角度评估论证。该论证是在证明还是在支持其结论？这是一个有效的演绎论证还是较强的非演绎论证？从理论上说，到目前为止，你已能明白这些问题是什么意思；随着深入学习本书，你就能回答这些问题。

另一方面，我们从真假的角度评估论证。论证的前提确实为真吗？在第 4 章中，我们将回答这个问题，就像对于缺乏可靠信息来源的前提一样，对于与背景信息以及其他可靠信息相冲突的前提，我们最好提出质疑。在第 5 ~ 7 章中，我们将告诫大家避免落入修辞或心理的误区。在第 3 章中，我们要提醒大家注意，在接受前提之前必须弄清其表达的准确含义。通常，确定前提的真假依赖于知识、经验、冷静的头脑和深入的探究。

本章总结

- 推理由前提和结论组成，推理的前提可以不止一个。

- 同一个命题可以既是一个推理的前提又是另一个推理的结论。

- 推理分为两类：演绎证明和非演绎支持。

- 如果演绎推理是可靠的，那么其结论为真。

- 可靠的推理是前提为真的有效推理。

- 有效的推理不会出现前提为真而结论为假的可能。

- 非演绎推理不是证明结论而是为结论提供支持。

- 论证为结论提供支持是指它提高了结论为真的可能性。

- 支持程度有高低之分：支持程度取决于前提使得结论为真的可能性的高低。

- 支持程度高的非演绎推理较强，支持程度低的非演绎推理较弱。

- 有的人用"强度"指非演绎论证提高结论为真的可能性。

- 如果一个论证没有显示出为结论提供证据或支持，那么它往往是演绎论证。

- 演绎推理和非演绎推理都可能含有未表达的前提。

- 一个推理是演绎推理还是非演绎推理可能取决于未表达的前提到底是什么。

- 如果难以把握文章中的论证，试着刻画其论证的结构。

- 衡平推理既涉及演绎的要素也涉及非演绎的要素。

- 最佳解释推理是一种非演绎推理，其目的是在相互竞争的各种解释中找到对某现象的最佳解释。

清晰的思维、批判性思维与清晰的写作

本章学习目标

1. 判断语言表达的模糊度是否可接受
2. 理解、识别各种类型的歧义
3. 注意由过于抽象导致的问题
4. 理解并运用各种定义
5. 习得论文写作技巧

本书的作者之一曾办理信用卡时所签的部分协议如下：

> 由本工具发生的所有交易为账户带来的风险和影响将由签署人承担；签署人在此承诺，按要求及时弥补并赔偿账户产生的所有损失和负债。

其实，这份协议想要表达的是持卡人要负责账户上的所有欠款。这是官样文章的一个实例，这种造作的、难以理解的行话，传达的信息令人迷惑。

本章着力讨论影响清晰思考、言说特别是写作的种种障碍。

下面是另一个令人困惑的例子，加拿大前总理让·克雷蒂安在议会被问及新旧医疗保健计划中的资金情况时说：

> 他们说我们三年前答应的这几年的新钱不是新钱。我们至今尚未兑现，这是旧款不是新钱。对我来说，如果兑现了 5 美元或 10 美元，那就是新钱。新钱旧钱一样呀。⊖

我们不知道他想说什么。

本书的作者之一曾在一家报纸的头版注意到这个笑话："49 人心烦意乱。"这可能意味着一个不被看好的球队试图击败旧金山橄榄球队（49 人队）。它也可能意味着一个球队对某些事情感到沮丧。

多种因素都可能导致表达含混不清，其中最主要的原因可以归结为如下四点：过度模糊、歧义、过于抽象、未界定术语。本章我们将于深入探讨模糊、歧义和抽象后阐述定义。我们还将提供论文写作指南，在论文中，你需要表明对论题所持的立场、提供支持立场的论证、对支持相反立场的论证展开反驳。

布鲁姆的晦涩

艾伦·布鲁姆（Allan Bloom），著名的美国教育家，他所著的《走向封闭的美国精神》（*A Closing of the American Mind*）拥有数百万读者（至少销量数百万），其中写道：

"如果开放意味着'随波逐流'，那就意味着只能向现实妥协。现实充斥着阻碍进步原则的种种疑问。无条件地对现实开放就意味着忽略人们轻视的另一种生活方式。对它的了解使我们意识到它的可疑之处。"

⊖　Reported in the *Globe and Mail*, February 7, 2003.

情况真的如此吗？这很难说。问题在于你很难准确地知道布鲁姆教授在这段文字中要断言什么。它看起来意味深长，又似乎什么也没说。无论他心里想的是什么，这样的表达的确令人费解。

3.1 模糊

语词或短语的模糊（vague）是指：难以明确断定该语词或短语所包含或排除的对象。语词"秃顶"就是模糊的。显然，娱乐界名媛金·卡戴珊不是秃顶。同样，说唱歌手皮普保罗是秃顶也是无可争议的。但对于生活中另外很多人是否秃头就难有定论。"秃顶"概念是否可以指上述两类极端人群之间的人，理性人往往各持己见。"秃顶"是模糊概念。

模糊概念在我们的生活中起着重要的作用。例如，法律如何对待模糊概念就是至关重要的。"酷刑"一词是否适用于各种类型的审讯技术，尤其它是否包括"水刑"，多年来一直是严肃的议题。对"鲁莽"驾驶的认定，涉及你被罚款多少甚至涉及你是否该被送进监狱。"在当时的场景中行驶过快"是模糊的，而限速的规定是一清二楚的。

　　贝特兰·罗素曾经说过，直到试图追求精确的时候，你才会发现，在一定程度上，所有的事情都是模糊的。

　　日常生活中的模糊也往往让人一筹莫展。假设你在暮色中寻找一栋房子，指路人告诉你："沿着这条街一直往下走直到第一个大的十字路口右转，然后路会蜿蜒向左，你就到了。"如此模糊的引路指示，相比于指引你到达目的地，更可能让你的血压升高。如，你如何断定某个十字路口是否"大"？

　　模糊也往往成为人们刻意寻求的手段，以期避免做出清楚准确的回答。政客在不想让民众准确地知道他们的立场时会借用模糊的陈述。对于问题"你爱我吗"的模糊回答意味着双方的关系进展有些微妙。

　　模糊的程度各不相同。要完全消除模糊几乎是不可能的。值得庆幸的是也没有必要完全消除模糊。在日常生活中，适度的模糊是完全可以接受的。通常我们觉得"比特是一个很小的城市"这样的表达并没有任何问题，虽然其中的"很小"是模糊的表达。"达仁没有助学贷款，因为他父母很富有"这样的表达虽然没有告诉我们达仁的父母多富有，但这样的表达对于我们的理解并不构成任何障碍。"富""小"和"秃"一样，都是模糊的概念，并没有一个明确的分界线标明它们可以指称哪些对象或者不能指称哪些对象，但这些概念都有它的用途，人们常常借助于它们展开通畅的交流。但就像上面所说的指路的例子，过于模糊的表达就会导致问题。

　　何种程度的模糊是可以接受的或不可接受的呢？这个问题并没有标准答案，我们只能谨慎一些，借助常识来回答这个问题。但可以这样认定：

　　　　如果一个断言因过于模糊而无法传达正确的、有用的信息时，其模糊程度就是不可接受的。

例如，如果你告诉机械师发动机有问题，他会要求你给出更具体的说明。如果老师告诉学生缺课太多需要承担后果，学生会要求老师提供更详细的信息。如果租车商告诉你还车时若油箱的油少于取车时的，需要收取加油费，你最好问清楚这笔费用除汽油费外是否包括别的。

3.2　歧义

歧义（ambiguity）是指同一语词、短语或句子，却具有相互区别的多重含义。"保罗兑付了现金"指别人给了保罗现金还是保罗给了别人现金呢？两者都有可能。"杰西卡在租房子"可以指杰西卡把房子租给别人也可以指别人把房子租给杰西卡。周五下午，珍妮弗从座位上站起来时说："我这儿的工作已经做完了。"珍妮弗的意思可能是指她完成了手中项目的工作报告，也可能指她完成了一周的工作可以去度周末了，还有可能指她已经厌倦了这儿的工作打算离开这家公司。如果你上网冲浪，不难发现各种引人发笑的歧义，如：儿童做营养小吃，矿工拒绝死后工作。

多数情形下我们知道表达者想表达什么，不过并不是所有的歧义都只引发笑声。

在讨论同性恋者的权利的时候，术语"权利"的不同意义往往是引起争辩的根源。议题为：针对同性恋者在家庭、工作及其他场合中的各项权利，该不该颁布法律来防止同性恋者的权利遭受歧视？一方认为这样的法律本身就是歧视性的，因为它给予同性恋者特殊的保护，却没有给予其他人这样的特殊保护，这样的法律规定的是"特权"。另一方认为这样的法律只是保护同性恋者依法与其他人具有同等的权利。对于争议双方而言，不界定关键术语的准确意思就展开讨论，轻则枉费唇舌，重则剑拔弩张。

3.2.1 语义歧义

歧义可以分为很多类型，最常见的歧义是语义歧义（semantic ambiguity），即表达断言的语句中含有有歧义的语词或短语。如

例 1：Collins, the running back, always lines up on the right side.

例 2：Jessica is cold.

例 3：Aunt Delia never used glasses.

例 1 可能是说后卫科林斯总站在右边，也可能是说他总站在正确的一侧。例 2 可能在描述杰西卡的体温低，也可能在描绘杰西卡的个性冷漠。例 3 可能在说迪莉娅姑姑的视力好（不需要眼镜），也可能在说德里亚姑姑直接用瓶子而不用杯子喝啤酒。通过用不带歧义的语词来替换产生歧义的语词就可以消除语句中的歧义，如例 1 中用"correct"（正确）替换"right"，把例 3 中的"glasses"替换为"eyeglasses"（眼镜）就可以消除该句的歧义。

3.2.2 组合歧义

组合歧义（grouping ambiguity）是一种特殊的语义歧义。当不能明确区分一个语词是指集合体还是指构成该集合体的个别成员时，就出现了组合歧义。在语句"秘书挣的钱比医生多"中，如果"秘书"和"医生"分别指这两类人的总体，这个句子或许是真的，因为从事秘书工作的人远比从事医生工作的人多。但若这两个语词分别指个体，这句话显然是假的。

骑越野摩托车的人或许会为自己的嗜好辩护说："割草机比越野摩托车制造的污染更多。"这个表达存在歧义，它既可以被解释为真的，也可以解释为假的。就总体而言，割草机制造的污染的确

较多，因为割草机的数量远多于越野摩托车；但逐个进行比较，显然是越野摩托车制造的污染更多。

与其他歧义一样，组合歧义也可被故意用来干扰人们的清晰思维。针对提高税收，反对派可能称之为"历年来增幅最高的税额"。尽管个人税收的增幅并非历史上最高，但就税收总额而言，确实可能是历史上增幅最高的。

3.2.3　语形歧义

一个句子的语法结构可以做两种以上的解释时，这个句子就有**语形歧义**（syntactic ambiguity）。不久以前，本书的作者之一准备开车去英属哥伦比亚，在出发之前，他收到美国汽车协会的告知："去加拿大旅行，须携带出生证或驾照和其他附照片的身份证明。"

这句话在说跨越美加边境到底有什么要求？按照一种解释，除携带出生证或驾照之外，还得携带其他附照片的身份证明；按照另一种解释，携带其他身份证明就不是必需的。下面用括号分别标出两种不同的解释。

解释 1：[须携带出生证或驾照] 和 [其他附照片的身份证明]。

解释 2：[须携带出生证] 或 [驾照和其他附照片的身份证明]。

在原表达中，由于其自身结构的原因，我们无法判断把"驾照"的要求和出生证相联系（如解释 1）还是与身份证明相联系（如解释 2）。为了消除该表达中的语形歧义，基于不同的解释，可以将原表达分别表述为：

1. 须携带出生证或驾照，此外需携带其他附照片的身份证明。

2. 须携带出生证或者既带驾照又带其他附照片的身份证明。

这两种表达就没有歧义。

为了对语形歧义有更好的理解，我们再来看其他示例及其各种可能的解释。

Players with beginners' skill only may use Court 1.
只有初级技能的球手可使用 1 号球场。

我们不知道这里"只有"一词的含义。后面的章节将讨论，"只有"既常用又容易误用。在这里，它可能表示初级技能者"只能使用"1 号球场；也可能表示"只有"初级技能者可使用 1 号球场（排除其他人可用）；还可能意味着"只具初级技能的人"可使用 1 号球场。

显然，树立这个标牌的人本该注意到这些的。

Susan saw the farmer with binoculars（望远镜）。

我们不清楚该句中的短语"with binoculars"在语法结构上到底修饰哪个词语，因而这个句子有歧义。究竟是苏珊有望远镜呢，还是农夫有望远镜？这个句子可以有如下两种解释：

1. 苏珊透过望远镜看见了那个农夫。

2. 苏珊看见了那个拿着望远镜的农夫。

如果要表达第一种意思，可以用"Looking through her binoculars, Susan saw the farmer"这一表达。

People who protest often get arrested.

像上例一样，这里的"经常"（often）修饰的是"抗议者"（protest）还是"被捕"（arrest）呢？它要表达的是"经常抗议的人被捕了"还是"抗议者经常被捕"呢？

There's somebody in the bed next to me.

该句中的"next to me"是修饰"人"还是修饰"床"？我

们可以把这个句子理解为"床上有个人在我身边",也可以理解为"我床边的床上有人"。把该语句调整为"有人挨着我躺在床上"（There's somebody next to me in the bed.）或"紧挨我床铺的床上躺着个人"（There's somebody in the bed next to mine.），就可以消除歧义。

当一个代词所指的事物或对象不明时，就会产生**指代歧义**（ambiguous pronoun references）。"男孩在追逐女孩，孩子们放声欢笑"里的"孩子们"既可以指男孩也可以指女孩或所有的孩子。"父亲清除了池子里的杂物后，孩子们在那儿玩耍"中的"那儿"指"池子"还是"杂物"并不明确。下面这个例子更可能导致麻烦而非带来快乐：保罗同意，一旦加里从汽车上拆下发动机，他就可以拥有它。加里是有权拥有汽车还是发动机？这场争议甚至有可能引起诉讼。

有时很难给一个具体歧义归类。设想有人告诉服务员："你将调味料拿来，我自己来放。"显然，说话者如何使用调味料以及要将它放在哪儿，都存在歧义。这既可归为语义歧义也可归为语形歧义。但重要的是要意识到歧义的存在，而不是对歧义进行分类。

巧用模棱两可

你遇到过竞争力不强的朋友让你写推荐信吗？为了既不伤害朋友又不信口开河，可以借用利哈伊大学罗伯特·桑顿教授的模棱两可的表达。下面的例句就是：

我热情地向你推荐这个候选人，虽然我没有资格。

很高兴告诉你，这个人是我以前的同事。

我相信没有人更能胜任这项工作。

劝你不要再在给他提供机会这件事上浪费时间。

对这位候选人，我不能说得再好、介绍得更多了。

在我看来，有他为你工作你会感到幸运。

3.3　抽象

我们接下来探讨抽象（generality）的概念，它与模糊和歧义
密切相关，并且抽象的表达也会引起含混不清。

我们已经知道"孩子"是模糊的概念，因为我们不知道"孩子"
和"非孩子"的界线到底在哪里。"孩子"也是歧义的，因为它既
可以指未成年人，又可以指婴儿。不仅如此，这个概念还是抽象
的，因为它既指男孩，又指女孩。抽象是指术语缺乏具体所指。一
个术语所指的范围越广，它就越抽象。指称群体所有成员的术语比
指称其中部分成员的术语抽象。"狗"比"奥达猎犬"抽象，"奥达
猎犬"比"蓝眼奥达猎犬"抽象。"克拉伦斯被捕"比"克拉伦斯
因非法入侵而被捕"抽象。

如果你听说克拉伦斯有被捕记录，你会降低对他的评价，或许
这还会阻止你雇用他在你附近工作。但如果你进一步了解到他被捕
的原因是他反抗一个公司污染当地的河水，你对他的评价就可能会
因此改变。对于做出决策而言，不能忽视过于抽象的泛泛而谈和具
体详细的描述之间的区别。

对于反恐战争到底是不是"战争"，有过广泛的争论。因为"战
争"这一概念的模糊性和抽象性，人们一直沿用"反恐战争"这
个说法。有人认为，依据传统，战争是针对国家、地区这类有组织
的、可识别的敌人的。但在反恐战争中，就难以识别敌人到底是
谁。战争一词更模糊地适用于"毒品之战"中，这似乎纯粹是隐喻
的表达，彰显人们对这个话题所持的严肃态度，以为提起毒品之诉
提供正当性。

模糊、歧义、抽象这些相互联系且互有交叉的、有碍清晰思维
的诸多概念可能会让你觉得眼花缭乱。但实际上，重要的是发现问
题，即识别哪些表达或断言是不清晰的以及寻求如何解释它。至于

把所发现的问题归类于哪种名下（到底是模糊、歧义还是抽象）并不重要。例如，如果有人随意地使用语词"战争"，你最好的反应就是问他"你所说的'战争'指什么"。

为了清晰地思考和交流，针对这些有碍清晰的陷阱，批判性思维的最佳策略就是澄清这些语词的意义。定义正是实现这个目的的方法。

3.4 定义术语

"definition"既有"定义"的意思，也有"清晰度"的意思。我们购买电视时往往选择"超高清"的电视，就如同批判性思维者追求思想的清晰度。实现思想清晰的一个奏效工具就是谨慎地定义术语。下定义似乎很简单（胡萝卜可以定义为橙色、锥状的根类蔬菜），但并非所有的定义都如此简单。例如，不同意图会导致对"人"（或者"人类"）的定义各不相同，从"理性动物"到"没有羽毛的两足动物"等不一而足。人们经常热议的重要议题：堕胎在道德上是不是被允许的、胎儿是否拥有权利、胎儿是不是"未出生的孩子"等，实际上都与如何定义"人"及其他基本概念有关。如果把"堕胎"定义为"谋杀未出生的孩子"，就不会再有关于堕胎是否被许可的任何争论。

有些反对同性恋者权利的论证基于这样一个断言：同性恋者的取向是"不自然的"。⊖但要对"自然"（或"不自然"）下定义并非易事。你最好能花点时间思考这个难题，更好的是你与其他人讨论

⊖ "[W]e're talking about a particular behavior that most American's [*sic*] consider strange and unnatural, and many Americans consider deeply immoral." "Equal Rights for Homosexuals," by Gregory Kouki, www.str.org/site/News2?page= NewsArticle& id=5226.

这个问题，这有助于你理解我们的意思。什么是"自然的"，取决于谁定义了该术语，有人认为"自然"意味着"自然发生"的事件，也有人认为"自然"意味着"在上帝看来是正确的"。

在第 12 章中，美国联邦最高法院对"使用"一词的定义导致约翰·安格斯·史密斯被判了 30 年的刑期。定义是如此重要。下面将讨论定义的具体问题。

3.4.1　定义的目的

在定义的目的中，最值得注意的有三种。

1. 词典定义（lexical definition）。这种定义指词典上所说的定义。词典会告诉我们语词的通常含义（如"绢毛猴"，词典对其的定义为：名词、南美森林中的小猴、绒猴家族、色彩明亮、脸和脖子周围毛发丛生）。你可能会问，这不就是所有定义的作用吗？这是一个很好的问题，答案是否定的。让我们接着看。

2. 精确定义或规定定义（precising or stipulative definition）。这种定义是为了更精确地厘清（减少模糊与抽象）词意或规定特定语境下异于通常的语词意义。例如，在国际销售合同中，"dollars"一词太笼统，因为它可能指美元、加元、澳元等，因此需要通过规定定义来使含义更精确。如：在本合同中，"dollars"特指加元。

我们还可以通过规定定义在特定的上下文中规定词语的全新含义。

例如：在这种情形下，桌面指打开操作系统时显示屏所显示的含有回收站的状态。

3. 说服或修辞定义（persuasive or rhetorical definitions）。这类"定义"包含着语言方面的信息，它的意图是影响人们的信念和态度。尽管这类"定义"也被冠以"定义"之名，但值得注意的是，这类"定义"往往会招来麻烦，因为它诱使人们偏离词语的本来意义，从而形成对人、物、事件、政策的赞成或反对立场。

如果一个开明者试图把"保守者""定义"为"认为生活的重心就是挣钱和盘剥穷人的刻板守旧、心胸狭窄的伪君子"，这并不是为了澄清"保守者"的意思，而是为了抨击保守者。这样的修辞定义往往借助于语词的情感意义（emotive meaning），有的人更愿意称之为修辞力（rhetorical force）。情感意义包含对语词所指对象的正面或负面评价。请注意"政府保障的医疗保健"和"政府掌控的医疗保健"之间的不同，这两个术语都可以合乎情理地表达同一个对象，但不同表达的情感意义明显不同——前者是正面的，后者是负面的。成语"言外之意"就是描述与语词相关的情感意义的。前面说过的把"堕胎"定义为"谋杀未出生的孩子"就是常被引用的该类型的定义。

3.4.2 定义的种类

正如食物的功能是提供营养、满足味蕾，而食物的种类是蔬菜类、肉类、薯类等，定义的种类也与定义的目的不同。定义主要分为以下三类。

1. **列举定义**（definition by example）也叫实指定义（ostensive definition），即通过指明语词所指的对象或识别语词所指对象的典型例子来下定义。如我用"圣典"指《圣经》《古兰经》这样的书，鼠标就是这个带有按键的东西。

2. **同义词定义**（definition by synonym）即给出与被定义术语具有相同意义的语词或短语。如："吹毛求疵"与"挑剔"意思相同，"悸动"意味着"跳动"。

3. **分析定义**（analytical definition）即确定被定义术语所指对象的必要特征从而明确术语所指的对象。这样的定义通常的形式是明确属和种。如：俄式茶壶是俄罗斯人用于烧水泡茶的壶；猫鼬是食蛇的、与麝猫有亲缘关系的、雪貂大小的哺乳动物，原产于印度。字典上的定义大都是分析定义。

3.4.3 定义的注意事项

我们讨论了定义的目的和定义的种类。下定义时可以综合运用定义的目的和定义的种类：如通过同义词来进行精确定义（未成年人就是不满 18 岁的人）；运用分析定义来进行说服（开明者是这样的人士，他们希望有能力者和心情愉快者帮助能力不足者和心情不快者），等等。无论是哪种定义，好的定义必须满足如下条件。

首先，不能通过定义使论辩的任何一方处于不利境地。第 6 章将会讨论这个，这是乞题（begging the question）的一种方式。这里只需说明：如果辩论双方对于关键术语的定义没有达成共识，那么任何一方都不能仅通过对自己有利的定义来赢得辩论。人们应该站在中立的立场来下定义。

其次，定义必须是清晰的。定义是用来澄清歧义的，而不是为了混淆视听，所以必须用简单清楚的语言来表述定义。如果用比被定义的词更含混的表述来下定义，就不可能达成预期的目的。定义要清晰就要求我们尽可能避免在定义中使用诉诸情感的表述。

最后，在实际生活中，我们往往会遇到不完善的定义。如我们频繁运用的"友谊""忠诚""公平""自由""权利"等都是极其抽象的。如果试图对"友谊"或"自由"等语词进行彻底的定义，那就要立志终其一生探究这些概念所包含的各种微妙、复杂的因素。基于实用的目的，关于某概念某一方面的精确定义，只要能够为我们解决当下问题提供指引就够了，我们并不追求最终的定义。如：对我而言，"正义"意味着不能仅仅因为是白人男子就可以得到额外的机会。

论证与定义污染

定义，或者缺少定义，可能在论证中造成混淆视听。请看以下"论证"：

只要有可能，你就会采取行动来满足自己的愿望。

满足你的愿望就是自私自利。

因此，只要有可能，你就会自私自利。

希望你不会被这说服。如果你仔细审查这个论证，就会注意到，隐藏在其中的是对自私行为的奇怪定义，即满足自己愿望的行为。的确，依据这个定义，你只要有可能就会自私地行动。但是对自私的通常理解是把自己的利益放在别人的利益之上。而依据对这个术语的通常定义，你就不会总是自私自利了。

如果一个论证导向令人惊讶的结果，首先要做的就是检查定义！

3.5 论文写作

在论文中，你陈述论题、表明对论题所持的立场、提供支持立场的论证、对支持相反立场的论证展开反驳。本书并不专于写作，但写作与批判性思维关系是如此密切以至于我们有机会讨论这个话题。我们认识的一位教授决定退休是由于他无法忍受阅读学生的论文。但愿我们此番能有助于提高学生的论文写作水平。

如前所述，论文写作由四部分组成：

- 陈述论题
- 表明对论题所持的立场
- 提供支持立场的论证
- 对支持相反立场的论证展开反驳

论文的开端要通过描述论题的重要性和趣味性来介绍论题，这往往并不容易，纵然你自己未必对该论题感兴趣，你也要激发读者对它的兴趣。但你的陈述必须是中立的，即不能把你对论题的立场表述为唯一正确的立场。这会让读者产生一种负担：担心你将展开的论证是为了劝说他。

你对论题所持的立场必须是明确的，而且要尽量做到简明扼要。清晰地陈述论题会为确定你的立场提供捷径。

支持立场的论证要尽量言简意赅，但比简洁更重要的是清楚，毕竟这部分是论文的心脏。陈述的理由必须明显相关，如果这些理由不是显而易见的，就需要其他论证来支持、证明该理由，本书在后面还将深入阐述这一点。

如果对论题的相反立场有著名的论证，你要列举这样的论证并提供理由证明它缺乏说服力。你可以反驳对方认定的前提或指出该前提不能支持其结论。下文也将继续阐述这一点。

下面是论文写作的若干指导。

1. 中心突出。文章的开篇就要陈述论题、表明立场，但这不等于用呆板的语言罗列清单似的写"本文将论证 X、Y 和 Z"，然后逐一论证所列各项，最后总结"本文论证了 X、Y 和 Z"。陈词滥调或长篇大论都会让读者兴味索然，你应该尝试找到引人入胜的方式来陈述自己的立场。如，"你本该继承的遗产会因为母亲的猫而变少吗"比"本文将讨论动物继承其主人遗产的问题"能让读者更加饶有兴味地继续关注你的论题或立场。

2. 紧扣主题。论文中所表达的要点要与讨论的主题密切相关，各要点只能服务于两个目的：（1）对所持立场的说明、解释、澄清、阐述；（2）对持相反观点者的回应。要删除无关的论述和没有针对性的思想。

3. 按照一定的逻辑顺序谋篇布局。在你为支持自己的观点举例或澄清的时候，要让读者明白你到底在做什么。要让读者明白给出的语句与你的最终目的之间是什么关系。如果读者通读你的文章后依然不知所云，抓不住你的要旨，说明你没有适当地组织材料。这类洋洋洒洒的文章或许类似法国哲人的大作，但作为议论文它是不合格的。

4. 结构完整。文章的结构要力求完整：充分支持自己的观点，反驳已知的对立观点并对可能反驳自己的意见展开预先回应。许多论题都不可能仅在一篇论文中做穷尽的论述，关键在于要集中探讨论题的某一方面，从而完整地论述它。所以，越明确地限定话题，越容易驾驭它。

可以从不同的层面来理解结构完整。句子要完整，段落要完整（一个段落要紧扣一个观点），整篇文章要有结论。值得注意的是，形成文章的结论和总结文章不是一回事。短篇论文并不需要总结。

3.5.1 练习写作

知道上述四个要点是一回事，在实际写作中能灵活运用这些是另一回事（这困难得多）。好在通过练习以下五点可以帮助你提高组织文章的能力。

1. 初步组织材料后，列出写作提纲。然后，确认提纲是否合乎逻辑，文中的每一词、每一句是否都与提纲契合。有的作者在着手写作之前就先拟非正式的提纲。我们的建议是：先表明论题和你的立场，在文章开篇就表明论题和立场。

对于大多数人而言，都是文章开头难。亨利·路易斯·门肯曾调侃道："写作并不难，只要你两眼紧盯空白纸张直至前额流血。"我们倒是有更好的建议：先动手写。说任何你想说的。初写的后来不用是常事，关键是要开始写作，一旦开始了，你就会写出与话题相关的东西，写着写着，就会一发而不可收。

2. 修改作品。修改是让文章优秀的秘诀。即使是专栏作家也不断修改他们的作品。除非你比职业作家更具天赋，否则就要对自己的文章进行修改、修改、再修改。不要只打算二易其稿或三易其稿，要准备好不厌其烦、千推万敲。

3. 如果有人读完你的文章后提出批评，按照他的意见修改。

4. 如果你担心在语法或拼写上有问题，大声朗读文章可以帮你发现默读时漏掉的问题。

5. 对自己的文章完全满意后，把它搁在一边，隔段时间再进一步修改。

写作的时候⋯⋯

不要忘记好的文风：

1. 避免陈词滥调。

2. 尽量具体。

3. 不要抽象。

4. 避免被动句。

5. 不要啰唆。

6. 夸大其词远不如谨慎陈述。

7. 保证主语与谓语的一致。

8. 为什么运用修辞？

9. 无论多么相关，插入的评论都是不必要的。

10. 仔细核对每一个字。

11. 句首别用连词。

资料来源：This list has been making the rounds on the Internet.

3.5.2 论文写作的误区

下面是论文写作的常见误区，希望大家能避开。

- **废话连篇**：不是直接切入论题而是大量介绍、评价论题，谈论该论题一直困扰着世世代代的思想者以及对于该论题如何众说纷纭等。
- **信口开河**：写作时不注意组织自己的思想，想到哪儿写到哪儿。
- **未经思考**：不对论题做深入和详细的探讨就写出对论题的第一反应。
- **不得要领**：写作时拐弯抹角。如需要评价骑自行车的好处时，大谈自行车的历史；需要介绍自行车的历史时，却通过历史评述骑自行车的益处。
- **让读者领会**：期望读者从作者不合逻辑的推论、转移话题的论述和无关的旁敲侧击中领会作者的意图。

3.5.3 有说服力的写作

优秀的作者心中都有读者，希望读者发现论文的说服力。面对具有批判性思维能力的读者，在写作时坚持如下准则是有益的：

- 集中讨论与对手就论题产生的分歧，而不是只关注个人观点。
- 在反驳对手的观点时不能出言不逊，不能说对手的论证是荒谬的、可笑的。
- 对于对手做出的好论证，要坦率承认。
- 在受限的时间和条件下，把注意力集中于最主要的环节。不要过分关心枝节上的分歧，先陈述强有力的论证。

说服别人接受你的立场是无可厚非的。但本书不传授提高说服力的技巧，而是强调如何组织有力的论证。无力的论证或可疑的断言也能说服某些人，经不住理性质疑的论文也可能具有宣传的力量。对于具有批判性思维能力的人而言，重要的是独立地组织和评价论证及断言。能否赢得追随者，不是组织论证的目的，也不是评价论证的标准。

3.5.4   多元化社会中的写作

对于人们的性别、种族背景、宗教、性取向、体能、残疾或其他属性，往往存在着可被质疑的假定或态度，写作中不能强化这些假定或态度。这不仅关乎道德，也关乎清晰性和良知问题。假如涉及上述属性时遣词不慎，不仅会导致不精确、不准确，还会被认为是怀有偏见（尽管并非初衷），以致会降低作者的可信度。更糟糕的是，运用性别偏见或种族偏见的语言可能会扭曲作者本人的视角，以致作者不能清楚、客观地看待社会问题。

但语言并非与道德无关。我们的社会渴望公正，力争不因人的种族背景、肤色、宗教、性别或残疾而剥夺其权益。我们试图结束不公正的歧视性做法，改变或推翻不公正的歧视性制度。但不幸的是，有些歧视性的做法或制度，已经铭刻于我们的语言中。

例如，有些人在说话或写作时用"正常人"指男性白种人。当所指的不是男性白种人时，往往要提及其人种、性别、民族背景，但指男性白人时却不必提及这些。当然，如果这些与你要描述的人相关，说"这是一个操爱尔兰口音的男人"绝对是无可非议的。

有些语言的使用对女性尤为不公。设想有三个人一起谈话，你是其中一员。另外两个人总是相互交谈。你说话时他们貌似有礼节地听着，但你说完后他们就当你没说话一样继续着他们的交谈（即使你说的是真的而且与话题相关），无视你的存在。由于你不被认真对待，且你处于相当不利的位置，因此你有理由不高兴。

与之类似，语言也往往无视女性的存在而使女性处于不利地位。表达人类的另一种方式不是"女人"而是"男人"和"mankind"。往往用"他"来通指人操作一个方案被称为"man it"，负责人或主席被称为"chairman"，领班被称为"foreman"。请你画一幅科学家的画像，再看看你画的，不会是女性吧？因为科学家的形象通常是男性。读到"科学家通常把工作置于生活之上，往往会忽略她们的丈夫"这句话时，你会对后半句的表达感到奇怪吗？这再次证明你下意识里认为科学家是男人。

如果在文章中你不加思索地写道："科研人员……他……"，你就无意间因袭了让女人处于不利地位的表达。科研人员中有男性也有女性。如果你仅仅描述男性科研人员，可以用上述表达，但如果你要描述一般科研人员，就不要在字里行间假定好像所有科研人员都是男性似的。

总之，在写作中切忌就人的相关属性做无关的暗示性评价，包括人的性别、民族、种族背景、宗教等。

本章总结

- 语言清晰对批判性思维能力至关重要。
- 导致语言不清晰的原因很多，主要有模糊、歧义和抽象。
- 模糊有程度之分，关键是相对于特定的目的而言不能太模糊。
- 歧义是指一个语句有多种解释而且不能断明其中哪种解释是正确的。
- 歧义主要分为语义歧义、语形歧义、组合歧义和指代歧义。
- 过于抽象的断言是指缺乏足够的信息来界定到底它可应用于哪些对象的断言。
- 无论是减少模糊、消除歧义还是运用新词汇或旧词新用，定义都能助你一臂之力。

- 定义主要分为同义词定义、实指定义、分析定义。
- 修辞定义并不是为了澄清意义，而是为了表明或影响态度。
- 修辞定义借助术语的修辞力（情感意义）来实现目的。
- 论文写作是批判性思维能力的运用和体现，要学习和掌握论文写作的技能。

可　信　性

本章学习目标

1. 评估断言的来源
2. 评估断言的内容
3. 评价来源的可信度
4. 理解媒介信息背后的偏见和影响
5. 理解广告对消费行为的影响

　　雷蒙德·詹姆斯·梅里尔陷入了沉思。他和女朋友分手了，又不想独自待着。一个以"单身贵族"为特色的网站让他结识了巴西南部面带迷人微笑的魅力女子瑞吉娜·拉希德。很快，梅里尔坠入情网而且越陷越深。他相信拉希德说的所有话并如此轻信地去了巴西三趟与她会面，他给她数千美元现金，并给她买了一辆价值 2 万美元的汽车。当他的信用卡账户上不明原因地出现了数千美元的消费账单时，他也不责怪她。可悲的是，拉希德对梅里尔的钱更有兴趣而不是对他的感情。当梅里尔第三次去巴西，去和拉希德结婚并开始新的生活时，他却消失了。故事的结局很悲惨：梅里尔被勒死并烧毁的尸体在几英里外的荒郊被发现，拉希德和两个同谋因犯罪而入狱。⊖

这个案例给我们的启发是，当我们不确定在与什么样的人或究竟做何种交易时，任凭需要和欲望遮蔽我们的批判性思维能力，可能会导致灾难性后果。这一章我们聚焦的正是如何确定一个断言或者断言来源足以值得相信。

第二个故事是我们的朋友德弗身上所发生的事，它戏剧性没那么强却更常见。不久前，德弗收到来自花旗银行的邮件，通知他他的信用卡账户出了些问题，要求他登录银行主页核实相关问题，并提供了银行网站的链接。德弗点击进入网站后，被要求提供有关个人信息的详情，包括账户号码、社会安全号码以及他母亲的曾用名。德弗点击进入的网站看起来很像花旗银行的主页，上面有银行的徽标等标志。很快，德弗就发现自己的信用卡被用来购买了电视机、家庭影院、高档汽车音响等物品，而他从来都没有订购或收到这些东西。

德弗是网络钓鱼的受害者。随着时间的推进，网络钓鱼的伎俩不断翻新，有的钓鱼者还威胁说若不回应就会锁住你的账户，受害者不乏其人。其实，那些自称来自银行或其他公司的邮件，只要要求你通过邮件或网站来提供你的个人识别信息，就是不可信的。

就审查可信性而言，有两个方面值得质疑。其一是质疑断言本身。德弗应该自问，银行通过邮件通知客户其账户出问题，而且要求提供个人识别信息的可能性有多大（提示：没有银行要求客户通过网络或电话提供这些信息）。第二个值得质疑的是断言的来源。德弗相信来源是合法的。但关键在于，在互联网上，无论是网站还

⊖   www.justice4raymond.org.

是电子邮件，一般人很难识别显示屏后面的人来自哪里。有时候，计算机专家可以识别电子邮件的确切来源，但我们大多数人往往容易被误导。

被网络钓鱼引上钩并不说明德弗缺乏智慧。或许是急于知道账户的情况让德弗忽略了邮件提供的信息可能是假的。如下述方框中"4-1-9诈骗"之例，一厢情愿的思维或者贪婪的欲望都可能让人放松对可信性的警惕。而批判性思维可以帮助我们在关键的时候擦亮眼睛。

每当我们修订本书时，都觉得有义务提出警示：互联网欺诈愈演愈烈。事实也证明这种提醒是必要的。盗窃、欺诈等各种破坏手段不断升级翻新。在本章的后面我们将为你提供建议，以保护你自己、你的信息和资金安全。现在，请记住不论你何时打开浏览器，保持批判性思维之灯常亮。

尼日利亚预付款4-1-9诈骗：互联网上的惯用伎俩

你的电子邮箱有可能会收到来自尼日利亚的邀约邮件，对方自称是尼日利亚公务员，正寻找像你这样有银行账户的人，他要往你的账户汇数百万美元，借以在尼日利亚以外的国家洗钱。这些钱来源于对石油产品"虚开"或"重开"的发票。你将因为所提供的帮助得到可观的提成，但为了给转款做准备，也为证明你的良好信用，你先要转一定数额的钱到他指定的户头。

这种伎俩被称为"4-1-9诈骗"，因为尼日利亚以刑罚4-1-9条款规制该项诈骗。该项诈骗已实施了40多年（在网络盛行之前是通过电话、传真），目前又有各种新的版本。批判性思维者很快就能识破这种邀约缺乏可信性，但是成千上万的人未能识破这一点。由于贪婪或者缺乏批判性思维能力，行骗者骗走了美国人数亿美元。

4.1   断言及其来源

评估可信度要从两个不同层面着手：第一是断言本身，第二是断言的来源。对于"鸭子嘎嘎地叫是在通过莫尔斯电码交流"之类的说法，人们只会一听而过，此观点无论源自何处都缺乏可信度（该说法缺乏初信度，下文将解释"初信度"概念）。但是对于"鸭子成群结队地生活"人们就不会感到惊讶，这一断言具有可信度。我们是否相信该断言取决于信息的来源。如，该说法若出自关于禽类的书籍或出自禽类专家，就比出自本书的编辑更为可信。

无论涉及断言还是其来源，可信度都有程度之分，它们并不是要么完全可信要么丝毫不可信。"一个月后，世界上每个人都将死于一场神秘细菌所引发的传染病。"当然，这不大可能发生，但与之相比更不可能的断言是：一个月后，世界上每个人都会因外星人入侵而死亡。信息的来源（即人）也和其所提供的断言一样，可信度有高低程度之分。如果一直被你喜爱的邻居因抢劫银行而被捕，你很可能觉得矢口否认的邻居是可信的，但经确认他持有消音器和一支抹去了编号的 0.45 口径自动手枪后，这位邻居就失去了可信度。一位知识渊博的朋友所说的良好的投资机遇对于我们或许是可信的，如果获悉他本人也投资于该领域，就更加提高了其可信度（至少我们确信他本人相信该信息），可如果我们获知他将从我们的投资中得到可观的回扣，其可信度就随之降低了。

因此，我们审查断言时需要问两个问题：第一，在什么情况下一个断言本身缺乏可信性——换言之，在什么情况下断言的内容缺乏可信性？第二，在什么情况下信息的来源缺乏可信性？

对于第一个问题而言，一般的回答是：

某断言缺乏内在的可信性是指，该断言与我们观察到的、我们已知的（我们的背景信息）或其他可信的判断相冲突。

下文将对该回答做出解释。我们先讨论上述第二个问题，即关于信息来源的可信度问题。

4.2 评估断言的内容

有些断言不证自立，无论从何种途径获得这类信息我们都能接受它。但与我们的观察或背景信息相冲突的断言就值得质疑，下面将分别讨论这两种情形。

4.2.1 断言与我们的个人观察相冲突吗

我们自己的观察是关于这个世界的信息的最可靠来源。因此，对与我们的观察相冲突的判断提出质疑，是最为合理的。马奎斯和帕克与摩尔都是朋友，假如摩尔去马奎斯家看到他新买的红色迷你库珀，但帕克告诉摩尔，"听说马奎斯买了一辆天蓝色迷你库珀"，摩尔并不需要经过批判性思维训练就可以指出帕克所说的车的颜色有误，因为这和他本人观察到的颜色相冲突。

但观察或近期记忆并非不可错。从外科医生误截病人的好肢到更臭名昭著的证人错指犯罪凶手，大量事例证明对观察的回忆有可能是错误的。下面的专栏"证人观察错误将……"给出了令人震惊的统计数据，有多少无辜者因证人的错误指认而蒙冤服刑。

证人观察错误将……

　　纽约的"无罪工程"是旨在调查错误判决的社团。据其提供的信息，让无辜者蒙冤的原因中，排在首位的是目击证人的错误指认。经 DNA 分析而推翻的错误判决中，有 75% 以上是证人的错误指认导致了错判。最初因 DNA 鉴定而释罪的 239 人中，有 62% 的被告是因为一个目击者的错认，25% 的被告是因为两个证人的指认，13% 的无辜被告被三个甚至三个以上的目击证人分别错误地指认。虽然那些证人的证言说服了陪审团或法官，但它实际的可信度还是低于人们通常的置信。

有各种因素会影响我们的观察或记忆。注意力不集中、牵挂着其他事件或情绪不宁、身体不适等都可能引起观察的种种偏差（刑事案件的受害人最易受这些因素影响）。物理条件的限制也会导致观察的误差，如光线昏暗、环境嘈杂、速度过快等。

不可否认的是，并不是每个人都具有同等的观察力。有些人具有超群的视力、听力或记忆力，这些人在相应方面的观察能力就超于常人。

我们的信念、希望、担忧和期望也会影响我们的观察。告诉我们某间屋子里有跳蚤，我们就很容易把每一个小黑虫都看作跳蚤。告诉一个相信鬼魂的人某间屋子里有鬼魂出没，他就很可能相信他看到了有鬼的证据。在心灵研究会为测试人们的观察力而举办的降神会上，有些观察者坚持认为他们看到了很多根本就不存在的现象。当被告知某班的学生比普通班级的学生更聪明后，老师就很可能相信这些学生做的作业优于平均水平，即使事实并非如此。

难以置信的断言

超市小报（"快"报也一样）的疯狂头条与其说是提供信息不如说是提供娱乐，下列大多来自《世界新闻周刊》。

统计显示 25 岁以后青少年怀孕率明显下降。

（好奇这个统计所要证明的。）

凶杀案受害者很少与警察交谈。

（或其他任何人。）

节食会导致健康危险。

（Donohue 医生的健康专栏开辟了新的饮食领域。）

世界末日已确认（2012 年 12 月 20 日）。

（玛雅考古学家在危地马拉会面并确认世界末日为 2012 年 12 月 20 日。）

世界末日推迟（2012 年 12 月 21 日）。

（快做决定吧。）

外星人绑架啦啦队队员。

（他们说想学习如何建造那些金字塔。）

在第 6 章中，我们将谈到被称为一厢情愿的思维（wishful thinking）的谬误，当我们任由希望和愿望影响自己的判断、粉饰自己的信念时，就犯了一厢情愿的谬误。"4-1-9 欺骗"的受害者大多是一厢情愿的思维的牺牲品。不大可能发生这样的好事：在某个地方有一个人要给你数百万美元，仅仅因为你有一个账户。而对方所需要的，仅仅是你有所支付以证明你的账户可以正常转款。再容易上当的人，不带任何赌博的成分，也能意识到这一点。但是，似乎触手可及的巨额财富蒙蔽了人们的双眼，让他们无视这个最明显的道理。

个人兴趣和偏见会影响我们对事物的认知和判断。对于我们喜欢或喜爱的人，我们难以发现其斤斤计较或自私自利的行为；对于我们所痴迷的人，我们会觉得他的一切都完美无缺。与之相反，对于我们讨厌的人，我们则总能发现他的斤斤计较或自私自利。我们如果迫切希望某项计划获得成功，就能超乎实际地看到其成功的迹象。而我们如果希望某项计划归于失败，就会不自觉地夸大其中的缺陷，甚至想象出一些原本不存在的不足。如果一项工作、日常事务或者一个决定是我们不愿面对的，我们就会倾向于从中得出最糟糕的暗示，并以之为借口迟延不决。但如果我们事先就倾向于做这项工作或想做该决定，我们就更有可能关注它可能带来的积极影响。

不可信但真实

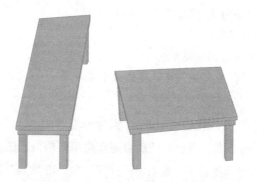

上图的两张桌子看起来不同，但其实它们的大小形状都完全相同。这幅幻觉图由罗杰·谢泼德于 1990 年设计。该图表明我们的观察很可能会出错，这里仅仅是因为视角不同而导致错觉。正如正文中提到的，还有很多因素影响着我们的观察。

最后要说的是，记忆像观察一样并不完全可靠，除非我们以可控的手段记录了我们的观察。正如多数人所了解的：记忆也可能具有欺骗性。批判性思维者总要保持如下警觉：他们记忆中所观察到的，也许并不是他们曾真正观察到的。

然而，尽管第一手观察并非绝对可靠，但它们仍然是我们最好的信息来源。任何与我们自己的直接观察相冲突的报道，都要经受我们严格的质疑。

4.2.2 断言和我们的背景信息相冲突吗

我们总是基于背景信息（background information）（大量已被证明的信念，包括我们从自己的直接观察中获得的事实和从其他途径了解到的事实）来评价各种报道。我们所参考的信息之所以被称为"背景"，是因为它不像我们今早亲眼看到的事情，我们也许无法具体说明自己是从哪里获得这些信息的。在我们的背景信息中，有很多是被各种材料充分证实了的。背景信息充当着我们知识储备的信息库。当我们遇到与背景信息相冲突的各种报道时，即使无法通过直接观察来反驳它，我们通常也会拒斥它。对于报道"北极附近有繁茂的棕榈树"，即便我们没有机会通过直接观察证实或反驳这一陈述，我们也会毫不犹豫地拒绝接受它。

这的确是通常我们首次面对一个断言时如何处理的例证。我们首先赋予该断言特定的初信度（initial plausibility），即粗略评判一个断言对我们而言是否可信。这一评判取决于该断言和我们的背景信息有多大程度的一致性——它和背景信息"吻合"得如何。如果较为吻合，我们就赋予它较高的初信度，我们倾向于接它。但如果该断言和我们的背景信息相冲突，我们就会赋予它较低的初信度，除非有强有力的证据支持它，否则我们倾向于拒斥它。"去年的美国市场，吉他销路比萨克斯风要好"这个断言与我们大多数人的背景信息很相符，我们不需要更多的证据就可以接受它。但是"查利87岁的祖母在隆冬时节游泳横渡密歇根湖"这个断言的初信度就不高，因为它明显和我们关于87岁老人、密歇根湖、在冰水中游泳等背景信息相冲突。事实上，除了亲眼看到这一冬泳之外，不知道还有什么方式能说服我们接受这一断言。即便看到了这一冬泳的场面，我们也应该考虑自己被假象欺骗或愚弄的可能性。

> **识谎天赋**
>
> 　　在《睡娃娃》(*The Sleep Doll*)中，小说家杰弗里·德弗塑造了一个角色，这个角色擅长通过观察和聆听来解读人们的想法。小说是虚构的，但看起来至少有证据证明这种才华存在。
>
> 　　旧金山大学的沙利文教授就人们识别欺骗的能力对1.3万人展开了调查，结果发现有31人具有超常的能力。被沙利文教授称为"天赋"的这种能力主要体现在对稍纵即逝的肢体语言、面部表情的敏感。说话迟疑、声音发颤之类都是在说谎的线索。具有识谎天赋的人依据这些线索就能发现那些说谎的人。
>
> 　　沙利文教授教心理学，她和同事希望通过研究这种"天赋"从而更了解泄露谎言的行为。她在全美医学会的第23届科学报告会议上提交了这份研究报告。
>
> 　　或许有极少数人能可信地指出谁在说谎。但被视为有这个能力的人远远多于实际有这个能力的人。
>
> 　　**资料来源**：From an Associated Press report.

　　并不是每个可疑的断言都像"查利的祖母渡湖"那样离奇。几年前，有一篇关于得克萨斯州林代尔发生了一起房子被盗走的报道，初看起来这个报道不大可能为真——谁能把房子偷走呢？但有可信的材料证明这真的发生了。⊖甚至有更加鲜为人知的事件最终也被证明是真实的。这说明，对与我们利益相关的报道，即使初信

　　⊖　Associated Press report, March 25, 2005.

度较低也值得我们去审查它究竟是否为真。

遗憾的是，对于解决已相信的知识与新信息之间的冲突，并无简明的公式可以套用。作为一名拥有批判性思维能力的人，你要做的就是在考量与背景信息相冲突的断言（初信度低的断言）时，信任你的背景信息，与此同时保持一个开放的头脑，并意识到更进一步的信息有可能会让你放弃原本被视为真实的断言。这是艰难的权衡，但也是值得探究的活动。例如，设想你最近一直经受头疼的折磨，你尝试了医生给你开的各种阿司匹林及抗过敏药物都无济于事。正好你的一个朋友说她和你症状相似，用通常的药物也是久治不愈。后来她尝试芳香疗法，很快奏效。虽然本书作者并不太相信精油能治疗头疼，对芳香疗法并不寄予多大希望，但也不排除一种可能，芳香疗法能让人舒缓放松，而紧张是头疼的原因之一。

关键在于初信度有程度的区分，有的断言相当可信，有的断言只是勉强可信。上述关于芳香疗法的初信度介于下述两个断言之间。一个是有可能为真的（实际上为真）：帕克和比尔·克林顿是高中同学。另一个是不大可能为真的：金·卡戴珊是物理学博士。

如上所言，背景信息对于适度评价一个断言的可信度是至关重要的。在不具备有关某主题的背景信息时去评价有关报道的可信度就是勉为其难。你的背景信息面越广，你就越能胜任对给定报告的评价。例如，若不具备经济学基本知识，就无法恰当地评价关于庞大的联邦赤字风险的判断。要判断把社会保障称为储蓄账户的误区所在，有关社会保障是如何运作的背景信息就可帮你澄清要点。丰富知识的不二法门是：广泛阅读，自由交谈，培养探究的态度。

4.3 评估信息来源的可信性

现在我们开始讨论信息的来源。对于有些信息来源，我们当然会持怀疑的态度（打算离婚的人，通常不会听取其配偶的律师的建议）。下面我们将讨论影响信息来源的主要因素。

4.3.1　利益相关方

在讨论我们该相信谁时，首要的准则与下述两个概念相关：利益相关方和利益无关方。

那些可以通过我们相信其断言而获益的人是**利益相关方**（interested party）。与利益无关方相比，利益相关方要受到更多质疑。不以任何方式从我们的信任中获益的人是**利益无关方**（disinterested party）。

在评价信息来源的可信性时，首先要关注发布信息者与其所提供的信息是否利益相关。"利益相关方比利益无关方更值得怀疑"这条规则的重要性再强调也不为过。假如本书只能给你一项收获，那么这一条堪称优选。当然并非所有的利益相关方都想迷惑我们，也不是利益无关方都能给我们提供优质信息。但综合考虑各种因素，要在相信利益相关方之前先相信利益无关方。这是批判性思维的工具箱里至关重要的工具之一。这个准则或许是本书提供给读者的最重要的引导。

并非都光彩夺目

自 2004 年开始，美元出现贬值，一些金融"专家"声称，让财富保值、避免通货膨胀的有效手段之一就是购买黄金。其中一些人的确给出了较好的论证。但值得一提的是，也有不少倡议购买黄金的人实际上就是贵金属的代理商，或者是代理商的雇员。就像我们在正文中强调的：时刻警惕利益相关方。

4.3.2 体貌及其他特征

　　提供信息者是否利益相关与其提供信息的可信度密切相关。可惜，人们常常根据无关因素来判断某人的可信性。例如，人的生理特征与其可信与否原本关系甚微。某人是否一直与你眼神对视？某人是不是在冒汗？他是否在紧张不安地笑？尽管这些特征与人的可信度关系不大，但人们却广泛运用这些特征来判断他人的可信性。斯坦福大学的一项最新研究显示，身材高大、声音洪亮和果断的人往往会得到更多的信任。一位训练有素的骗子可以模仿满怀信心的真相讲述者，就像经验丰富的黑客可以拼凑出以假乱真的网页一样〔"骗局"（con）毕竟是"信心"（confidence）的缩写〕。

　　人们还用一些其他无关特征来判断人的可信性，其中包括性别、年龄、种族、口音和举止习惯等。人们也往往根据某人的衣着来判断其可信性。甚至有人认为，人们所戴的太阳镜也"会说话"；也许其中不无道理，但太阳镜所说的与可信性度关系不大。某人的职业一定与其知识或能力有关，但以此来判断其道德特征或诚信度，就不太可靠。

你的脸泄密了吗？

　　包括澳大利亚的 Alan Stevens 在内的一些研究者认为，从你的面部结构可以看出你的性格特征和健康状况。这里有些例子。

　　面宽：一个宽脸男人（他们说）通常睾丸激素水平较高，有可能比脸庞窄的人更具攻击性。

　　脸颊大小：较饱满的脸颊（他们说）表明这个人患病及感染的可能性更大。根据格拉斯哥大学本尼迪克特·琼斯的说法，脸

大的人更有可能沮丧或焦虑。

　　鼻子的大小和形状：鼻子大可能表明一个人有野心，自信和自立，天生是领导者。鼻子中性的人（既不圆又不尖）据说很甜美，脾气温和，有可爱的个性。

　　我们的疑问是，或许有些基因决定的特征与面部结构存有一些关联，但也有一些特征并不是由基因决定的，我们无须研究圣诞老人的鼻子就知道他很可爱。

　　哪些因素与判断人的可信性有关呢？我们将具体论及，但其清单中并不包括外貌特征。或许你误以为可以通过观察一个人的眼睛来对他做出判断。但实际上，我们无法仅仅通过注视一个人来确定他的真诚、知识或性格（尽管通常是这样，但可能会有罕见的例外。请参阅前面的专栏"识谎天赋"）。

　　当然，即便从可靠的信息来源接受可信的判断，我们也难免有时会陷入困境。例如，在填写纳税申报表时，很多人会听取有资质的诚实专业人士的可靠建议。但即使有资质的诚实专业人士，也难免过失，以致我们要承担其后果。一般而言，无论是断言本身可疑还是信息的来源可疑（更不必说断言及来源都可疑），接受可疑的信息都会招致麻烦。如果一位修理工说我们的车需要更换变速箱，该断言本身也许并不可疑——也许车的行驶里程已表明该更换了，也许例行保养做得不够好，也许车换挡时怠速不稳等。但要记住，修理工是利益相关方，如果有任何理由怀疑修理工会为了自己的利益夸大问题所在，我们就要重新看待变速箱的问题。

　　本书的作者就曾被汽车专营店告知他的车发动机漏油，需要花费上千美元进行修理。由于在车库的地上并没发现漏油迹象，谨慎的作者就准备等待查明漏油的严重程度再决定是否修理。在自专营店诊断出"问题"一年之后,作者也没有发现汽车漏油的明显迹象。结论是什么?汽车专营店是利益相关方,对于他们可以获利的建议我们要有自己的看法,此例中作者通过自己的调查发现,他的车从来就不需要花上千美元来修理。

谨记:与其他信息来源相比,利益相关方的可靠性程度较低。

导致战争的政策和利益相关方

> 20世纪60年代,国防部长将精心选择的信息提供给了林登·约翰逊总统和国会。我们没法假设,如果当时人们知道国防部长意图发动战争,国会是否还会通过《东京湾决议案》,正是该议案导致美国卷入越南战争。但毫无疑问的是,总统本人和国会如果知道国防部长的意图,会持更怀疑的态度。布什总统关于伊拉克及其统治者的信息主要来源于艾哈迈德·沙拉比,如果知道沙拉比是他所提供的(有关伊拉克)信息的利益相关方(沙拉比希望侯赛因的政权被推翻后自己能作为伊拉克的统治者,事后证明,来自沙拉比的信息多半是虚假或夸大其词的),布什总统及其行政人员会不会那么急于发动伊拉克战争呢?我们也无法判断这一点。但如果人们对利益相关方提供的信息具有更多的质疑,或许能让这两场代价巨大的战争不至于匆然发动。

4.3.3 专业性

对于大多数信息来源,我们没有理由质疑其像利益相关方那样具有成见、偏见或其他可质疑特征。但我们依然可以对其展开质疑——质疑他们是否具备关于争议问题的知识。一个人的知识储备决定于一系列因素,特别是他针对所讨论的问题的专业知识和经验。正如你无法仅仅通过注视某人就判断出他是否在诚实、客观、准确地说话一样,你也无法仅仅通过观察表面特征就判断出一个人的知识或专业技能。一位操英式英语的科学家,看起来可能比有得克萨斯口音（拖长腔调）的科学家显得更为博学，但其实一个人的口音、身高、性别、种族或衣着跟他的知识并没有多大关系。比如，我们很难根据体貌特征把高校教师从一般人群中识别出来。

既然如此，如何判断一个人的专业能力呢？教育和经验常常是最为重要的因素，其次是成就、声誉和职位等。要评价某位专家的资质，并非总是轻而易举，而且不同领域的资质各不相同。但依然有值得一提的实用指南。

教育是一个重要因素，但不限于正规教育（即通过学习从常设研究机构中获得学位。有些这样那样的"博士"们从在火柴盒上做广告的邮购商那里拿到他们的文凭，"博士"这个头衔自然不能代表一种资格）。

经验是专业能力的重要因素，无论就质而言还是就量而言都是如此。最重要的是与当前问题有关的经验。但仅凭长时间从事于某工作，并不足以证明他对此拥有丰富的经验。

所取得的成就是一个人专业知识的重要标志，但直接与当前问题相关的成就才是衡量专家资质的要素。一位诺贝尔物理学奖获得者不一定就有资格公开发表关于玩具安全、公立学校教育（即便是科学方面的教育）或者核扩散的演说。核扩散的问题可能和物理学有关，但它更是一个政治问题，而物理实验室里并不传授政治知识。

声誉也是衡量专业能力的重要标准。但人的声誉是依赖于语境的：某人所获的声誉是否值得我们看重取决于他在哪类人群中获得了这样的声誉。也许作为本地台球场的选手，你享有很高的知名度，但这并不表明你与艾里森·费舍尔可以齐名。对于对投资一窍不通的人而言，或许一个人若能知道 401（k）雇员福利方案和罗斯退休账户（与美国税法相关的两种方案——译者注）就可算是专家了，但你显然不会基于一个人仅仅知道这些就听取他的投资建议。

屡见不鲜的是：被举荐为某领域内的专家的人，后来被证明关于该领域并不比普通人精通多少（我们愿意假定推荐人对该相关主题知之甚少，否则不会认为被推荐者是专家）。大体而言，衡量专家资质的最可靠的声誉是其在所从事的领域里的其他专家心目中的声誉。

职位也是评价一个专家的指标。某个重要科学实验室的主任，哈佛大学某研究机构的主任，著作被其他专家引用——上述种种职位本身就是实质性的证据，表明此人就相关主题发表的观点值得被认真关注。

但利益有可能左右专家的意见。无论提供信息者是否为专业人士，前文提及的涉及利益相关方时的审查准则都一样适用。无论是否为专家，某人的立场有时是其观点的风向标。在关于枪械和城市暴力的听证会上，全国步枪协会雇用的律师的观点，应该比一位来自某独立公司或机构、与此听证的结果无利害关系的证人的观点更需要被仔细地审查（或者至少应更被质疑）。前者可被视为利益相关方，后者则是利益无关方。在与利益得失相关的时候，即使人们试图保持客观，也很容易失去客观性。

这是一个更复杂的故事：在 20 世纪六七十年代，全美范围内开始关注糖的消耗与包括糖尿病和心脏病在内的几种严重疾病之间的关系。一种人造甜味剂——甜蜜素——被用来替代苏打水和其他产品中的糖。制糖业由于担心销售损失，转而攻击甜蜜素，约翰·希克森博士是这一指控的领军人。后来，在希克森担任雪茄研究委员会主管时，有一份机密备忘录中将他描述为"一位成功的科学政治家，他代表制糖研究委员会用不可靠的证据成功地归责了甜蜜素"。甜蜜素于 1969 年被 FDA 禁止。在网络搜索"甜蜜素禁令"就能看到这个故事：1989 年，FDA 官员承认他们在发布禁令时犯了错，该禁令是在美国国会的压力下发布实施的，而国会又受到了来自制糖业的压力。

这个故事表明，政治以及有钱有势的利益方可以影响被认为是纯粹科学的"发现"。

专家有时意见不一，当问题错综复杂而且多方利益纠葛的时候就更是如此。当面临这些情况时，除非某位专家明显代表该领域内多数专家的观点，或者除非某位专家能被确认比其他专家更有权威、更无偏见，否则一个具有批判性思维能力的人有责任暂不决断到底认同哪位专家的意见。

当然，多数人的观点并不等于正确观点，即使最权威的专家也难免偶尔出错。例如，各路经济学专家在大萧条前都预测未来会出现美好时光。2008年金融危机之前，许多顾问也很乐观。大奥利·奥普利剧院的经理吉姆·丹尼在一场演出后解雇了猫王埃尔维斯·普雷斯利，并说普雷斯利只适合回家开卡车。你所接受的代表多数人的观点或来自最权威的专家的意见，也有可能最终被证明是错的。但不必因此泄气：当时你把多数人的观点视为最权威的，这是合乎理性的判断。合理的态度是：同意最权威的观点，同时足够开放，在面临新的证据时修正观点。

最后，人们有时会错误地认为，一个领域的专家理所当然的是其他领域的专家。例如，顶尖的程序设计人员未必就具有高端的经营能力，实际上，许多程序设计人员胜任自身的工作但不善于与人打交道，而经理人员往往需要善于交际。优胜的竞选者未必就是合格的执政者。即使成为某领域专家所需要的智慧和技能可以让这个人有能力成为任何领域的专家（这是一个可疑的假定），拥有成为专家的能力和真正成为专家也不是一回事。因此，专家在其熟悉的领域之外所提的意见，并不当然地比非专家提出的意见更可接受。

不听信专家可能会致命

　　7月，得克萨斯州的帕里克太太点烟时，帕里克夫妇总能见到"蓝色火焰"。帕里克先生致电消防部门，询问这是否危险。得到的回答是：的确危险，马上派人去检查！消防警察要求帕里克太太不能再点香烟了。但帕里克太太急于要验证这一点，她又点了一支烟然后死于继之发生的火灾中（房间里都是电器，而且后院里有天然气泄漏）。

　　有时候，听取专家意见是至关重要的。

　　资料来源：*Fort Worth Star Telegram*, July 11, 2007.

4.4　可信性与新闻媒体

　　美国宪法第一修正案鼓励新闻自由，即使会引来公众舆论也要促进新闻报道和印刷出版的自由（时至今日包括电视广播和互联网传播）。托马斯·杰弗逊总统的名言强调了新闻自由的重要性："所有人的唯一安全在于新闻自由。允许言论自由，公众舆论的力量便势不可挡。必须鼓励由此带来的活力。必须保持水质纯净。"

但是近年来，水质变得越来越不纯净了，新闻界面临着严峻的挑战。在不到十五年的时间里，报纸业萎缩，已不到 21 世纪初的一半！网络和手机上新闻的消费似乎每小时都在增加，但人们可能不再相信自己的所读所见，除非他们从符合自己个人观点的消息来源中获取新闻。原因不一而足，我们接下来将探讨人们对主流媒体的信心下降的原因。

4.4.1　媒体所有权的合并

这并非人尽皆知：新闻的质量下降的原因之一是，媒体受控于越来越少的几家公司，这是过去 30 年中媒体大量并购的结果。自 2001 年美国联邦通讯委员会放松了对报纸、电台、电视台的所有权的管理规定后，媒体加速了被集中控制的进程。20 世纪中期有数以千计的独立媒体，到 1983 年仅剩 50 家。在我们撰写此书时，美国九成的媒体仅由 5 家公司掌控：时代华纳（Warner 兄弟、时代公司、HBO、CNN 等），迪士尼（ABC、ESPN、米拉麦克斯影公司等），新闻集团（福克斯电视台、《华尔街日报》《纽约邮报》等），康卡斯特（NBC、环球影城、E！娱乐电视等）和 Viacom/CBS（派拉蒙影业、MTV、喜剧中心等）。括号中只列出这些公司持有股份的少数公司。你在电视上所看到的，正是这些公司中的一个或多个插手制作将其呈现在屏幕上的。媒体越控制在少数人手中，我们就越容易得到被"操纵"的信息，或是媒体控制者或是他们的广告商，会向我们提供有倾向的信息。

4.4.2　政府对信息的操纵

曾经以为，我们发现的虚假新闻的来源仅在每日秀栏目，但联邦政府也涉嫌操纵虚假新闻。近些年来，从处方药计划、机场安全方案到不让一个孩子掉队的教育法案等，都由政府提供资金支持，为取得受众支持而在电视上发布虚假报道。在做相关报道时根本没有任何针对这些计划或方案的批评意见，也只字不提这并不是合法的独立报道，而报道的来源恰恰是出台相关政策的政府部门。

全国的大多数电视台自身都难以获得有关政府决策的翔实信息，而政府的上述做法正好为电视台提供了素材。遗憾的是，被大多数观众视为新闻的，其实只是政府的宣传。

网络报道提供的信息没有印刷媒体的多

不仅是新闻报道，在报纸的社论或电视评论中也往往会出现类似的问题。以作家或发言人的身份发表的意见有些也最终被证明为是花钱购买来的观点。我们喜欢举这个例证：2005 年，卫生与公共服务部花一万美元雇用专栏作家迈克尔·麦克马纳斯，让其撰文积极推荐该部门所推方案。具有反讽意味的是，他的文章的栏目名为《道德与宗教》。

军队有其操控媒体的独特方法：从禁止拍摄战死疆场的士兵到推出精心包装的榜样等不一而足。例如 2003 年，被广为宣传的"打完最后一颗子弹的英雄"杰西卡·林奇被营救是在一家伊拉克医院拍摄的。有时候，操控的方式就是简单的封锁消息，比如 2007 年直升机袭击事件，该事件导致一名新闻摄影师、他的司机和其他几名男子丧生，最终袭击事件视频是由一名举报者公开的。

这取决于我和福克斯新闻

2013 年年初，主持人拉什·林博在公开抨击两党参议员团体所宣布的移民改革计划时说："我不知道要停止这个，这取决于我和福克斯新闻。"

等一等：福克斯新闻不是应该"公平"吗？"权衡"吗？

4.4.3   媒体的偏见

虽然媒体有政治倾向是公认的，但保守派认为媒体倾向于自由派，而自由派认为媒体倾向于保守派。

保守派通常认为，总体而言，记者和编辑比一般民众更倾向于自由。一些民意测验也显示这的确是事实。但与此同时，出版者和媒体所有者往往倾向于保守派，这一点也不意外，因为他们的主旨和底线是：赚取利润。埃里克·奥尔特曼在其 2003 年的著作中提到"自由媒体"从来都是神话，至少在私下里，著名的保守派帕特里克·布坎南赫威廉·克里斯托尔都坦然承认这一点。但曾任职于哥伦比亚广播公司（CBS）的伯纳德·高柏认为，媒体偏向自由派是不争的事实。

主流媒体，特别是反对自由倾向的保守媒体，于 2012 总统大选年期间攻击参选人莎拉·佩林，她更愿意称这些媒体为"下流"媒体。

"毋庸置疑，媒体肯定存在偏见。"保罗·瑞安在巡回演说中提到，他认为媒体中的大多数人都"更想要偏左倾"的总统。福克斯新闻评论员比尔·奥赖利推测媒体的自由偏向给奥巴马总统的支持率带来了 3 或 4 个百分点的提升，这足以决定胜负。

但是当今主流媒体是哪些呢？最受欢迎的新闻频道是福克斯新闻；最强大的广播主持人是拉升·林博和肖恩·汉尼提；互联网上最大的信息之声是《德拉吉报道》，这些都非常保守。在受众和影响力而言，这些媒介当称主流。

报纸当然属于主流，但从全国最大的两家日报开始，它们一直都在政治上分野：保守的《华尔街日报》和自由的《纽约时报》。据波因特研究机构的分析，在 2012 大选年中，美国排名前 100 位报纸对奥巴马和罗姆尼的支持几乎各占一半。罗姆尼甚至赢得了更多摇摆州报纸的支持，比率为 24∶15（当然罗姆尼是 24）。

可以合理地假定，支持罗姆尼的报纸都不太可能同时有支持奥巴马的倾向。而这一点却是保守派所暗示的。

再来看看传统的广播网络，特别是 CBS、NBC 和 ABC 的新闻部门以及它们的主要电视新闻主播。美国广播公司（ABC）的黛安·索耶曾经为理查德·尼克松工作。NBC 的布莱恩·威廉姆斯和 CBS 的斯科特·佩利都不曾涉足政界。依据曾在其中两家公司工作的经验，我们认为这些公司的员工一直以来都在竭尽全力试图避免偏见。我们认为，为美国三大报纸撰文的人，其偏见也限于其所刊的评论版。

但媒体格局正在发生变化，且它们的确涉嫌存在偏见。共和党受访者认为仅两个新闻来源信誉度很高：福克斯新闻和当地电视新闻。民主党人给了高评价的广播和报纸清单则更多更长。

当涉及实际偏见时，与传统媒体相比，新媒体中的偏见要多得多。与此同时，主流媒体逐渐分流了，其中最具影响力主流媒体在政治上是分裂的，甚至更倾向于保守派。具有讽刺意味的是，保守派对媒体偏见的抗议与重塑媒体的右派新兴力量同时成正比例增长。

……

我们并不想在此探讨到底哪些媒体具有何种倾向性。重要的是，即使某种结论和我们的偏好相吻合，如果没有充足的证据作为支持，纵然这些结论是记者、专栏作家或广播员告诉我们的，它们也并不比市井百姓的街谈巷议更加可信。当这些媒体不加论证地宣称符合我们偏好的结论时，我们尤其要谨慎对待。

值得注意的是，准备新闻的时候，除了出版或广播全部真相以外，媒体还面临着很多压力。在我们看来，虽然存在着上述现象，新闻媒体总体还是可信的。我们特别喜欢公众广播系统（PBS）和国家公共广播（NPR），或许其他人有不同偏好。《纽约时报》《华盛顿邮报》《洛杉矶时报》等主流报纸以及一些新闻杂志都是总体可信的，虽然它们都难免出错。

有线新闻网络的出现影响着我们所接受的新闻。20世纪80年代，CNN（Cable News Network，说它代表有线新闻网毫不足奇）开了全天候24小时播报新闻的先河，福克斯新闻和MSNBC也不分昼夜地争夺着观众的注意力。这些关于各种政治派别的报道传播极快，你可以看到满足任何政治偏见的"新闻"。更有甚者，为了长时间的有内容可播，扩展了"新闻"这个概念。这个结果不仅影响了有线新闻网络，也波及传统的新闻节目。有关监狱生活或烹调技艺的"专题报道"越来越多地挤占了所谓的纯新闻栏目。北加州的报纸之一《萨克拉门托蜜蜂报》做过一个关于"蠢新闻"如何占据本地栏目越来越多空间的报道。加州伯克利分校新闻研究院的前主任本·巴格迪吉安指出：就百事可乐这样的商业广告而言，在不重要的新闻或情境喜剧栏目之后播放更容易获得成功，而不是播放于卢旺达残杀、阿富汗游击战之类的严肃新闻栏目之后。

针对是否可接受来自新闻媒体的断言，很难把我们的建议只归为几点。但以下各点是值得记住的：

- 像常人一样，在新闻媒体工作的人有时也会犯错误；他们有时也会接受缺乏充足证据的断言，有时也会忽略审查信息的来源。
- 媒体也会承受压力，有时也会受到政府或其他力量的操纵。
- 除少数媒体外，大多数媒体都部分地受利益驱动，因而面临着来自广告、所有者、经理人的压力。

最后，我们不能忘记在很大程度上媒体是社会的折射。如果我们大众都满足于肤浅的、耸人听闻的、被操纵的新闻，那么最终我们也只能获得这样的新闻。

4.4.4　电台访谈节目

表面上看起来，电台访谈节目会给我们提供大量信息，而且这些信息都是从传统途径的报道中获取的。在处理与政治议程有关的信息时，至少有些电台访谈节目的主持人的确会雇人搜寻传统的合法新闻并在一定程度上说明信息来源。这么操作，的确通常向听众提供了很多有趣和重要的事实；但来自各方的电台主持人在选取对哪些事实进行报道时，往往会依据一己的偏见错置强调的重点，其中不乏失实的报道。其结果是，众多嘈杂的声音让我们莫衷一是。

4.4.5　电视辩论节目

前面已经提到，从政治观点看，有些电视台偏左，有些电视台偏右，所以观众从中获得的新闻往往带有倾向性。这一点利弊参半。其好处在于人们可以看到与他们本来所持观点不同的信息、观点；其弊处则在于，这往往片面强化了观众的信念，尤其是那些本来就没有证据支持的观念。

MSNBC 所提供的《埃德·舒尔茨秀》《欧伯曼倒数》《雷切尔·玛多秀》等节目都是从自由派的视角来看当天的新闻的，所有的 MSNBC 社论也都体现了同一视角。

福克斯新闻的著名人物比尔·奥瑞利、格伦·贝克和肖恩·汉尼则都代表着保守派的观点和立场。

关于这个话题可以写出独立的一章，鉴于当今媒体给大众的影响，或许应该写这么一章。但重要的是提醒大家：在面对政治新闻或者评论的时候，要让我们自己的耳朵更加机警（目光更加审慎）。虽然做到这一点并不容易，但它非常重要，尤其是当你在缺乏证据支持的情形下准备接受一个主张的时候，特别的，面对那些你本来倾向于支持的观点的时候。

4.4.6　互联网

当今一个重要的信息来源是互联网，它几乎让每个拥有电脑和智能手机的人，都可以与地球上任何其他拥有相似设备的人相互联系。虽然互联网提供了极大的便利，但在评价此来源的信息时，应该比审查来自印刷媒体、广播或电视的信息更为谨慎。本章开头给出的两个实例说明了不谨慎处理网络信息的后果。

互联网的信息来源基本可以分为两类。第一类包括商业来源和机构来源；第二类包括在万维网（World Wide Web）上的个人网站和团体网站。第一类来源包括像律商联讯（LexisNexis）数据库之类，还有新闻杂志提供的在线服务、大型电子新闻组织和政府机构等。第二类来源包括你能在网页上找到的所有其他信息——各种优质信息、五花八门的娱乐、时尚购物、广告、诱惑、欺诈性邀约、彻头彻尾的谎言等。

正如某个断言被印刷出来或在电视上播出来并不表明该断言为真一样，你在网上浏览到的信息也是如此。需要记住的是：某个来源发布的信息的质量不会优于该来源本身。

评估网络的可信性：来自专业人士的提示

一项一年前的研究表明，在评估网站的可信性时，专家所用的方法跟普通消费者大不相同。[一] 既然不同网站的可信度相差很多，我们就需要尽力评估我们重视的网站的可信度。遗憾的是，就像上述研究所显示的，大众所用的评估方法远没有专家所用的有效。尤其是在关注点上，专家注意的是网站提供的信息本身，而普通网民更注意的是网站的外观是否赏心悦目。页面格局、印刷格式、配色以及动画效果无不影响着普通人对网站可信度的认知，毕竟网上 54% 的评论都是关于这些的。然而，专家所注意的却是网站信息源的质量和所提到的人物的可信度等。只有 16% 的专家评论是与网站视觉设计有关的。

我们应该从中得到什么教训呢？这是一条法则：无论网站的视觉效果多么吸引人，都不要因此被左右视听。一个色彩耀眼的设计不应该让我们忽视该网站信息的来源和其所提及的人物的信誉。

一 Experts vs. Online Consumers, a Consumer Reports WebWatch research report, October 2009 (www.consumerwebwatch.org).

4.4.7   维基百科

就规模和影响力而言，成长最快的信息来源是在线的维基百科（Wikipedia）。"wiki"是一种提供共同创作环境的网站，也就是说，每个人都可以任意修改网站上的页面数据。（wiki-wiki是夏威夷语里"快"的意思。）在2001年创立维基百科时，拉里·桑格尔和吉米·威尔士（维基百科的创始人）决定其内容和结构都由用户来决定。广泛的参与性既是其强项也是其弱项。基于成千上万人的贡献，维基百科的覆盖范围极广。到撰写本书时，仅英语的维基百科就有超过400万的条目，另外还有200多种其他语言或方言版本。由于只要拥有电脑和浏览器就可以进入编写页面，因此相关报道通常都很及时，人们往往在事件发生的数小时内就能看到相关的条目。

检验网络信息

除了我们已经提及的网站外，这里还有一些我们推荐的网站。当你看到一条网络热议新闻时，你可以到这些网站深入了解话题根源。我们认为这些网站是迄今最可靠的信息来源。我们自己也依赖它们：

Snopes.com——原创且最好的用来检测流言、故事、传奇以及任何其他奇闻逸事真实性的网站。丹尼尔·米克尔森和芭芭拉·米克尔森从1996年开始就经营这个网站。这个网站将网上的一系列流言按真伪归类。它通常还提供关于那些流言的历史和流言本质的调查。

TruthorFiction.com——一个追求事实、揭穿骗局的网站。网站上主要是里奇·布勒对一些时事的调查与发现。尽管对事件的分析不如snopes.com透彻全面，但总的来说是一个很值得信赖的网站。

Factcheck.org——这个网站是毕业于宾夕法尼亚大学安娜堡公共政策研究中心的前CNN和华尔街时报记者布鲁克斯·杰克

森经营的。他本人完全政治中立，他的网站批判任何歪曲事实的政治评论。

PolitiFact.com——圣彼得堡（佛罗里达）时报经营的网站。记者和编辑检验政客、说客和利益集团的言论的真实性。鉴于其在 2008 年大选中的所作所为，该网站在 2009 年荣获普利策奖。

Consumerreports.org——评估包括医保和理财等消费者问题和消费品。不像一些有着类似名字的网站，这个网站没有广告，而且为了避免偏激观点常常谨慎说话。它的评估和分析都细致严谨。这个组织会像消费者一样购买一些消费品，而不是让生产商直接提供。这更加提高了该网站的可靠性。

为了对网站进行总体评估，有很多清单和列表可资利用。你可以通过 www.library.cornell.edu/olinuris/ref/research/skill26.htm 和 www.lib.umd.edu/guides/evaluate.html 来使用康奈尔大学和马里兰大学的可信度评估清单。

也正因为进入编写页面的便捷性，所以这些条目的质量存在着天壤之别。对于新出现的条目就须格外谨慎：它们更有可能包含着未经修正的错误。但随着更多的知情人访问该网页，该网站上所发布的错误信息会被逐步修正乃至消除。除对事实的误报外，偏见和遗漏也会影响该网页上发布的信息的质量；有时候，编写者会从他所支持的侧面来深度报道某个话题而对相反的立场只字不提。但随着支持相反立场的人访问该条目，上述存在的错误也会得到修正。在给定的时间进入给定的维基百科条目，都有可能遇到错误、遗漏甚至是恣意发表的信息。

我们的建议是，对于获取某话题的相关知识而言，点击维基百科或许是很好的开始，但对于从该渠道获取的信息需要我们进一步验证。如果相关话题对你而言是重要的或者是你要提交的作业，维基百科就不能是唯一的信息来源。我们要补充说明的是，主题是有关技术或科学的信息往往更可靠（尽管错误通常更难发现），其错误率（根据一项研究）与大英百科全书相近（大英百科全书于 2012 年 3 月宣布将不再出纸质版本，它只供在线查阅）。科技类文章以及刚才提到的已上传一段时间的文章，对你从事的任何项目都可能有所助益。

4.4.8 来自社交媒体的新闻

随着时代改变，以往不被视为新闻来源的网络社交媒体（Facebook、Twitter、YouTube、Google Plus，也许到阅读本书时还有很多）已然成为新闻来源。仅就 2015 年而言，由业余者或警察录制上传且蔓延传播的网络视频是观看最多的新闻片段。

Facebook 是名列前茅的社交媒体新闻来源，它拥众最广，约有 30% 的美国成年人在这里获得新闻。YouTube 和 Twitter 分别占 10% 和 8%。虽然娱乐新闻是引起最多兴趣的类别（对某些人而言，这本身令人担忧），但社交媒体在许多突发新闻事件中也发挥了重要作用。个人用户发布的照片和视频有时会与国家对新闻事件的解读有不同。

尽管我们欢迎突发事件的第一手视频，无论是由个人还是由警察的摄像机录制的，但我们都必须记住，几乎每张照片或视频都可以在不同程度上进行解释。此外，在网络上传播的许多视频都伴随着种种歇斯底里的声音。我们在社交媒体查看新闻事件的文字或视频时，尤其是看与该主题有利益相关的人上传的信息时，应格外小心。记住，他们是我们在本章前面提到的利益相关方。

其次，也可能是更严重的问题——社交媒体所引发的错误印象。这种错误印象的萌生可能是重复查看事件或事件类型所致。请记住，第 1 章就探讨过可得性启发是如何影响我们的：我们对事件或事件类型的思考越频繁，我们就会认为事件发生的可能性越大。

在电视、计算机或智能手机上经常看到某些事情定会让我们更加频繁地思考它。

最后，请记住，社交媒体对我们的了解可能比我们预想的要多。发送给我们的内容通常是根据我们的网站浏览记录量身定制的，这些内容回应并增强了我们的兴趣、偏好和偏见。

综上所述：在公正的情况下，新闻来源的多样化是一件好事。但情况并非总是公正的，观看任何来源（无论是《纽约时报》还是你堂兄的视频）的新闻时，我们都必须谨慎行事，并启动我们的批判性思维能力。

4.4.9 博客

博客是在网站上公之于众的日志，大多数博客都由个人建立。起初，博客更像关于个人问题的公众日记。到 2004 年年底，据说已有多达 300 万个博客被建立并运行。到 2011 年 7 月，估计有 1.64 亿。我们不敢猜测现在有多少博客。

可以找到专门从事讽刺、恶搞和彻头彻尾虚构的博客。代表各种不同政治派别的博客应有尽有，包括我们不曾意识到其存在的派别。德拉吉报告属右，正如《赫芬顿邮报》属左一样众所周知。博客网站（和许多其他网站一样不是由负责任的组织运营的）背后没有负责任的机构管理，所以人们可以将其想发布的任何信息，包括各种坏消息，写在其博文中。你可以把博客作为信息来源，但一定要多加小心。对于通过此渠道获得的信息，一定要验证于其他途径。要特别注意与第一来源相关的任何内容！

Snopes.com 的创始人芭芭拉·米克尔森（参见"检验网络信息"栏目第一条）曾告诫大家：人们往往会舒坦地听信谣言，人们的第一反应是，拒绝与他们相左的意见，接受吻合其意向的说辞（参见第 1 章"确认偏见"）。她说道："当你在流言中寻求真相时，真相很难显现。"我们希望她不是因为过于悲观才这样说的。

请记住：在运用键盘和浏览器获取信息的时候，要注意甄别，不能轻易信之。有足够的理由相信，大多数网站所声称的信息就如来自陌生人的言论一样需要审查，只是人们无法一眼认清这点。

4.5　广告

广告是尽力抑制人类智力以便从中牟利的科学。

——斯蒂芬·里柯克（Stephen Leacock）

现代社会中，除政治外，当数广告最能检验我们对可信性的识别力。当面临种种广告或推销时，最好的策略或许就是持怀疑的态度。

除了烤面包机、电视机和卫生纸等有形物品外，广告还被用于销售诸多其他产品。广告可以用来鼓励我们投某一候选人的票、同意某一政治建议、旅游、戒除不良习惯或者去参军。广告还可以用于发表公告（例如关于就业机会、演讲、音乐会或者召回有缺陷的汽车），或者用于营造有利于或不利于某种观点的氛围（例如，针对工会或海上石油钻探）。甚至也可以暗中使用"公共服务公告"来营造对某事或某人的舆论氛围。为了简化讨论，我们将所有这些都称为产品。

三种广告

最初由亚里士多德提出并在本书的第 2 章中讨论的三种说服模式提供了一种有用的广告分类方法。

1. 徽标广告（logos ads）：这些广告强调有关产品的信息——广告商希望这些信息对我们购买产品的决定产生有利影响（请记

住，"产品"包括从香醋到选票的所有内容）。遗憾的是，要做出明智的购买决定，你可能需要了解的信息远远超出广告商愿意向你提供的，尤其是广告商不会告诉你他们产品的问题或竞争对手产品的优势。毕竟，他们是利益相关方。广告词是用来卖东西和帮助销售的，它的目的不是提供信息。

当然，徽标广告可以为你提供帮助你做出购买决定的信息。有时，产品的存在，适用性或可负担性（广告传达的所有信息）就是理性购买所需要的信息。

2. 名人广告（ethos ads）：这些广告展示某产品是被我们敬佩、认同或信赖的人使用或认可的。产品的潜在购买者可能会意识到，做宣传广告的明星（人们有时这样称呼广告人）会收取费用，因此他们是利益相关方。但此类广告背后的策略主要是让我们与产品建立良好的关联，并在我们脑海中为产品凸显货架空间，即让我们在购物时记住它。显然，无论是我们记住了产品，还是有我们喜欢的人推广了该产品，都不是购买产品的理由。

3. 情感广告（pathos ads）：这些广告旨在激发我们的情感。愉快的情绪激发了我们对产品的积极记忆，并在我们购物时以积极的方式激活产品。负面情绪（负面政治广告的主要内容）旨在引发我们对人或事的不佳想法。

叙事广告是一种常见的情感广告技术，它可以将产品嵌入感人的故事中。许多汽车广告都采用这种技术：2014 年的雪佛兰西尔维拉多（Chevy Silverado）广告即一例。广告讲述一个男人、他的卡车、破损的围栏和一头丢失的小牛——这个男人在冻雨中驾驶卡车寻找的牛。这类广告经常利用刻板印象，这个广告就利用了牛仔坚韧又柔情的正面刻板印象，牛仔是美国神话中的中心人物。广告不一定会让你急于购买西尔维拉多，但故事却引人入胜，并可能给你留下烙印。当地的雪佛兰经销商会很高兴，如果你打算购买一辆卡车，丢失的小牛的故事会比你在《消费者报告》中了解到的维修率的数据，更容易让人回想起来。

当然，叙事广告所创造的记忆，无论是有利还是不利，都不是购买或回避产品的理由。

DILBERT © 2007 Scott Adams. Used By permission of UNIVERSAL UCLICK. All rights reserved.

对于那些被好运眷顾的人，不在乎所购的物品，也无所谓错购误买，重要的是要知道有特定商品可购。但我们大多数人做出合理的购买决定时，需要获取除广告发布之外的更多信息。当然，我们偶尔会仅据广告进行购买，有时也并不因此后悔。不过这种满意的结果，与其归于广告不如归于运气。

何时广告不再是广告？植入广告的时候！

凯瑟琳·赫本在电影《非洲女王号》中向船舷外倒戈登松子酒是植入式广告的开端，因为戈登酒制造商为此付费了。新近的植入广告实例包括动作片中的道奇战车和随处可见的苹果笔记本电脑。

近来，影视（甚至小说）的植入式广告成为传统广告之外的热门选择，植入式广告也避免了传统电视广告的不利：观众只观看录制的电视节目而跳过广告。

我们怀疑，可口可乐醒目地呈现于此是因为百事可乐没有支付足够的钱。

好得难以置信

自从 2008 年经济衰退后，不少人面临着偿还抵押贷款的困难，也有不少人面临着应对信用卡债务的困难。于是，电视、电台里关于"轻松还债计划"的广告应运而生，有的教你偿还抵押债务，有的教你清偿信用卡债务，更有甚者，教你通过快速处理不动产致富。

据 2010 年 4 月《消费者报告》所刊文章，与其说上述计划关注于债务偿还及客户致富，不如说它更钟情于向客户收费。签订了这些计划的不少客户不仅没有获得预期的结果反而陷入了更艰难的境地。需要记住的是，广告的设计总是为了服务于支付广告费的人，如果广告说得天花乱坠，更需要我们警惕这一点。

本章总结

- 缺乏可信度的断言是指它与我们的观察、经验或背景信息相冲突，或者其来源缺乏可信度。

- 一个断言的初信度越低，它看起来就越不同寻常，一个断言与我们的背景信息越不相符，我们就越应该表示怀疑。
- 利益相关方比利益无关方更值得质疑。
- 对信息来源的质疑一般有两类，一类是质疑信息来源的知识或专业技能，一类是质疑信息来源的诚实性、客观性和正确性。
- 判断某人所掌握的知识的合理途径是，考量这个人的教育、经验、成就、声誉和职位。
- 具备专业知识的专家所做出的判断是最可靠的，但该判断所涉及的内容必须是该专家所研究的领域，而且该判断与该领域内的其他专家们的判断并不冲突。
- 主要大城市的报纸、全国性报纸和网络新闻节目一般是新闻的可信来源，但也有必要对从中获取的信息保持开放的思维。
- 政府影响甚至操纵信息的现象有增无减。
- 从维基百科或其他机构网站获取的信息会让我们受益，但当我们从不知来源的互联网途径或电台访谈中获取信息时，更要适度地质疑。
- 电视辩论节目和电台访谈节目一样，都带有自己的倾向性，考验着听众或观众的视听能力。
- 广告不时会骚扰我们，试图向我们兜售商品、服务、信念和态度。由于广告商借助于天才和资源，因此我们做出购买决定前要不断自问：广告中所谈到的产品是否真的会改善我们的生活。广告商关心的是向你兜售商品，他们不是为了改善你的生活，而是为了改善他们自己的生活。

| CHAPTER5 　第 5 章 |

修辞：说服的艺术

本章学习目标

1. 能解释修辞力和情感力量的概念

2. 识别、评判委婉语、粗直语、闪烁其词及贬抑等技巧的运用

3. 识别、评判刻板印象、暗示、加载问题等技巧的运用

4. 识别、评判嘲讽、夸张等技巧的运用

5. 识别、评判修辞性定义、解释、类比及令人误解的比较

6. 识别、评判替代证明、重复等技巧的运用

7. 识别、评判利用图像所进行的说服

8. 识别极端修辞伎俩：煽动

  自亚里士多德时代以来，修辞学一直是西方教育的基点之一，另一与之齐列的是逻辑。修辞用来赢得某人同意你的观点，逻辑用来证明或支持断言。这二者是各自独立的。你可以用逻辑说服别人，但常见的是人们往往被弱逻辑力量的言论说服而不为强逻辑所

动。这就是为什么教育越来越强调批判性思维，以帮助人们提高逻辑也帮助人们区分证明和说服。

在本章中，我们要做三件事。首先，我们介绍修辞力的重要概念。其次，我们解释几个修辞手法。优秀的作家和演说家都运用这些技巧以尽可能地提高自己的说服力，尽管这些修辞技巧没有逻辑力或证明力（"证明力"指倾向于证明）。作为批判性思维者，应该能够识别出它们究竟是什么——说服的技巧。

最后，在审视各种技巧之后，我们审查煽动性的四个主要技巧。煽动者使用煽动性言论赢得误导和误导的认可想法。他们诉诸观众的恐惧和偏见，这是因为观众无法看透他们的技巧。著名煽动者包括阿道夫·希特勒、约瑟夫·麦卡锡和其他人，包括偶尔担任美国总统职位的人。发现煽动并抵制它也许是批判性思维者可以掌握的最重要的技能。

5.1 修辞力

语词和表达不仅仅具有字面或"词典"含义，它们也具有所谓情感意义（emotive meaning）和修辞力（rhetoric force)(这二者表达相同的意思)。语言的这种力量会表达和引发各种心理和情感的回应。例如，"老先生"和"怪老头"会激发不一样的情感，第一个表达令人愉悦，第二个则不那么让人愉快。说某人的观点是"误会"是一回事，称其为"胡说"则是另一回事。这两种表述的字面意思虽然相同，但后者的情感意义是负面的。阅读下面巴拉克·奥巴马的著名演讲并将其与其后的释义进行比较。

因此明天，我们将为竞选进行南方和西部的宣传。我们了解到斯巴达堡纺织工人的挣扎与拉斯维加斯洗碗工的困境并无明显不

同，在狄龙区摇摇欲坠的学校里上学的小女孩与在洛杉矶城里学习
的男孩一样有自己的梦想。我们将会记住，美国正发生改变。我们
并不像政治暗示的那样分裂，我们是一个民族，我们是一个国家。
有三个词将响彻全美，让我们携手谱写美国新篇章：是的。我们。
可以。

——巴拉克·奥巴马的演讲，2008 年 1 月 8 日

释义：让我们继续竞选。

演讲及其释义传达的信息基本上是相同的。区别完全归于演讲
语言的强大修辞力，它鼓舞人心、振奋精神，并劝告听众走向共同
的光辉目标。这可以说明前面关于修辞的观点：修辞力可能会影响
人的心理，但它本身并不能确证什么。如果我们任凭自己的态度和
信念被纯粹的修辞所影响，那我们就是不合格的批判性思维者。

在文学课上，老师指点我们通过运用精挑细选的、具有修辞影
响力的表达来提高说服力，这并没错。优秀的作者都是这样做的。
但是，作为批判性思维者，我们必须能将他人表达中包含的论证
（如果有的话）与修辞区分开来，我们必须能够区分一组评论中的逻
辑力量与心理力量。

科学期刊上很少有我们在此讨论的修辞表达，因为这样的表达
没有证明力。科学家可能也希望读者能接受他们的发现，但用说服
性的语言来兜售他们的发现是冒险的。倒不是修辞会削弱论证，而
是修辞并不能加强论证。$^{\ominus}$

  $\ominus$ A body of scholarly work known as the "Rhetoric of Science,"
views science as a species of rhetoric. However, if you are
looking for examples of the kind of rhetorical devices and
techniques explored in this chapter, you won't find many in (for
instance) the *Journal of Cell Biology* or the *Journal of the Royal
Statistical Society*.

5.2　修辞技巧 I

第一组修辞技巧往往用语词或短语来表达，主要用于给陈述赋予肯定或否定的倾向性，所以它们也被称为**倾向性表达**（slanters）。

5.2.1　委婉语和粗直语

委婉语（euphemism）——一种中性或正面的表达，而不是一种引起负面联想的表达。在影响人的态度方面，委婉语起着重要作用。"被羁押者"指我们大多数人所说的"囚犯"，但似乎更温和。"水刑"（waterboarding）初听起来像你期望的那样，即年轻人在加利福尼亚海滩上玩，而不是酷刑手段。"附带损伤"是"平民伤亡"的一种巧妙说法。

委婉语显然可以被用来粉饰错误行为，但是它们也有积极作用。用不敏感的方式表达你很遗憾朋友杀了他们的狗，你可以说：很遗憾他们不得不让狗入睡。

粗直语（dysphemism）被用于影响听众或读者对某事产生负面态度，或者被用于降低其可能引起的积极联想。"暴富"给人的印象就不如"非常富有"。"吃动物的肉"听起来比"吃肉"更让人反感。针对被继承的财产所征的税收曾被叫作死亡税，这个说法给人留下不好的印象：让人误以为这项税收的纳税人是死者，而不是继承人。把驳回立法提案称作"诡计"是在使用粗直语。我们很难解释"保守"与"极右"以及"自由"与"极端自由"之间的区别，但这两对词组中，后者相对于前者都有贬义，后者都可以归为粗直语。用"蝶形螺母"指代政治派别的任何极端一方也是在使用粗直语。

演讲者或作者试图使我们不喜欢某人或某物时决不吝惜使用粗直语（政治竞选期间更是随处可见）。当然，所用的归于委婉语还是粗直语，在一定程度上取决于观察者的眼光。

一个人眼中的垃圾场可能是另一个人的汽车回收业务；一些人眼中的卫生填埋场则是另一些人的垃圾堆。

值得一提的是，有些事实本身就是令人发指的，即使对其做中立的报道它们也依然令人觉得恐怖。"莉茜用斧子杀害了她的父亲"并未使用粗直语，但所报道的关于莉茜的事实却令人觉得恐怖。

5.2.2　闪烁其词

闪烁其词（weaseler）是规避或化解风险的一种语言手段。闪烁其词的表述有助于稀释、淡化提出断言的人所面临的批评，也给遇到挑战时的提出断言的人留有逃脱的余地。

无疑，语词"高达"是我们最常见的闪烁其词的表达，尤其是在广告中。"每加仑油对应的行驶里程高达 5 英里多""一星期减重高达 10 磅"等表达并没有做任何真正的承诺。实际上，无论你的确减重 10 磅还是你的体重根本没有减轻，"高达 10 磅"的陈述都可以站得住脚，这要归功于"高达"及其理解。

一则电台广告说：大西方金融公司对于活期账户将多支付高达 12% 的利息。

且不说"高达"这个词是闪烁其词，在到底承诺支付多少利息这一点上，该广告也涉嫌欺骗。除非你听得特别仔细，否则你会认为大西方金融公司将对活期账户支付 12% 的利息。但"多"字才是关键之处。如果目前的利息是 3%，那么大西方金融公司比 3%"多支付高达 12% 的利息"，也就是支付大约 3.33% 的利息。这与初听起来的 12% 实在相差甚远。

让我们假设统计表明：98% 的美国医生相信使用阿司匹林是儿童雷氏综合征的病因，另外 2% 的医生不相信这一点。如果我们就此宣称"有些医生不相信阿司匹林与雷氏综合征有关"，我们不必为自己说错了而承担责任，"有些"这个表达可以让我们推诿出错的责任。

　　但我们的说法可能会误导并不了解详情的人。需要记住的是，并不是只有错误才会误导。

　　有不少闪烁其词的语词——如"大概""可能""也许""可能是"——可用来做出暗示（下文将做出解释）。通过使用这些语词，可以暗示又不必真的宣称某人所持有的判断。通过说"贝里奥特有可能说谎"，我们暗示而不直接宣称"贝里奥特说谎"（也许这是难于辩护的判断）。"贝里奥特有可能说谎"（毕竟，我们每个人都有这种可能）"贝里奥特或许会说谎"等都是通过闪烁其词来暗示的例子。

　　当然，并非所有这样的用法都是闪烁其词。可以用于闪烁其词的那些语词也恰恰构成了判断中的限制条件。使用同一词语，在某一语境下是闪烁其词，而在另一种语境下则可能完全不是。如，在侦查案情时，侦查人员听完史密斯对一系列事件的解释后对同事说："当然，史密斯有可能说谎。"这并不是闪烁其词的表达，而是其职业操守中的适度注意。"可争议的是""很有可能是"等限制性语词，既可用于闪烁其词，也可以被合理、恰当地运用。像"据说"这样的语词，虽然也可以在正确的语境中为诚实目的服务，但更常见的是被使用于闪烁其词的场合。因此，我们要审查句子中的限制性语词：表达者是在做合理的限制呢，还是在做暗示，或是在闪烁其词以为自己留下可以推诿的出路？要正确回答这个问题，需借助于评估表达者、语境和主题。

5.2.3　贬抑

　　贬抑（downplayer）就是试图降低人物或事件的重要性及意义。刻板印象、修辞性比较、修辞性解释以及暗示（都将于下文讨论），都可被用于贬抑某事。如"不必在意皮尔斯先生在课堂上该说些什么，他自认为是教育家"就试图利用刻板印象来贬抑皮尔斯先生以及他在课堂上所表达的观点（哪个教育家不这样看自己呢）。还可以通过有意插入特定词语或其他手法来进行贬抑。把前面的例子修改为："别在意皮尔斯先生在课堂上说了什么，他只不过是又一个教育家罢了。"短语"只不过是又一个"更进一步地诋毁了皮尔斯先生的身份。

用于贬抑的最常见的语词是"只不过是"和"只不过"。如果金姆告诉你她在西藏武术中是黄带级别，而她姐姐只不过是绿带级别，那么金姆用这个词贬抑了她姐姐所取得的成就的意义。

"所谓的"也是典型的贬抑。例如，我们可能会说：做出诊断的那位女士是"所谓的医生"。这种说法贬低了她作为医生的可信性。加引号也可以起到同样的作用：

她在函授学校拿到了她的"学位"。

引号用于贬抑，不同于用来表达讽刺。如：

约翰"借了"汉克的伞，而汉克打那以后就再没见过他那把伞。

该例中的引号表示讽刺而不是贬抑，它要表达：这根本就不是借。

很多连词，如"然而""不过""仍然"和"但是"等，也可被用于贬抑它们前面的判断，"虽然""尽管"则贬抑它所连接的句子。此类贬抑用法与前面提到的贬抑方法相比显得更为微妙。比较下面由两个相同的判断组合而成的判断：

1. 工厂排放的确可怕，但正是这些工厂给数千人提供了良好的工作机会。

2. 虽然这些工厂给数千人提供了良好的工作机会，但工厂排放的确可怕。

第一个句子贬抑了排放，第二个句子贬抑了工作机会。

语境可以决定一个表达是否使用了贬抑。"查韦斯仅以 6 票的优势取胜"中的"仅"可以是对查韦斯胜利的贬抑，也可以不是，这取决于 6 票优势的微弱程度。如果有上万人投票，而查韦斯赢了 6 票，那么"仅"这个词看起来完全恰当：查韦斯差点失败。但是如果投票是在一个譬如 20 人的委员会中进行，那么 6 票就是相当悬殊的差距了（如果每个人都投了票，那将是 13 票对 7 票——几乎是 2 比 1 了），在此情形下用"仅"这个词来说明投票结果，则明显带有倾向性。运用这种倾向性的修辞手法，就是为了降低查韦斯与对手所获选票差额的重要性。

正如前面所说，不可能、也不应该完全杜绝倾向性的表达。这些手法能提升写作的质量和趣味。但可以避免的是，被倾向性表达不恰当地影响。不管表达者对语言的操纵是否微妙，都要注意语言操纵可能对你产生的影响。只要对语言表达导致的心理和情绪的细微差别保持警觉，就可减少无意间被聪明表达者操纵的可能性。

5.3   修辞技巧 II

下面三种带倾向性的修辞技巧，在一定程度上都与未经保证的假设相关。人们在相互交流时，会不可避免地涉及没有明确表达的假设。你会发现，当这些假设并不可信时，它们往往也会带来麻烦。

接触金发碧眼的女性会让我们变笨吗？认知能力与刻板印象

据考克斯新闻社的 Shelley Emling 研究报道，当人们（男人和女人）看了金发女子的照片后，他们在"刨根问底"游戏中回答问题的能力会下降，而看其他发色的女子照片后就不会发生这种情形。该研究的作者说，它证实了既有发现：人们的认知能力受暴露在自己面前的刻板印象影响。一位研究员曾说过："仅凭刻板印象的知识就可以影响我们的行为。"另一给出的例证是，与老年人相处时，人们走路和说话都会比较慢。

资料来源：*Shelley Emling, Cox News Service,* http://thesituationist. wordpress.com/2008/01/22/.

5.3.1 刻板印象

刻板印象（stereotype）是一种文化对特定群体成员所形成的观念或概念。刻板印象通常是简化的或夸大的，它可以是积极的或消极的。美国人有时给人的刻板印象是友善和慷慨，也有时候给人刻薄而粗鲁的印象。南方白人男性有时给人的刻板印象是绅士或举止端庄，也有时候给人的刻板印象是顽固的乡巴佬。当然，稍加思考就能明白，这些特征都不能合理地衡量这些群体的每个成员。刻板印象对人物特征的描述是不可靠的；当演讲者或作者尝试使用刻板印象赢得我们支持时，我们必须保持警惕。例如，如果有人使用

"福利皇后"的概念（懒惰母亲的贬义刻板印象，她们喜欢收集福利支票想从中发现工作机会）说服我们：纳税人在福利上花了太多钱，我们应该意识到，演讲者正在努力用图像而不是数据说服我们。

但刻板印象也可以在另一个方向上起作用。如果我们听到某某"直言不讳"，我们就得到一个积极的刻板印象：讲述真相的人。激活我们所喜欢或尊敬的刻板印象就能使我们得到对讲述者的赞许的印象。

刻板印象来源于众多途径，其中不少来自流行文学，而且刻板印象往往得到各种偏见和群体利益的支持。在 19 世纪中叶之前，大多数白种人都认为美洲原住民大平原印第安人是贵族。但随着白种人越来越想把他们赶出自己的领地，随着两者之间冲突的升级，流行文学日益将美国原住民描述为低于人类的生物。这种刻板印象支持了白种人的群体利益。国家之间的冲突常常产生贬损对方的刻板印象：如果我们认为他们低于我们"人类"，那么我们在消灭敌人时就不会有良心痛苦。

概要：不可否认，某些刻板印象具有强大的修辞力，但它们没有证据力或证明力（倾向证明）。有修辞力的表达可能在心理上有说服力，但就逻辑力量而言，它既没加强也没削弱。

顺便说一句，某群体的成员说出有关他们自己的负面刻板印象，这是否足以让其他人运用这些刻板印象呢？让我们来看看这样的论证是否可以经受仔细审查。"他们说自己的坏话，因此这些坏话是真的"是不合逻辑的；"因为他们说自己不好所以我们也可以说他们不好"同样是不合逻辑的。

5.3.2　暗示

暗示（innuendo）指利用提示的力量贬低（说些不好的话）某人或某物。不像粗直语那样表达明显且具有负面影响修辞力，暗示依靠中立（甚至是正面）的措辞来表达贬义。例如以下语句。

女士们，先生们，我证明至少有一位候选人没有编造奇闻。

如你所见，这里只字未提其他候选人在编造奇闻，但仍悄然传递了这一信息：某竞争候选人在编造奇闻。下面是另一个例子。

吉姆：拉尔夫说的是实话吗？

乔：是的，这次他说的是真的。

乔在暗示拉尔夫通常不说实话。我们喜欢引用戏剧演员菲尔兹的一段台词作为这种用法的例子：

我不是说这肉吃起来太老，我是说没看见平常总在外面溜达的那匹马。

利用统计数据进行暗示

依据（提出的）计划，收入在 20 万美元以上的纳税人将平均纳税 9.9 万美元。

——《华尔街日报》

上面的说法暗示，新纳税计划平均征收每个收入在 20 万美元以上的纳税人 9.9 万美元。

让我们再看看《新共和党》2003 年 2 月 3 日的言论：“《华尔街日报》引用的统计数据没有意义，这就像断定美国 60 岁以上的男性平均有 3 个性伴侣。”比尔·盖茨等拥有巨额财富的人都是收入 20 万美元以上的人。

另一个例子是：

她只是健美操教练，至少他是这样告诉妻子的。

说“他可能认为自己的演讲很好”也有暗示作用，这暗示他的演讲不是很出色。“我敢打赌他实际上认为他的演讲很好”也有同样的效果。我们所赌的是，大多数演讲得好的人实际上认为他们做了很好的演讲。

暗示的一些情形被称为**意味深长地提及**（significant mention）。它指某人在通常不需要发表这样言论的时候做出某种陈述。下面的例子就是：

> 我注意到苏安最近的房租支票没有被退回。

显然，说话者提到这个事实，是因为有人预期支票会被退回。这就暗示苏安的支票通常都是空头支票。

识别暗示的关键在于它完全依赖于提示和隐含，而不是带有明显负面关联的措辞。"他的言语空洞又愚蠢"就不是暗示。

5.3.3　加载问题

加载问题（loaded question）如暗示一样，指表达中暗含而不明说的某种意义。例如："为什么总统讨厌富人"虽然未直接说但隐含有"总统讨厌富人"的意思。"你总是喜欢负债吗"虽未直接说明但隐含着"你喜欢负债"的意思。

加载问题起作用的关键在于每个问题都依赖于假设，甚至像"几点了"这样单纯的问题都依赖于某些假设，你假设听者能明白你的意思，且有办法知道时间。但加载问题不单纯指问题中存在着假设，关键在于加载问题中存在着或多或少的未经证明的假设。最古老的例子"你已停止打老婆了吗"就假定了被问者过去打老婆。如果没有理由认为该假设是真的，那么这就是一个加载问题。

加载问题中若隐含有负面陈述，那么它往往被视为否定性暗示的一种。但加载问题中也可能载有积极信息。例如：梅兰妮是怎样拥有这么美妙声音的？

5.4 修辞技巧Ⅲ

幽默和适度夸张是日常表达的一部分，听众如果不加小心，观点就会受其影响。

5.4.1 嘲弄 / 讽刺

嘲弄（ridicule）的修辞手法又叫嘲笑（horse lough），包括运用各种嘲讽和恶意幽默。嘲弄是一种有力的修辞工具——毕竟大多人都不喜欢被嘲笑。因而记住这一点是重要的：仅仅取笑别人的立场并不等于提出了对该立场的反对意见。

你可以直接嘲笑某个主张（向埃及提供援助？哈哈哈），也可以说无关的笑话，运用讽刺的语言或者嘲笑试图提出该观点的人。

观摩辩论的时候要记住：语言妙趣横生、博取最多笑声的人，只是貌似赢得了辩论，但具有批判思维能力的人应该有能力看出论证和娱乐之间的分殊。

请注意：我们既没说娱乐有任何不对，也不认为以幽默的方式表达正确的观点有错。

5.4.2 夸张

夸张（hyperbole）就是过分夸大，为追求效果而加以夸大的判断就有可能是夸张。"民主党人希望每个人都依赖福利"就是夸张；"茶叶党中没有人喜欢非裔美国人"在夸张；用"法西斯"描述不希望你以艺术为专业的父母也是夸张。我们所有人都会运用夸张，不仅仅是为了表达对事物的强烈感受，有时是为了说服听众接受较弱的主张。例如，为说服儿子开车时不要发短信，母亲可以告诉他：他有可能杀死一半洛杉矶的人；男青年为了说服女朋友他真的爱她，可能会说他爱她胜过任何人等。

因此，需要记住的是：即使你拒绝了夸张，你还是可能会在缺乏论证的情形下，不自觉地朝着这个方向形成较弱的判断。如果服务员告诉你三文鱼是所有食物中最好的，你可能最终会订购它。如果有人告诉你克拉拉只想自己不顾别人，这可能会让你认为克拉拉有点以自我为中心。如果听所尊敬的人充满信心地预测"没人会投票给杰克逊"，杰克逊当选时你可能会感到惊讶。

几乎可以说其他修辞手法经常涉及夸张。例如，当我们描述反对党的成员是"叛徒"时，我们就在使用涉及夸张的粗直语。人们总是用某些不受欢迎的特征来描述我们所攻击的社会群体，这样运用负面刻板印象就总是涉及夸张。

5.5 修辞技巧 IV

定义、解释、类比、比较都是常用的表达手段，这些手段也可以作为修辞技巧，被用于带有倾向的表达。

5.5.1 修辞性定义和修辞性解释

在第 3 章中我们就提到过修辞性定义，修辞性定义（rhetorical definition）就是运用诉诸情感的语言来表达或激起人们对某事的态度。将"堕胎"定义为"谋杀未出生的孩子"，就是用语言来攻击那些认为堕胎在道德上具有可辩护性的人。同样，也可以把"人"限定为出生后的生物体。在后一定义之下，就不能将堕胎归类为杀人。

在第 3 章中我们解释过列举定义，即通过举例下定义。值得一提的是，如果有偏见地选取实例，由此得到的列举定义也会导致有倾向性的讨论。通过持白人至上观点的人来定义"保守者"，就是这样的列举定义。显然，如果我们想全面地了解问题，就必须避免带有倾向性的定义和实例。

修辞性解释（rhetorical explanation）是貌似解释的修辞手法，其真正的目的是表达或诱发态度。

我们从一封给编辑的信中发现的"解释"可以作为例证。

> 我是个传统的自由主义者，我总是不停地自问：为什么在反歧视行动中发生了如此震撼的转变？从前，反歧视行动意味着支持机会平等，而现在反歧视行动意味着优待和配额。该转变背后的原因是，实施反歧视行动措施的人不再关心权利的平等，他们关心的是救济品。

这不是冷静的学术性解释，而是在表达个人观点并试图激起人们对反歧视行动政策的怒火。

立法中的张冠李戴

民意调查表明当选民初听某议案的名称时往往表示同意，而一旦了解了议案的具体建议后却会持不同意见。这并不奇怪，毕竟政策的标题是国会、州政府和竞选专家为了达到其目的而刻意修饰过的。我们可以从近期的一些政策和提案标题中看出多数情况下政策的标题并不代表其真正的内容。

提案标题：健康森林议案（联邦政府提议）

实际内容：减少群众在有关伐木政策决定中的影响；降低环保标准；为木材公司使用国家森林提供更多便利。

提案标题：还我蓝天法案（联邦政府提议）

实际内容：放松对水银、氧化亚氮和二氧化硫的限制；取消当今"洁净空气法案"对使用以上化学物质进行定量削减的要求；允许企业转让"污染信用"借以让一些地区空气相对较好。

提案标题：婚姻保护法（联邦政府提议）

实际内容：与保护传统婚姻无关，只是宣告同性恋婚姻违法，其所指的同性恋婚姻大多已被宣布无效。

> 提案标题：限制"不公平商业竞争法案"的实施（加州政府）
>
> 实际内容：让消费者无论如何都无法起诉企业的欺诈、虚假广告和其他欺骗手段。
>
> 提案标题：工作有理（众多州政府）
>
> 实际内容：制止劳动工会以讨价还价的方式向非工会成员收费。
>
> 提案标题：禁止歧视和优惠待遇（加州）
>
> 实际内容：削弱或撤除反歧视项目。

5.5.2　修辞类比和令人误解的比较

修辞类比（rhetorical analogy）即通过比较两个事件之间的相似性，使某事件显得优于或劣于它本身。

修辞类比可能导致我们在缺乏论证的情形下改变对某事的观念。例如，听说社会保障系统就像庞氏骗局（庞氏骗局是骗取陷入其中的人的金钱的金字塔式骗局）就会让我们对社会保障系统产生怀疑。不断将萨达姆·侯赛因比作阿道夫·希特勒可能已经影响了某些人对伊拉克入侵的态度。2015 年年末和 2016 年，我们听到有人将唐纳德·特朗普与 20 世纪 40 年代初期意大利的专制独裁者贝尼托·墨索里尼相比，试图把特朗普描绘成法西斯主义者。

当然，人们可以用类比进行解释，如果朋友对橄榄球所知甚少，你或许会拿它与足球相比较来向朋友说明。但当约瑟夫·戈培尔将知识分子比作漂浮在表面上的、不会影响下面的液体的脂肪"泡沫"时，很明显他的意图是诋毁知识分子，并引导听众随从。而像戴夫·百里描述初为父母的体验时所说的"有了孩子就像你的大脑里安装了保龄球馆"，只是为了娱乐。

修辞类比也包括比较，如"你中彩票的概率小于你被闪电击中的概率"。有一些比较是有问题的，如果不加提防，就会被其误导。和男性烟民相比，女吸烟者患肺癌后的存活率较高，可这不构成女子不戒烟的理由。广告语就利用模糊的比较来进行误导，"增大了 25%""全新改良配方""至今最安静的"等即是其例。除非进行比较的比较项及比较点都是明确的，否则这样的比较没有意义。

在对"比较"展开思考的时候，提出如下问题或许是明智的。这往往是各种修辞技巧的更微妙形式。

1. 比较是模糊的吗？"与雷相比，詹姆斯是更好的游泳者"是什么意思呢？以什么表明"萨拉比圣安娜更快乐"呢？断言"女性更有能力应对悲伤"时，具体指的是哪方面呢？针对这些比较的合适问题不是"什么使得你得看法为真"而是"你的意思是什么"。

2. 是否遗漏了重要信息？初听起来，失业率下降是好消息，但如果你发现下降的原因在于相当比例的劳动力人口已经放弃了寻找工作，你的看法就会改变。假如有人告诉你 90% 的海洛因成瘾者都曾吸过大麻，在没有其他信息的情况下，这种说法并没什么实际意义。因为无疑 90% 的海洛因成瘾者也都吃过胡萝卜。

3. 使用的是同一种比较标准吗？同一则报道和报告中是否使用了同样的标准来做比较？有时候，政府会改变失业率的统计标准，由此而统计出的失业率的改变往往就不说明实际问题。1993 年，美国艾滋病患者较前骤增。是出现了新型艾滋病毒吗？不是，是联邦政府扩展了对艾滋病的定义，将几种新的症状列为艾滋病的症状。5 万名原本没被界定为艾滋病的人一夜之间就被列入了艾滋病患者的名单。

误导性图形比较

应谨慎查看图表显示的比较，如图所示：

初看柱状图，你可能会认为 Moore 在 CVC（一家虚构的公司）的销售额比 Parker 或 Messer 高出多倍，因为 Moore 的柱比 Parker 或 Messer 的高出很多。但是，如果你仔细观察纵轴上的比例，你会发现实际上这三个销售人员的销售额只差 0.08 个百分点。

4. 比较项是可比的吗？很难比较职业高尔夫球手杰克·尼克劳斯和老虎·伍兹，因为与他们竞争的对手各不相同，比赛设备先进程度也不同。如果今年的复活节在 3 月而去年复活节在 4 月，而且今年 4 月天气特别冷，就不要轻易由比较得出"今年 4 月比去年 4 月的零售业下滑了"的结论。发生重大交通事故的男性多于女性，这个比较本身并不能说明什么问题，因为总体上说，男性司机的行驶里程远远多于女性司机的行驶里程。对于投资者而言，在不考虑手续费的情况下，比较两只基金在过去十年的价值是没有意义的。

5. 比较是否用平均数表达？西雅图的平均降雨量和堪萨斯城差不多。但是西雅图的雨季更长，因为西雅图降雨的次数是堪萨斯城的两倍。如果 CVC 报告说其大部分雇员的平均工资在过去十年中翻了一番，CVC 依然可能不是理想的工作单位，因为也许平均工资增长仅仅是由于将大部分雇员由半勤变为全勤，同时解雇了其他人。用平均数来做比较，忽略的也许是重要的细节，原因就在平均数本身。

平均数可被用于测量中间态势，一共有三种不同的测量平均数的方式。比如你所在地区的新房的均价是 21 万美元。如果这是算术平均数（mean），那就是有所卖房屋的总价除以所售房屋的数量而得到的。这个数字与中位数（median）就不同。中位数是指新房销售的中间价格（一半房屋售得较它高，另一半房屋售得较它低）。还有一种是众数（mode），它与前两者都不同，指的是大多数房屋的销售价格。如果不同方式测量数据之间差距较大，我们就要特别注意所用的平均数表达的是哪种特定意义。

警钟长鸣？

针对药物滥用进行的全国家庭调查显示，从 1992 年到 1995年，服用可卡因的 12 ～ 17 岁的美国人惊人地增长了 166%。

哇！真的吗？

但绝对数字的增长就没有那么惊人了：服用过可卡因的 12 ～17 岁的美国人，1992 年为适龄人口的 0.3%，1995 年则为适龄人口的 0.8%。

要警惕用百分比变化来表达的比较。

5.6 替代证明和重复

下述两种修辞技巧很难归属上面各类，所以单独进行介绍。

5.6.1 替代证明

替代证明（proof surrogate）是这样的表达手法：仅表明某个

断言有据可查或有典可循，而不具体指出引用的证据或典籍。有时人们无法证明所断定的主张，但在行文中暗示可以证明之，或者至少表明有支持该主张的证据或典籍，却又不具体指出该证明、证据或典籍到底是什么。为了使某判断更具权威性，人们常用"据知情人士说"这样的表达。人们有时也会用"显而易见"引出一个绝非显而易见的判断。"对于任何经过深思熟虑的人来说，显而易见的是……"是另一类例证，仅其冗长就让人陷入沉默。

如果演讲者和作者既不提供证明或证据，又要让自己的主张被接受，更常用的策略是暗示他们和我们不分彼此。如果销售人员可以与潜在客户攀上共同的个人背景，潜在客户就更有可能成为真正的交易者。试图向我们兜售观念的人往往也遵循同样的策略，我们更容易接受和我们有紧密联系的人的观念。如第 1 章所述，群体偏见让我们更容易轻信自己人所说的，我们本能地给自己人的信誉打高分。当有人对我们说"正像我们都知道的"时，我们很难去质疑，因为这种质疑让人觉得不敬，而没人愿意对自己人表示不敬。

广告中大量使用"研究表明"的表达，却不告诉我们其中涉及哪些研究、研究是否足够好、研究主体是谁，或者任何其他重要信息，这也是替代性证明。

下面摘自《华尔街日报》的文字就运用了替代证明：

> 我们希望美国的政治家正密切关注加拿大魁北克的全民公投……结果显示加拿大人对公投一致反对。有充分的理由相信：对于将人归之以类而不作为个体看待，美国的选民会感到厌恶。

可能确实"有充分理由相信"美国选民会感到厌恶，但文中并没有说明任何一个理由。

请记住：替代证明只是替代品，它们并不是真正的证明或证据。

或许的确有这样的证明或证据，但在其尚未展示出来之前，所提出的结论仍然没得到支持。

5.6.2　重复

> 宣传的本质就是简要并不断重复。
> 谎言重复千遍便成为真理。
>
> ——纳粹宣传部长约瑟夫·戈培尔

重复（repetition）指只要有机会就一遍遍地重申某个观点，这是被广泛运用的修辞技巧。不仅戈培尔这样的宣传者利用"重复"的招数，在商业广告和政治竞选中，"重复"也屡见不鲜。不断重复往往能起到遮蔽、麻痹人们批判性能力的效果。人们往往会仅仅因为某种观点不绝于耳便不知不觉开始相信它。批判性思维者要提醒自己：信念源于证据和论证。初听起来并不可信的主张，不会因为千百次的简单重复而提高其可信性。

到处张贴竞选标语是一种重复。在其他条件相同的情况下，我们敢打赌获胜的候选人是最显眼的人（当然，通常其他条件也不相同）。

5.7　通过视觉形象进行说服

图像深深地影响着人们的情感。湖泊和草地的画面让我们感觉良好，婴儿笑声的视频引我们开怀，善良面容的图片给我们抚慰，人或动物受苦的照片则激发我们捐赠。

影像拨动情感，情感驱动行为。广告商和政客深谙此道。他们使用焦点小组和其他实验手段发现何种图片和视频能销售更多啤酒或汽车，能引发潜在选民最热烈的反响。在销售产品、政治竞选甚至兜售观念的关键时刻，图像比合理论证更能奏效，至少通常如此。

显然，我们尚不完全清楚哪种图像最能激发行为，答案也可能令人惊讶。针对某商品，看到美丽的人在使用与看到和自己有关的人在使用，哪种情形下人们更倾向于购买呢？许多超级碗广告在视觉上都很有趣，但尚不清楚，如果你销售的是泻药，幽默到底能否起到助益。

在视频中添加合适的音乐或其他音效会增强其说服功能。观看为总统竞选制作的广告时把它设置为静音，它的吸引力就会明显减弱。

面对意图说服我们的图像（无论它是否有配音），当它试图让我们采取行动购买产品或为候选人投票或参军时，我们的防御策略是什么？毕竟，没有人希望被情感盲目引导。我们都想做明智的决定，无论是针对政治候选人、投票倡议，还是购买家用产品。

一种解决方案就是压根别看。电视遥控器让我们比以前更容易做到这一点，尽管如此，在线广告现在无处不在，这让我们避之不及。

我们给出一些基本建议，虽然这些建议或许不如我们想的那么可靠。首先，要记住图像不是论证（参见第 2 章），它既不是前提，也不是结论；图片不是命题：它既不是真的也不是假的。当然，图片可以作为论证的基础。监控摄像机可以提供一辆汽车闯红灯的无懈可击的摄影证据，虐待鸡的图片可以给官员提供关闭某家禽养殖场的绝佳理由，新闻照片让我们了解情况并帮助我们做出更好的决策。从这个角度看，图片可以提供参考。如果是的话，那也是因为它承载着证明力，而不是它激发了情感。情感可能是行为的动力，但信息本身就可以成为合理论证的基础。其次，防止被"摄影修辞法"（如果可以这么说）所左右的最好的方法，是专注于照片（假设该照片不是欺诈性的）或视频的信息内容。如今，复杂的照片编辑软件可以轻易改变照片以实现几乎任何效果，但这与书面记录和其他形式的信息并无不同，因为它们也可能是伪造的、被篡改的。

保持冷静！

　　一旦熟悉各种试图给我们施加影响的修辞技巧，你或许会拒绝考虑那些在语言表达上有强烈倾向的论证或断言。但无论断言的真假，也无论论证的好坏，其语言表达中都难免带有修辞技巧。记住：修辞技巧本身不是我们接受某个立场的理由，但这并不意味着运用了修辞技巧的表达中都没有陈述理由。

　　如今，用图像欺骗我们的方式比以往任何时候都多。通常很难确定一张图片是否经过了图片处理，这张来自特德·克鲁兹竞选广告的图片就是经过处理的。

当然，理性人可能会针对视觉所提供的信息到底是什么持不同意见。2005年，佛罗里达的特里·夏沃成了全美人关注的焦点，人们争论她到底是否"永久性植物人"（PVS），到底能否恢复知觉。她的家人所录制的录影带显示：有时候，母亲来临时她是有所反应的。有些医生解读录像后认为，看起来夏沃女士对视觉刺激有反应；另一些医生则认为，她的面部表情并不是有知觉的表征。持前一种观点的医生认为不能撤销夏沃的生命支持系统，持后一种观点的医生则认为应该撤销。但这不是影像证据的独特之处，其他形式的证据也一样，不同的人对同样的证据会有不同的解读。因此，当你看到引人入胜的图像时（意味着图像已被促成你的想法），请聚焦于图像可能包含或可能不包含的信息，并评估它与你正在讨论的议题的关联。

5.8 极端的修辞：煽动

批判性思维的图书若谈论修辞而忽略"煽动"就不可谓完整。**煽动**（demagoguery）指这样一种极端的修辞手段，它通过语言煽起狂热的火焰，以至于使原本慷慨、仁慈、可敬的人也去传播错误的思想和荒谬的理论。这部分我们重点介绍煽动者广泛采用的四种修辞手法。

归为另类是煽动中最盛行的方法：将人群分为两类（我们和他们），并将"他们"描绘为可疑的、危险的或令人厌恶的。"他们"包括意识形态的敌手和该"我们"存在的问题担责的其他社会群体。少数族裔因其"不合理要求"容易成为攻击目标。下述引文将说明这种技术。约瑟夫·戈培尔，纳粹新闻部负责人，拥有文学博士学位。戈培尔曾吹牛说，如果你知道怎么做，就可以说服人们相信2+2=5。下文选自戈培尔的演讲，在这里，戈培尔将知识分子和对纳粹政权的批评者归为另类：

> 人民无法与这种缺乏定力的人（思想家和反对者）一起创造历史。他们是稻草，会被自己的喋喋不休像火一样焚毁。幸运的是，他们只是瘦弱的知识分子或社会上流，尤其是在德国。从治理国家的意义上讲他们不是上层阶级，而像总是漂浮在表面的泡泡一样。
>
> 人民不想与他们有关。这些非利士人在德国人口中占比很少，他们过去总是说"不"，现在也在说"不"，将来还会说"不"。我们无法赢得他们，甚至也没有赢得他们的愿望……不需要认真地对待他们。他们不喜欢我们，他们同样也不喜欢自己。我们为什么要在他们身上枉费唇舌？

稍做思考就能看出，说这段文字的人是想站在"人民"一边，还是站在"他们"一边。"他们"是如此可鄙以至"我们"甚至不应该"在他们身上枉费唇舌"。在第 1 章中已经提到的基本归因错误和群组偏见显然与归为异类有关。

妖魔化是煽动者惯用的第二种修辞手法：试图通过把人或事描述为邪恶的诱使人们产生厌恶感。妖魔化通常与归为另类一起使用，并且两者经常交织在一起使用以至于我们无法将其分开。1962 年，许多亚拉巴马州白人认为乔治·华莱士没有充分表达反对取消种族隔离的意见，以保证他们投票赞成华莱士当亚拉巴马州州长。为了强化自己强硬的种族隔离主义者形象，华莱士雇用库克卢克斯的负责人克兰撰写了演讲词并赢得了选举。下文摘自华莱士 1963 年的就职演说，该演讲被称为他的"现在的隔离，永远的隔离"演讲，其中，华莱士妖魔化了美国最高法院和美国总统德怀特·艾森豪威尔。

> 正是这一理论导致最高法院在美国历史上首次不是依据先例而是通过编纂颁布法令，法令的编纂人说道：我们的宪法已经过时，必

须修改。而命令的撰写人承认自己隶属于多达几十个共产党阵线组织。正是这一理论使得这群人直接地、赤裸裸地表达其哲学的无神论核心，即禁止小学生祈祷。而且我们发现这些无神论者，即使从我们的一些钱币中删去"以上帝的名义我们相信"……是对权力渴望的精神导致华盛顿总统（艾森豪威尔）拿起暴君的笔轻轻一划就制定法律……告诉我们只有依据他的条件以及他的酌情决定，我们才有权或无权买卖自己的房屋。正是对权力的渴求精神促使同一位总统让两万五千人的部队去对抗自己国家遍布各地的大学、对抗自己的人民。

依据华莱士的刻画，最高法院的成员都是无神论者，是他们把上帝从货币中赶走的，他们甚至禁止上小学的孩子们祈祷。依据华莱士所说，艾森豪威尔是独裁者，他告诉人们什么时候可以买卖自己的房屋。他（艾森豪威尔）甚至向我们自己的大学发动进攻。注意，华莱士妖魔化他的攻击目标并未求助于粗直语。在如今的政治博客上，你不难发现诸如此类的妖魔化陈述。

1963 年，乔治·华莱士试图阻止亚拉巴马大学的合并。

　　激发排外心理是煽动者常用的第三种修辞策略，它也与归为另类和妖魔化密切相关。排外心理是指人们会对外来的、陌生的人产生恐惧或不喜欢。当我们仅仅因为对方着装或说话与"我们"不同、因为对方来自外国或不是"出自这里"而萌生怀疑时，我们正在排外。煽动者利用排外心理诱发人性的恶。约瑟夫·戈培尔和希特勒是那样令人讨厌，我们就不摘引他们激发排外的具体例证了。

　　第四，煽动者总是试图激起观众的恐惧、怨恨和仇恨。一旦制造恐惧和仇恨与上面介绍的归为另类、妖魔化和排外心理被一起运用，你就能看到它们是如何共同发挥作用的。

　　这是戈培尔另一篇演讲的一段，它使用恐惧和仇恨来支持其他煽动技巧。

　　"当 Bramsig 先生或 Knöterich 夫人（德国人常用名）对戴着犹太星的年迈女人产生同情时，他们也应该记住这个老太太的远房侄儿的名字，内森·考夫曼，他正在纽约制订一项计划，对所有 60 岁以下的德国人消毒。他们还应该记得，她远房叔叔的一个主战派儿子，名叫巴鲁克、摩根索或 Untermayer，在罗斯福先生身后驱使他参战。如果他们成功了，一名优秀但无知的美国士兵，就可能会在某一天枪杀 Bramsig 先生或 Knöterich 夫人的独生子。一切都是为了犹太人的利益，这个看起来脆弱而可怜的老妇人就是其中一员。"

　　戈培尔向观众灌输恐惧和仇恨，就像给枪膛装上子弹整装待发，以便他们在适当的时候愿意或能够伤害"另类"，即使"另类"是柔弱无助的老太太。

　　我们刚刚讨论的四种技术——归为另类、妖魔化、激起排外心理、激发恐惧仇恨情绪，一直被煽动者用来操纵受众的观念。我们的教训是：当你感到自己被演讲者迷住、热血沸腾、怦然心动时，特别是当你想与某个人或一群人对抗时，就是你最需要批判性思维的时候：压制攻击某人或某物的冲动，冷静下来分析演讲者所讲的内容；抑制愤怒，努力寻找论证。你将会发现，在缺乏审查的情况下，这是预防约瑟夫·戈培尔重现的不二法门。

本章总结

- 说服，就是试图让别人接受我们的观点。

- 修辞通过语言表达情感的力量来进行说服。

- 虽然修辞能对人的心理产生深刻的影响，但修辞并没有逻辑力量。只有具备逻辑力量的论证才能证明或支持一个断言。

- 常见的修辞手段很多，其中包括如下技巧。

  - 委婉语对事情的负面因素只字不提。

  - 粗直语强调事情的负面因素。

  - 闪烁其词是通过弱化的表达来避免遭到批评。

  - 贬抑是降低事情的重要性。

  - 刻板印象是没有正当理由地过于简单地概括一类对象中的每个成员。

  - 暗示是运用中立的甚至积极的语言暗示人们联想事情的反面。

  - 加载问题依赖于没有正当理由的假设。

  - 嘲讽是广泛使用的营造尴尬境地的修辞手段。

  - 夸张是过分夸大。

  - 修辞性定义、解释都可以用于激发对事情积极或消极的态度。

  - 修辞类比和令人误解的比较：通过在事物间建立不恰当

  的联系来说服。

- ■ 替代证明只提示有证据或依据但不说明证据或依据到底是什么。
- ■ 重复是指不断出现的见闻往往会错误地增加我们的信任度。
- 修辞手法在不经意间影响了我们的思维，而我们却相信自己很客观。
- 虽然图片或其他形象不是论证或断言，但当它们作为证据来证明断言之真假时，它们就是批判性思维的对象。它们类似且更胜于富于情感的语言，对我们的心理产生着影响。
- 煽动是极端的修辞技巧，旨在传播错误观念并寻求民众力量。四种常用的煽动技巧是归为另类、妖魔化、激起排外心理、激发恐惧仇恨情绪。批判性思维者的重要使命之一就是慧眼识别它们。

| 第 6 章　CHAPTER6 |

相关性（熏鲱）谬误

本章学习目标

1. 界定并识别熏鲱谬误

2. 界定并识别稻草人谬误

3. 识别非黑即白的谬误

4. 界定并识别错置举证责任

5. 界定并识别乞题谬误

6. 界定并识别诉诸情感的谬误

7. 界定并识别得出不相关结论

　　本章讨论谬误。谬误指推理中的错误，即一个本该支持或证明其论题的论证并没有真正起到支持或证明的作用。请看下面例子：

　　你告诉我，开车时发短信危险，但我见你这样做过。

　　说话者拒绝他所听到的提醒：开车时发短信很危险。但"另一个人开车时发短信"的事实与"开车时发短信是否危险"无关。这是谬误论证，推理有错误。这也是相关谬误（relevance fallacy）的一个例证，因为其前提（我见你这样做过）与论点（开车时发短信是否危险）无关。

本章讨论的谬误都是相关谬误。相关谬误的前提貌似与论点相关，并且可能会在心理上引起共鸣，但实际上它们并不相关。

相关谬误也被称为熏鲱（red herrings）。鲱鱼气味很浓，若将鲱鱼在路上拖过，会令猎狗离开最初的路径去白费力气地追随鲱鱼的踪迹。鲱鱼只是将注意力分散到无关处。

本章介绍最常见的熏鲱（相关性谬误）。

6.1 诉诸人身的谬误

上文给出的有关发短信的示例是相关谬误（鲱鱼）中的诉诸人身（argumentum ad hominem）谬误。这是最常见的谬误。"诉诸人身"在拉丁文中的意思是"针对某人"。如果你通过拒绝一个人来拒绝他所持有的立场（想法、提议、主张、论据等）就犯了诉诸人身谬误。回想发短信和驾驶的例子：论题是"开车时发短信是否危险"，本该与对方讨论对这个论题的立场，说话者（犯下谬误的人）却开始谈论对方这个人。说话者的论点针对的是这个人而不是对方的言论。

让我们稍微改动一下这个示例：

> 我不仅看到你开车时发过短信，而且上周你还在说这样做并不危险。

这也是诉诸人身，而不是解决发短信是否危险，说话者（犯下谬误的人）仍在谈论对方这个人，显然，说话者认为：在这个问题上改变了立场这个事实在一定程度上使得对方的言论无效。你可能想知道人们为何以这种方式进行推理，但你常常会听到这类论证。政治竞选中的战术之一就是指责对方像墙头草一样摇摆不定，虽然如此，无论何时，一个人是否前后一致或改变主意都不是他的立场是否明智的参考要素。

这是另一类型的诉诸人身：

> 我对总统的移民改革提议有何看法？荒谬呀！他只想拉拉丁裔的选票。

说话者只在非议总统，没有告诉我们任何关于总统提议的优缺点。如果说话者想要表明总统的提议很荒谬，说话者最好谈论提议而不是针对人。

另一稍微不同的示例：

> 你可以把亨尼西神父关于堕胎危险的言论抛到脑后，因为亨尼西神父是个牧师，而所有牧师都持这种观点。

在这个例子中，说话者并不是在非议亨尼西神父，也没有谈论亨尼西神父所说的话。他所谈论的是亨尼西的境况（当牧师）。如果有人给你这个论证，你不会因此知道亨尼西神父为何认为堕胎危险，更无从判断他思想的对错。

重申一遍，诉诸人身谬误指拒绝一个人对论题所持的立场的依据是讨论特定的人而不是讨论论题或这个人的立场。犯诉诸人身谬误的人可能会针对另一个人的境况、性格、动机、缺乏一致性或其他任何属性，但他并未真正对另一个人立场的强弱发表评论。

6.1.1   毒化井水

演讲者和作者有时试图通过谈论某人的一贯性、性格或境况来让我们拒绝某人表达观点，这被称为**毒化井水**（poisoning the well）。一个例子：

> 你可以忽略亨尼西神父今晚将就堕胎说什么，因为亨尼西神父是牧师，牧师必须认为堕胎是不可饶恕的罪过。

如你所见，这个例子很像前面关于亨尼西神父的例子，除了在这个例子中，亨尼西神父什么都还没说。做出上面陈述的人在毒化井水，希望我们不要认真思考并拒绝亨尼西神父表达。

6.1.2　因关联而担责

在逻辑课堂之外，**因关联而担责**（guilt by association）一词指根据其挚友来判断这个人。例如，如果你经常与不受人欢迎的人交往，其他人可能也会认为你有不受欢迎的品质。但我们用"因关联而担责"表达不同的意思，这个术语表示诉诸人身谬误的一个常见版本。

当说话者或作者试图通过说我们不喜欢的人持有某种信念以说服我们拒绝此观念时，就是因关联而担责。例：

> 你认为水刑是一种酷刑吗？这听起来像这些左翼大学教授会说的话。

说话者希望听众拒绝水刑是一种酷刑的想法，所以他试图通过将其与"左翼大学教授"（他认为听众不喜欢或不信任的人）联系起来以污染该想法。这个论证不是直接的诉诸人身，因为讲话者并不暗示"左翼大学教授"提出了水刑是一种酷刑的想法，他只是说他们可能有这个看法。这种想法与这类人有联系，这一事实作为驳回它的理由被提出。据称与左翼大学教授有关，使得这个观念"咎由自取"。

6.1.3 生成谬误

诉诸人身谬误的另一版本也值得关注，它被称为 生成谬误 （genetic fallacy）。当表达者仅用观念的来源来自动论证其内容的正误时就犯了生成谬误。看下面两个例子：

这个观念是荒谬的。它只不过是茶叶党抛出的。

你从哪儿听来的？电台访谈节目中吗？

这两个例子都表明：可以仅仅因其来源就拒绝一种观点。

下面是另外一个例子：

上帝的观念只是人们在拥有科学之前才持有的。

说话者仅因其起源就拒绝上帝的观念。

6.2 稻草人谬误

演讲者或作家试图通过扭曲或歪曲对方来驳斥论争时，就会发生稻草人谬误（straw man）。下面是稻草人谬误的一个例子：

我怎么看取缔大型弹药？我认为解除所有人的武装是荒谬而危险的。

如你所见，说话者将"取缔大型弹药"的提议转换为截然不同的提议：解除所有人的武装。他树立了一个稻草人（一个容易击倒的人）。

稻草人谬误几乎与诉诸人身谬误一样常见。下面是稻草人谬误的另一个例子。

你：我认为我们应该使医用大麻合法化。

你的朋友：也许你认为每个人都该飘飘然四处晃悠，但我认为这太荒谬。

你朋友已经将你的立场转换为没人能接受的立场了。下面是另一个例子。

保守派：提高二氧化硫排放标准对经济不利。

激进派：你怎么可以这么说？让大气中有更多二氧化硫是我们最后要做的事！

保守派从未说过他要在大气中增加二氧化硫，激进派话把观点强加给他们，他们的观点被歪曲了。

正如诉诸人身谬误通过不相关的针对人的因素来驳斥对方所提出的观点，稻草人谬误通过歪曲对方的观点来驳斥对方。

6.3 虚假的两难境地

虚假的两难境地谬误（false dilemma）指这样一种情形：试图提供难以接受、难以企及或难以置信的选项，结论只能从这些选项中择取。

我们要么取消社会保障，要么国家将破产。因此，我们必须消除社会保障。

这是谬误。说话者并没有介绍所有选项。例如，他忽视了削减社会保障以外的其他支出或提高符合领取保障人的年龄或让高收入者向保障系统支付更多费用。

这是另一个例子：

我们要么允许石油公司在海湾地区钻探石油，要么我们将任欧佩克摆布。因此，我们不应该阻止石油公司钻探海湾地区的石油。

这是虚假的两难困境。说话者认为，石油公司应该自由地在海湾进行钻探，并试图给出支持他观点的理由——若不这样就得受欧佩克摆布，他假定这个选项是我们难以接受的。说话者忽略了其他选项：节省燃料可能是其中之一，从页岩中获取石油是另一个，利用太阳能也可能是备选项，也许你还能想到其他选项。

这是另一个例子。一个男人对他的配偶说：

看，要么我们清理车库，要么满屋杂物，无处容身。

该男子假定不清理车库就是满屋杂物无处容身，而满屋杂物无处容身是难以接受的选择。他忽略了其他选择，例如不制造更多垃圾。

你想要选择哪个后院？

我们看到分区规划提案的传单中所表明的立场，其中暗示我们仅有的选择是：一种投票，后院将有苍翠间的潺潺小溪；另一种投票，后院将是一个养猪场。我们确信，还有其他选择。

错误的两难谬误通常被称为非黑即白谬误、选项不全谬误和替代方案谬误。也许最好的名称是"忽略其他选项"，可惜这个名称尚未流行。

6.3.1 完美主义谬误

有两种虚假的两难境地是如此普遍，以至于它们都有了各自的名称。其中之一是完美主义谬误（perfectionist fallacy）。犯这类谬误的说话者忽略"完美"和"无"之间还有其他选项。下面是一个例子：

仅靠英语课不会使任何人成为优秀作家，所以我不明白为什么我们必须修英语课。

说话者向我们展示了完美主义谬误。他限制了我们的选项。他论证说，除非英语课程可以使我们成为优秀作家（完美），否则我们完全不需要修这门课。他忽略了这种可能：英语课可以提高我们的写作能力。

下面是完美主义谬误的另一个例子：

在海湾地区开采石油不会使我们摆脱欧佩克，因此我们不应在海湾钻探石油。

与前述石油钻探示例中的说话者不同，这位说话者试图确立"我们不应该在海湾钻探石油"的立场。他给出的是完美主义谬误，因为他忽略了在海湾钻探石油的不太完美的可能性：可以减少我们对欧佩克的依赖。

6.3.2 划界谬误

虚假的两难境地另一子类是划界谬误（line-drawing fallacy）。划界谬误发生在这样的场合：认为两个事物之间，或者有精确的划界点，或者相互之间没有区别。下面是一个例子：

说某人富有是没意义的。毕竟，没人能说清一个人必须有多少钱才能算"富有"。

说话者认为，如果我们不能确切说出一个人必须拥有多少钱才算富有，那么我们永远不能说某人是富有的。但他忽略了一个事实，明显有很多人富裕也有很多人不富裕。两者之间的缺乏精确的界限并不影响它们的相互区分。

下面是划界谬误的另一个例子，一个人试图论证视频游戏并不过度暴力：

你无法确切说出何种视频游戏过于暴力；因此，没有视频游戏过于暴力。

说话者将我们的选择限制在二者之间：能够在暴力和非暴力视频之间（难以想象可以做到）划清界限，或者对它们不加区分。他忽略了不精确界限的可能性：不精确的界线在评估暴力程度方面可能具有一定的价值。

安东尼·斯卡利亚大法官运用划界谬误

安东尼·斯卡利亚在 2016 年年初去世前曾任美国联邦最高法院大法官。律师西奥多·奥尔森作为代理人，请求最高法院裁定加利福尼亚州禁止同性恋婚姻的第 8 提案违宪的。以下是来自美国最高法院关于第 8 号提案的口头辩论。

斯卡利亚：它什么时候成为宪法的（同性恋何时拥有结婚的宪法权利）？

奥尔森：当我们的文化确认性取向是个人无法控制的特征时。

斯卡利亚：哦。那是什么时候发生的？

奥尔森：没有具体的日期。

斯卡利亚：那我如何知道何以裁决此案呢？

6.4 错置举证责任

如果医生说你感染了西尼罗河病毒，你会问："医生，是什么让你这样判断的呢？"如果她回答："是什么让你觉得自己没染这种病毒呢？"那你就得换一位新医生了。她的话很荒谬，因为告诉你她为何这么判断是她的工作，而不该由你告诉她，为什么你认为自己没感染西尼罗河病毒。

像这个例子一样，有时举证责任显然落在一方而不是另一方。当人们试图把证明责任推给对方来支持或证明自己的立场时，他们所犯的是错置证明责任谬误（misplacing the burden proof）。

这是一个略牵强的例子：

我相信我们前总统的出生证明是伪造的。你能证明不是这样吗？

说话者负有举证责任，给我们一个理由证明"前总统的出生证明是伪造的"，他却尝试将证明责任转移给听众。为什么举证责任在说者一方？因为伪造出生证明是例外而不是通常情形。如果人们通常伪造出生证明，那么主张"不是伪造的"一方负有举证责任。但在现实世界中，伪造出生证明的情况很少，因此提出指控的人有举证责任。

另一个例子：

枪支应被取缔。我敢打赌，你无法想一个好理由证明不该取缔枪支。

说话者错误地将举证责任转移给了听众。美国宪法被解释为赋予人们拥有枪支的权利，因此，举证责任在说话者，他要解释为什么要废除这项权利。

有时，需要你警觉察明这个谬误。下面是一个例子：

吉尔：我们应该投入更多的钱来扩大州际高速公路系统。

爱丽丝：那将是一个错误。

吉尔：难道有人会反对拥有更多的高速公路吗？

上面对话的最后，吉尔试图将举证责任推给爱丽丝。如果她中了圈套，爱丽丝可能以为她必须证明为什么我们不应该在高速公路上花更多的钱，而实际上却是吉尔负有举证责任。我们甚至不知道爱丽丝是否反对拥有更多高速公路；她可能是由于预算问题认为我们不应该花更多钱。

究竟哪一方负有举证责任通常取决于上下文。一般地说，如果论题是事实问题，则提出新观点的（提出较低初信度的主张）一方负有举证责任。同样，在其他条件相同的情况下，举证责任落在想要改变的一方而不是想保留现状的一方。上面两个示例就属于这种情形。当然，在刑事法庭，举证责任总是落在控方。辩方不需要证明自己是无罪的：辩方只需证明控方未能成功证明自己有罪。这就是短语"除非证明有罪否则无罪"所表达的意思。

当有人断言我们应该相信某项主张，因为没人能证明它是错误的，这是错置证明责任的一种形式：**诉诸无知**（appeal to ignorance）。下面是一个例子：

没有人证明鬼不存在，因此鬼存在。

这是一个谬误，因为缺乏否证并不意味着得到了证明。

我们的建议是：如果有人认为你无法证明他的立场为错，因此他的立场得到了支持，就要特别注意在这种情况下，举证责任究竟在哪一方；对方可能正在错误地将举证责任转嫁给你。

日常语言中，乞题只是意味着提出问题，但从逻辑传统讲，乞题（assuming what you are trying to prove）意味着不同的意思。如果说话者在"支持"其论点的论证过程中，把待争议的论点重新包装成"证据"来出示，他在逻辑上就犯了乞题的谬误。

这是一个例子：

> 显然，州长说出了预算的真相。他不会就此欺骗我们的。

从实质上讲，这里给出的"相信州长"的理由是：他不会撒谎。虽然"说真相"与"不撒谎"不完全一样，但它们如此接近以至于不能把"说真相"作为"不撒谎"的证据。如果我们不确信州长说的是实话，就不能确信他不会撒谎。

如果一个论证具有这样的特点：从逻辑角度看，对论证结论有争议的也会对论证的前提有争议，这样的论证就犯有乞题谬误。著名的乞题例证如下：

> 《圣经》证明了上帝存在，因为《圣经》记录的是上帝所言，它不会出错。

对"上帝存在"持怀疑态度的人一定也会对"《圣经》记录的是上帝所言"持怀疑态度。

下面是另一个示例：

> 不许妇女参战，因为国防部禁止妇女参战。

这里只说不允许是因为被禁止，却没能解释为什么不允许这样。

加载问题（在第 5 章中曾将它作为修辞手法讨论过）通常也是乞题。看下面的对话。

> 比尔：共和党人讨厌妇女是因为他们是愤怒的白人男性吗？是不是？
>
> 吉尔：呃……
>
> 比尔：是吧？

比尔没有给出合理的论据来支持他的信念：共和党人讨厌女人；他只是问了一个假定自己论点成立的问题。他只是将他的信念私藏在他的问题中了：通过假定论点成立来证明它。

6.6   诉诸情感

当说话者通过煽动我们的情感来"支持"论点，而不是给出真正的论证时，所犯的就是诉诸情感（appeal to emotion）谬误。依据说话者针对的具体情感类型，诉诸情感谬误呈现的方式不一。我们将介绍诉诸情感谬误的最常见种类。

6.6.1 源自愤怒的论证

源自愤怒的论证试图通过使我们生气来说服我们，而不是给我们一个相关的论证。看下面的例子：

你认为苹果公司不知道他们雇用了 12 岁的孩子去制作电子产品吗？你认为苹果不知道支付给这些孩子的是奴隶工资但他们的工作间却没有暖气或空调吗？苹果公司当然知道。苹果产品不可能好。

这段话并不支持"苹果产品不可能好"的论点。相反，它试图通过使我们生气来诱使我们相信这个观点。

下面是另一个示例：

你希望我相信 BP 公司清理了海湾地区的残局？看看那些投放的广告，试图让人觉得一切都美好甚至比以前更好。公司把我们当傻瓜吗？

这个论证没有证明力。它试图说服我们 BP 公司尚未清理残局，但它所采用的是使我们愤慨而不是提供证明或支持。

　　源自愤怒的"论证"经常出现于政治语境中,其结论通常只是暗示我们应该对某人或某事投反对票。

6.6.2　恐吓手段

　　演讲者或作者试图恐吓我们接受不相关结论时就犯了**恐吓手段**(scare tactics)谬误。

　　这是一个例子:

> 你确实应该购买一份保诚人寿保险单。如果你去世你的配偶和孩子会发生什么?请记住,你是他们的主要收入来源。他们会被迫搬走吗?

　　这个论证试图恐吓你购买保诚人寿保险单。但即使你的配偶和子女确实在你离世后要被迫搬家,你也没有理由要买特定公司的保险。

　　用威胁代替论证,也被视为恐吓手段谬误。看下面的例子:

> 加文·纽瑟姆将成为一个可怕的州长。如果你投票支持他,你真的认为我还有兴趣成为你女朋友吗?

　　她没有说任何话来支持"加文·纽瑟姆将会成为一个可怕的州长"的观点。她只是在威胁对方。显然,如果对方所说是可信的威胁,就要注意保护自己。"如果你投票支持纽瑟姆,我将射杀你的狗"将是不投票给纽瑟姆的令人信服的理由(如果说话者确实会执行威胁)。但任何对你的威胁与"纽瑟姆是否会成为一个可怕的州长"都是无关的。

　　恐吓手段的最后一个例子:

> 显然,联邦政府必须削减开支。我认为你会同意我们大家的

意见。

说话者没有对听众给出削减政府开支的理由。他只是想让听众害怕与众不同。这有时称为**同辈压力谬误**（peer pressure fallacy）。

恐吓手段与制造恐惧

演讲者和作者经常使用煽动性的或耸人听闻的表达以激怒人们或恐吓人们，而不必伴装给出的声明是为了支持特定的结论。这种情况，就是第 5 章所述的激发恐惧或仇恨。

这里再看一个著名的制造恐惧的表达，来自 20 世纪 50 年代威斯康星州的美国参议员约瑟夫·麦卡锡。他通过对叛国的虚假指控和警告来实现自己的政治目标。

"我手上有 205 个人名清单，担任国家要职，正是这些人在制定国家政策。"

这项声明未提供任何具体"结论"，所以你不能真正称其为论证谬误。显然，它与恐吓手段谬误和激起恐惧不同，与源自愤怒的论证和激发仇恨的修辞技巧也不同。如果没有明确的或暗示的结论，往往就是激发恐惧或仇恨。

6.6.3　诉诸同情

诉诸同情谬误（appeal to pity）指表达者试图引起我们的同情来说服我们，而不是通过提出相关论证让我们相信所持观点。下面是一个例子：

> 简是最有资格的人选：毕竟，她失业了而且极度渴望一份工作。

说话者没有给出理由认为简是最有资格的人选，他只是在拨动我们同情的心弦。

6.6.4 诉诸其他情感的谬误

除了恐惧，愤怒和同情外，其他情绪也被用来操纵人们的信念或行动。除为主张提供实质支持外，说话者可能会发表某些言论以使我们产生嫉妒、骄傲、负疚或其他情感，希望借此赢得人们接受他的主张。激发这些情感的"论证"也有各自的名称：令我们自夸自傲的是阿谀奉承（apple polishing），试图使我们感到内疚的是使人负疚（guilt tripping），引起嫉妒的是挑起嫉妒（appeal to envy）。每一种诉诸情感的"论证"都有共同特点：它们实际上是伪装成论证的说服。

这就引出关于诉诸情感的最后也是非常重要的一点。真正支持论点的信息也常常能激发情感。因此，你不能仅仅因为某人的表达似乎在让你产生害怕、愤怒或其他情感就得出结论：对方的论证是谬误。如果他提供了具有证明力的证据，把他的论证归为谬误就是错的。下面就是一个引发同情的适当（无谬误）论证的示例。

> 你应该让那只狗离开车，因为它正忍受着高温和口渴，如果不下车，它很快就会死去的。

这不是诉诸同情谬误或任何其他类型的谬误。说话人给了我们一个很好的理由让狗从车里出来。下面是一个可能引起恐惧的适当（无谬误）论证的示例：

> 你今晚开车不能开到 50 英里的时速。道路冰滑危险，开快了可能会丧命的。

这不是恐吓手段或任何其他谬误。路况危险与我们的行驶速度有关。在认定别人的论证是谬误之前需要仔细审查。把适合的论证错认为"谬误"也是批判性思维能力不足的表现。

恐吓手段？不，这则广告实际上是为了减少人们的恐惧。

6.7 无关结论

不适合归于前述类别的一种相关谬误是得出 无关结论 (irrelevant conclusion)。看下例中学生与教授的交谈：

我认为我没有旷课太多以致不能通过课程。我最近出勤改善了许多。

出勤率的提高并不表示旷课不多、符合通过课程的要求。

下面是汽车销售员所说的：

这款新本田比同类产品中的任何其他汽车都具有更远的行驶里程。毕竟，本田全新设计了发动机。

好哇！本田很棒！请给我们出示下里程数据吧。

再看一个类似的例子：

水力压裂法不会伤及周围水源。你知道我们在安全控制方面投入了数百万美元吗？

也许说话者的公司在安全控制方面值得赞誉，但我们没得到证据表明安全控制奏效了，更不用说完美控制了。

下面是另一个例子：

我为什么要告诉他们少收了我的钱？你以为若他们多收了我的钱他们会告诉我吗？

说话者试图证明对少收自己费用保持沉默是合理的，但是收费人高收了费用不通知付费人（假设收费人的确不通知）仅仅是对收费人道德负面评价的证据，而不能作为交费人不说明合理的积极证据。这个例子可以归结为一种谬误：**以错制错**（two wrongs make a right）。

另外两个常见的无关结论谬误是**一厢情愿**（wishful thinking）和**无视现实**（denial）。一厢情愿指我们忘了"希望某事成真"与"此事的确为真"无关。无视现实指我们忘了"希望某事为假"与"此事的确为假"无关。这两个谬误是同一种思维的正反两面。

下面是一厢情愿的例子：

我真的很希望我会成为下一个美国偶像。因此，我肯定会成功的。

美国偶像选手真有这种想法吗？无论如何，有的选手被淘汰时确实十分愕然。

下面是一个无视现实的例子：

我非常肯定我没有像教授所说的和记录显示的缺课那么多！我就知道！！！

人们拒不承认其有害行为的可能后果并不罕见，例如吸烟、饮食不当、过量饮酒等。

无关的回避

大卫·梅尔（来自 ABC 新闻）：Carfax⊖是否报道了汽车的全部历史？

拉里·加马奇（Carfax 传播总监）：是的，我们展示了完整的 Carfax 历史。

大卫·梅尔：那是汽车的全部历史吗？

拉里·加马奇：不可能展示任何事物的全部历史。

有时，人们不是为自己的立场提供论证，而是反驳与其竞争的立场及论证，这时往往会将无关内容引入讨论。下面是一个例子：

共和党人由于他们的种族主义态度而讨厌奥巴马。如果民意调查没显示这点，那是因为人们撒谎了。

这位说话者没有提供证据支持他的主张：共和党人因为是种族主义者讨厌奥巴马；而是声称人们对民意调查者撒谎。人们是否在民意调查中撒谎与他提出的论点是否为真在逻辑上是不相关的。

本章总结

本章讨论的是相关谬误，这类貌似论证似乎与结论相关，但逻辑上无关。本章，我们主要检视了以下内容。

- 诉诸人身：试图通过讨论立场的来源而不是针对立场来反驳论证。
- 稻草人：试图歪曲对方的立场从而"反驳"之。

⊖ 美国一家车辆历史信息提供商。——编者注

- 虚假的两难境地：极力把选项压缩为难以接受、难以企及或难以置信的。
- 错置举证责任：把举证责任错误地分配给论争的对方。
- 乞题：把待争议题包装为证据借以"支持"论点。
- 诉诸同情：试图通过调动我们的情感来"支持"论证而不是给出真正的论证。
- 无关结论：难以归为上述各类的相关谬误。

非演绎谬误

本章学习目标

1. 识别概括中的谬误

2. 识别弱类比论证

3. 识别引用权威时的谬误

4. 识别引用流行观念或惯例时的谬误

5. 识别因果陈述中的谬误

6. 识别滑坡论证

7. 识别无法检验的解释谬误

　　本章我们探讨常见的非演绎论证谬误（induction fallacies）：意在提高结论可能性的论证，但这些论证的支持力是如此之弱，以至于几乎完全不起作用。第 11 章将讨论非演绎推理的基本原理，但你无须阅读第 11 章即可理解这里讨论的谬误。

7.1 概括

先简述背景：人们随时随地都会提出一般性主张（缺乏特指的主张）。如：

> 斗牛犬咬人。
> 这个城镇已经废弃了。
> 洛杉矶的食物是难吃的。
> 我姑姑很小气。
> 这个国家正在走向绝境。
> 大多数人相信上帝。

但许多一般性主张只有微弱的、不充分推理的支持。在本节，我们来看两种常见的错误得出一般性结论的方式，也要考察反向思考（根据一般性陈述推出特定情况时）时发生的错误。

日常的反向概括

⊖ 一家美国公司，以经营生活日用杂货起家，现已发展成经营超级市场的公司。——编者注

7.1.1 仓促概括

仓促概括（generalizing from too few cases, hasty generalization）指通过引用很少的支持案例从而得出一般性结论或规则。下面是一个例子：

> 从这顿饭可以看出，洛杉矶的食物是难吃的。

假设说话者在一家餐厅用餐，他以偏概全地由一家餐厅的就餐经历得出关于一座大城市所有餐馆食物的一般结论。这种"支持"太弱了，以至于可以认定为没有支持。说话者向我们提供的证据可被称为孤证，仓促概括谬误的一个非常合适的替代名称就是**孤证谬误**（fallacy of the lonely fact）。

这是仓促概括的另一个例子：

> 警察因我超速5英里拦截了我。在这儿，他们会拦截你的任何行为。

你"超速5英里"本身只是一个"孤证"，不足以借此认为警方会拦截所有人的每一次违规行为。

仓促概括有一种版本被称为**传闻证据**（argument by anecdote）。传闻只是一个故事。当表达者试图提供一个故事借以支持一般性结论时，所犯的就是传闻证据谬误。一个故事只是单一事件，它可能具有心理力量，但逻辑力量很小。下面是一个传闻证据例子：

> 你知道约翰·特拉沃尔塔把自己的飞机开进洛杉矶国际机场并停放在停机坪吗？每个人都能那样自由自在吗？这些好莱坞演员就是这么烦人，除了自己，他们不在乎任何人。

约翰·特拉沃尔塔的故事就是关于约翰·特拉沃尔塔的故事，把他的故事概括为所有好莱坞演员就是传闻证据谬误。

这是传闻证据的另一个例子：

他们说失业率在 8% 左右，但我根本不买这个账。任何想要工作的人都可以找到一份工作，你只需降低不切实际的理想。我丈夫被解雇后，他没有坐在那里哭泣。他找到一份报酬不高的整理庭院的工作。但是你知道吗？他摸索到出路了，现在他拥有了自己的庭院服务业务，并雇用了几名员工。

用传闻证据来反驳一般性陈述往往是徒劳的，这个例子就是如此。无论故事多么有趣，都不能用一个故事来反驳所针对的失业率观点。

这是用传闻证据试图反证一般性陈述的另一个例子：

有人说加拿大的医疗服务很好？不是的。我的新邻居是从多伦多来的，她说那里的医疗服务很糟糕。她说加拿大患严重疾病的人都会来美国求医。

说话者给我们讲了一个小故事，这个事实本身不能证明或反驳加拿大医疗健康服务的整体情况（听起来新邻居也犯了仓促概括的错误）。

仓促概括谬误经常发生在有人试图从总体的很小样本中得出有关总体全部或多数的结论时。这有时被称为**小样本谬误**（fallacy of small sample）。下面是一个例子：

住在辛辛那提的人不知道阿克伦在哪里。我住在辛辛那提的时候就不知道。

说话者提供一个单独的证据来证明辛辛那提的所有人。他认为提供总体的一个样本就能支持有关人口众多的总体的结论。

小样本，好理由

如果构成总体的样本都是同质的，那么基于小样本的概括未必是谬误。例如，如果每个随机抽样的滚珠轴承都具有相同的缺陷，并且众所周知，所有的滚珠轴承都是由相同的流程制造出来的，那么预期下一个滚珠轴承具有相同的缺陷就不是谬误。

同样，在给定适当的误差幅度和置信水平的条件下，基于少量随机样本得出的异质总体的概括也不是错误。我们将在第 11 章中讨论这个问题。

下面再举一个仓促概括谬误中的小样本谬误的例子：

在开市客购物更实惠。我在那里买了草坪肥料，价格低得离谱。

可以将开市客出售的商品视为"总体"，草坪肥料作为该总体的"样本"。这个论证为其得出的一般结论提供的支持非常薄弱。草坪肥料可能只是一个孤例。

7.1.2 从例外中概括

从例外中概括（generaliaing from exceptional cases）谬误指通过引用非典型案例来支持一般性陈述或规则。下面是一个例子：

警察无须搜查证即可搜查正实施抢劫的人是否持有武器。因此，警察并不需要出示搜查证就可以进行搜查。

说话者从一个例外前提出发，概括出警方搜查的所有情形的结论。

下面是从例外中概括的另一个例子：

如果限制卡路里摄入，动物的寿命会更长。老鼠实验证明了这一点。

老鼠对限制热量摄入的反应有可能与其他动物不同。有什么依据可以让老鼠的结论推广到其他动物呢？这个论证为结论提供了一些支持，但结论过于夸大。针对老鼠的实验尚未证明所有动物限制卡路里摄入后都会更长寿。要得到这个结论，有待更多实验。

从例外中概括的一种非常重要的方式是**偏差样本**（fallacy of biased sample）谬误。当发送信息的人不恰当地根据非典型样本或偏态分布样本概括总体的一般结论时就犯了偏差样本谬误。例如：

> 在对茶叶党成员的大规模调查中，几乎所有人都认为总统应该被弹劾。因此，大多数美国人认为应该弹劾总统。

这里的问题不是调查的样本很小，相反，被调查的样本可能很大。问题在于茶叶党成员的观点可能是非典型的、不具有代表性的。

逻辑学家称样本"有偏见"时，并不意味着这些样本对某事持无依据的意见。有偏见的样本指样本可能是非典型的或者是偏态分布的。下面是偏差样本谬误的另一个例子：

> 从汽车经销商的观点来看，大多数商人认为现在经济正在改善。

从汽车经销商中概括大多数商人的想法是不安全的，因为汽车经销商只从自己的角度看待经济。这是一个有偏见的样本。这并不意味着汽车经销商的观点是没有根据的，而是说他们并不能反映所有视角。

你信任谁？

- 在决定购买哪种汽车时，你更信任哪方？是几个朋友的看法还是基于大量样本的调查结果？
- 在判断非处方感冒药（例如维生素 C）是否有效时，你更信任哪方？是大型临床研究还是少数朋友的报告？

有些人更信任朋友的报告而不是可靠的统计信息，我们希望你不在他们中间（根据 R.E. 尼斯贝特和 L. 罗斯的《人类推断：

策略和人类社会判断力的缺点》，人们在评估某些产品时往往对样本量不太敏感，人们受几个朋友的判断影响更多，而不是基于大量样本的调查结果）。

从例外中概括的另一种形式称为自荐样本（self-selection fallacy）谬误。当有人不恰当地从自荐样本中概括得出总体结论时，就会发生自荐样本谬误。自荐样本的成员是由样本自己决定的。

下面是自荐样本谬误的例子：

来自 CNN 的在线调查显示，大多数美国人看好总统这个人。

在线调查的受访者意见构成了偏差样本，因为受访者是自己决定成为样本的。这样的样本不能代表那些没有表达意愿、没有时间或缺乏这种表达手段的人的看法。

7.1.3　错误适用

把一般陈述机械地用于特定例外情形的错误叫作错误适用（accident）。下面是一个例子：

开车时使用手机是非法的，那位警察开车时打手机，所以她违法了。

"开车时使用手机是非法的"，这个一般性陈述不适用于上述警察的特殊情况。不难想象，警察为了更好地开展工作需要随时打电话。另外，警察也许经过了严格的训练，能在极具挑战的情形下驾驶汽车。

错误适用谬误有多种未命名的情形，下面我们将提供各种例子。请看：

　　每个人都应该享有接受大学教育的机会。因此，所有申请者都应被加州理工大学录取。

此处将一般规则应用于不可机械适用的例外情况。除其他条件外，能被加州理工大学录取的学生可能需要有加州理工大学无法教给他们的特殊技能。下面是另一个例子：

　　在这个国家，我们享有言论自由的权利。因此，如果我想威胁市长，这是我的权利。

言论自由权不包括表达威胁言论，甚至所谓的绝对权利也会受到更重要的社会利益的限制。

下面是一个稍微不同类型的例子，听起来很熟悉：

　　开市客的售价更低。因此，在开市客买草坪肥料更便宜。

乍看，这似乎是一个好论证。但是请记住我们之前说的，如果发现开市客的草坪肥料价格低于其他商店，不能仅凭这条信息就得出开市客的商品便宜的一般结论，那将是仓促概括谬误。相反的思维过程也是谬误，是错误适用。事实上，"开市客的商品售价更低"这个一般性陈述对"开市客的特定商品售价低"的支持力很弱。

最后一个例子：

　　这个城市犯罪率很高。因此，在这附近购物会很危险。

这类似于开市客的示例。针对一个大城市，从你所观察的特定区域得出整个城市犯罪率高的结论是一种仓促概括。不考虑任何其他因素，从整个城市的犯罪率高推断出特定位置的犯罪率高，这是错误适用。

7.2   弱类比

弱类比（weak analogy）(有时也称错误类比) 谬误是基于两个或多个事物之间有争议的或不重要的相似性所做的论证。

> 我妈就像阿道夫·希特勒一样。我怀疑她不会让我和你们一起出去。

说话者把她妈妈和阿道夫·希特勒做类比，大概是为了支持"她是一个残酷的独裁者，不允许女儿与大家一起"的论点。即使希特勒和她母亲之间有相似之处，也几乎可以肯定他们只是表面相似。希特勒是反社会的，我们希望没有人像他一样。

再看另一个例子：

> 联邦政府就像一个家庭。如果不平衡预算，它将破产。

这个论证将联邦政府与家庭类比，借以支持"联邦政府如果不平衡预算就会破产"的想法。但是这种类比很弱，因为联邦政府拥有家庭所不可能有的避免破产手段，包括提高税收、印更多钱、刺激经济增长和吸引外国投资等。

下面是另一个例子：

> 如果你用刀把人杀死，你将被指控犯有谋杀罪。因此，如果外科医生做手术时患者死了，她应被指控犯有谋杀罪。

两者的不同之处在于，外科医生的失误是意外。如果不是，医生就应该被指控。

另一个例子：

> 在野外，狼只吃生肉。因此，我们应该只喂狗生肉。

结论可能是正确的，但这个论证的支持力很弱。狗的消化系统

可能已经进化得与狼不同了。[⊖]

再举一个例子：

> 20世纪60年代，科学家担心全球变冷，而且他们的担忧被证明是没有道理的。因此，科学家目前所关注的全球变暖也将会被证明是不合理的。

这两件事的不同之处在于，当前的担忧是基于50年来更多的且改进后的数据，我们有了更多的监测站，也对冰川和北冰洋进行了卫星测量等。

可以肯定的是，并非所有基于类比的论证都是谬误。一个明显的例子是，法院根据先例做出的裁决就是把本案与过去的规则进行类比。这些论证是法律推理的基础，但是法学家总是在寻找所谓的法律先例和当前案件之间的相关差异。对于出现在我们面前的类比论证，我们应该同样谨慎对待。

7.3　错误地诉诸权威

错误地诉诸权威（mistaken appeal to authority），即误认权威，指试图通过提供非权威来源的意见作为证据来支持论点。下面是一个例子：

> 我父亲认为总统撒谎。因此，总统撒谎。

除非这位父亲对总统有特别的了解，否则，一位父亲认为总统撒谎的事实，对总统撒谎的可能性几乎不产生影响。针对上例，没有理由认为父亲的看法为"总统撒谎"这个论点提供了支持。

下面是错误地诉诸权威的另一个例子：

⊖　www.nature.com/news/dog-s-dinner-was-key-to-domestication-1.12280.

> 我的医生认为我的汽车阀门漏气了。因此,我的汽车阀门漏气了。

同等条件下,医生认为你的心脏瓣膜关闭不全会增加你有此疾患的可能性,但医生认为你汽车阀门漏气不会增加他的看法为真的可能性。

当然,医疗条件及专业细分等特殊情况可能会削弱医生的权威性。正如任何领域的专家都有可能在涉及特殊情况时降低其权威性。最常见的错误地诉诸权威之一就是把一个专业领域的专家误当成另一个不相关学科领域的专家权威。我们已经在第 4 章中详细讨论了信誉和权威问题,请参考那部分内容。

7.4 错误地诉诸公众

错误地诉诸公众(mistaken appeal to popularity)有时也称错误地诉诸共识(mistaken appeal to common belief),指将无法通过公众意见解决的问题交由公众意见来解决。下面是一个例子:

> 伊朗拥有核武器。每个人都知道。

即使有办法得知"每个人"对此议题的看法,即使每个人都对这个议题持肯定的观念,这个论证也并不具有必要的支持力。为了查明伊朗是否拥有核武器,国际原子能机构能源署采用了技术调查手段,调查手段中并不包括咨询民众意见。

下面是两个例子:

> 几乎每个人都知道塑料正在污染海洋。因此,塑料正在污染海洋。

塑料是否污染海洋不能通过征询大众意见来确定。

本田车油耗小，这众所周知。

查明汽车油耗要通过驾驶测试，而不是问别人的看法。

并非所有"X是正确的，因为大多数人认为 X 是正确的"都是谬误。如果溪流附近的大多数人都说你需要钓鱼许可证才能在这片水域钓鱼，你若想在此垂钓就最好考虑他们的意见。当地人通常都知道是否需要许可证才能在此钓鱼。虽然听了他们的意见你并不能确认你是否需要钓鱼许可证，因为他们也可能会出错，但在这种情况下，当地共识可以作为主张成立的证据。

科学家写科学论文时会提供公众意见作为某事为真或假的证据吗？如果他们没有，而你面对论证时这样做了，那你就是在错误地诉诸公众。这个经验法则不总能奏效，但它有助于过滤大量上述谬误。

Zyglis, Adam, Cartoon from The Buffalo News. Copyright © by Cagle Cartoons, Inc. All rights reserved. Used with permission.

7.4.1 错误地诉诸惯例

试图以传统或习惯来证明一种做法是合理的就有可能发生错误地诉诸惯例（mistaken appeal to common practice）谬误。错误地诉诸惯例有时也称错误地诉诸传统（mistaken appeal to tradition），是错误地诉诸公众谬误的一种类型。下面是一个例子：

> 这是正确的做法，一直都是这种做法。

如果传统本身就足以证明行为正确，那么奴隶制社会、将刑犯烧死以及其他极端的和恶劣的行为是否恰好因曾经是"传统"而合理呢？

7.4.2 诉诸流行

有时，通过提及一个命题的流行，说话者可能并不是在试图提供其事实的"证据"，相反，他可能是在抛出引人相信的心理诱因。他可能在利用人们的心理倾向：成为其中的一部分，成为群体中的一员。当有人运用"大家都认为"（以及其他此类短语）作为心理策略时，他就犯了诉诸流行（bandwagon fallacy）谬误。下面是一个例子：

> 希拉里·克林顿赢得了你的支持。大家都支持她。

说话者只是希望我们追随潮流，他并没有表明希拉里·克林顿赢得了我们的支持。

下面是另一个例子：

> 我们去 spa 吧。最近 spa 很流行。

说话者并没有真正表明我们需要 spa，他只是希望我们赶潮流。

壳牌石油公司曾被指责发布误导消费者的广告。壳牌石油公司发言人说："很多产品的优秀广告也都这样。"

——萨姆·贝克《可以容忍的谎言》

这是错误地诉诸惯例的典型例证。

最后一个例子：

你不该在沃尔玛购物。我们没有人这样做。

如果你听到有人这样说，你无法知道在沃尔玛购物错在哪儿。但你可以发现，说话人正在诉诸流行，这往往是一个谬误。

诉诸流行也可以归类为诉诸情感，但它与错误地诉诸公众之间的相似性说明在这儿讨论它是合理的。

诉诸传统

> 俄亥俄州代表史蒂夫·金："（宪法的）平等保护并不平等地保护同性伴侣结婚。平等保护一直都只保护异性男女配对成婚。"

7.5　求因果关系的谬误

很难证明两个变量之间有因果关系，正因如此，求因果关系的思维中往往会发生错误的推理。在本节中，我们探讨求因果关系推理的两类重要谬误。这两类谬误的共同点是：两者都假设两个变量彼此在时间上先后相继，仅凭这一点，就足以确定一个是原因，另一个是结果。这个假设是不正确的。

7.5.1　在此之后，因是之故

在此之后，因是之故（post hoc, ergo propter hoc）的意思是"在此之后，所以，正因如此"。认为发生在前的事件就是发生在后的事件的原因，犯的就是这个错误。

下面是一个例子：

> 服用 Zicam 后，我的感冒症状很快消失了。因此，Zicam 快速治愈了我的感冒。

说话者如此认定"Zicam 快速治愈了我的感冒"是一个错误。这个论证并不比下面的论证好：

> 打完扑克后，我的感冒症状很快消失了。因此，打扑克快速治愈了我的感冒。

下面是一个略有不同的例子，是对"在此之后，因是之故"的经典说明：

每天都是公鸡报晓之后太阳才升起。因此，公鸡是太阳升起的原因。

从这个例子可以看出，即使一个事件总是必然发生在另一事件之后，也不能确定第一个事件是引起第二个事件的原因。这个事实通常被表达为"相关性不能证明因果关系"，这个表达值得记住。

"在此之后，因是之故"通常被简称为在此之后。下面是在此之后谬误的另一个例子：

你开了我的车后，车就很难启动。因此，是你所做的使我的车难以启动。

你可能认为这是一个合理的论证。确实，当不寻常的事件接下来是另一个不寻常的事件，我们可以看到第一个事件可能导致第二个事件，认为"可能有因果关系"不是谬误。谬误的关键在于把"事件先后发生"这个事实本身作为它们之间有因果关系的依据，如上例所示。

在股市轻松赚钱的方法！

用于预测股市行为的复杂数学方案比比皆是，但你可能会认为自己不需要其中的任何一个，你可能认为你需要做的就是每年冬天观看超级碗比赛。从 1967 年第一届超级碗比赛以来，八成时间都是：国民会议队（NFC）的胜利之后就是市场利好，美国国会队（AFC）胜利之后就是市场低迷。因此，在 NFC 胜出后入市，在 AFC 获胜后退市，80% 的时间都会业绩不错，对吗？

不是体育迷呢？关于市场表现的另一个指标被称为"裙边理论"，于 1926 年由经济学家乔治·泰勒创立。其思想是，当女士裙子的裙边向上升时，标志着经济利好，当女士裙边向下降时，市场也将走低。裙边与市场的共变确实相对较频繁。

你对这些相关感兴趣吗？过去 18 届总统选举中的 17 届都是，橄榄球赛中华盛顿红皮队赢得最终主场比赛时，选出的总统出自现任总统的政党。下一次选举来个大赌注吗？还是不赌？

好吧，不。事实是，如果你观察足够多的相关可能性，你一定会发现一些看起来可信的联系。在众多以某种周期升降的事物中，有些恰好与市场变动一致；在众多发生或不发生的事情中，其中一些与总统选举的结果相似。

关联不等于因果！如果两件事之间不存在因果关系，那么它们的相关性只是巧合，最好把这些巧合当笑料而不是决策依据。在第 11 章中，我们将讨论排除两件事间巧合可能性的方法。

资料来源：http://online.wsj.com/article/SB10001424127887324105204578384832555959160.html.

7.5.1.1 忽视巧合的可能性

在此之后谬误的一种特殊情况被称为**忽视巧合的可能性**（overlooking the possibility of coincidence）。下面是一个例子：

> 苏珊扔掉连锁信（信中带有咒语"如不转发就……"）后，她出了车祸，因此扔掉连锁信导致她出了车祸。

说话者忽视了相继发生的事件是巧合的可能性。

7.5.1.2 忽视可能的共同原因

事后谬误的另一种类型被称为**忽视可能的共同原因**（overlooking a possible common cause）。下面是一个例子：

> 我上床睡觉时忘关灯了。第二天早上，我醒来时头很痛。因此，开灯会引起头痛。

说话者忽视了开灯和醒来时头痛可能是由共同的原因引起的（例如睡前异常疲倦或醉酒了）。

7.5.1.3 忽视随机变化的可能性

在此之后谬误的另一类型是忽视变化的量会随机波动这一事实。例如，如果要观察小组人员投掷橄榄球的平均距离，随机选定的一组人员所投的距离与随机选定的另一组人员所投的距离就会有变化。同样，让前面随机所选的一组人员再投一次，两次所投的平均距离也会不同。这里的变化或不同是随机的，如果你认为这种随机波动是因果关系造成的，就犯了**忽视随机变化的可能性**（overlooking the possibility of random variation）错误。下面是一个例子：

> 测试中，我们随机选择了一些男子，让他们尽可能地将高尔夫球击远。然后，让他们戴上我们的磁性手环再次击球。第二次，这

些人的击球距离平均远了 10 英尺。我们的手环可以让你击球更远。

说话者暗示磁性手环导致被测者的平均击球距离更远，但是，这种改进可能只是随机变化所致。在排除随机变化的可能性之前，说话者犯了我们正在讨论的谬误（在第 11 章中，我们将说明如何降低随机变化的可能性）。如果再次进行测试，平均击球距离也可能会减少。无论如何，几乎可以确定平均击球距离会在逐次试验中随机改变。所以我们不能假设这是由随机波动以外的其他因素造成的。

7.5.1.4 忽视回归的可能性

与忽视随机变化直接相关的一种谬误被称为忽视回归的可能性（overlooking the possible of regression）。当我们忽视以下事实时，就会犯此错误：如果变量的平均值在一次测量中不符合常态，在随后的测量中就可能接近常态。这听起来很复杂，但也还好。如果随机选出的男子投掷高尔夫球的平均距离与"真实平均值"相对较远，在接下来的测试中，这些人投球的平均值就会倾向于接近真实平均值，这种现象被称为对统计平均值的回归。在先前的测试中变量的值越远离常态，随后所测量的值就会越接近常态。如果我们忽略这一事实，便犯下了忽视回归可能性的谬误。下面是一个例子：

我们测量了一组学生的智商，发现他们的智商相对于平均值较低。然后我们让他们学习批判性思维课程，之后再次测量，他们的智商提高了，因此批判性思维课程提高了他们的智商。

在第二次测量中，学生的平均智商本就容易更高（更接近真实平均值）。说话者忽视了这一事实，将智商测量结果的变化归因于批判性思维过程，这是谬误。

⊖   1 英尺 = 0.305 米。

下面的例子是两位高中篮球教练之间的交流：

星期一女生的投篮水平远低于平均水平，所以我让她们做了 50
组俯卧撑。你猜怎么了？星期二她们的平均水平提高了很多。俯卧
撑奏效了。

这位教练忽视了女孩们星期二的投篮水平容易提高的事实：即
使让她们吃饼干而不是让她们做俯卧撑，星期二的成绩也可能比反
常的星期一要好。

出于显而易见的原因，进行临床试验的研究人员得注意，在他
们断定某种药物有效之前，不能忽视回归的可能性。例如，一群人
的平均血压在一项测量中异常高，即使在两次测量之间不服用水之
外的任何东西，下一次测量中他们的平均血压也会易于接近人们的
平均值。我们将在第 11 章中对此问题进行更详细的讨论。

出于同样明显的原因，无所顾忌的磁性手环制造商可能会进行
男子高尔夫击球"试验"：一旦发现击球平均距离很短的某次"测试"，
手环制造商便会要求击球者戴上手环，他们明知下一次测试中击球
者的平均值会提高，而且可以错误地将"提高结果"归因于手环。
当然，这样滥用数据的人不限于磁性手环制造商。任何用于改善人
们所关心的数据的设备，都可以通过这种简单技巧来宣称"起作用"。

7.5.2 与此同时，因是之故

假定两个同时出现的事件之间有因果关系时所犯的谬误是**与此
同时，因是之故**（cum hoc, ergo propter hoc）。这个谬误与"在
此之后，因是之故"是如此类似，以至于并非所有逻辑学家都会将
二者分别列出。但我们发现如果不分别列出它们，可能会引起混
乱。"与此同时，因是之故"通常被简称为**与此同时**，下面是与此
同时的一个例子：

约翰在祈祷时心脏病发作，因此祈祷引起了心脏病。

两个异常事件同时发生，有理由认为其中一件可能是造成另一件的原因；但是还不足以像上面例子那样，在二者之间建立因果关系。

下面是与此同时的另一个例子：

长发孩子的拼写成绩好于短发孩子的，因此长发使孩子成为更好的拼写者。

这个前提本身可能是荒谬的（尽管也可能不是），但无论如何从中得不出上述结论。该示例是另一个关联不能证明因果的例证。

7.5.2.1 忽视巧合的可能性

如同在此之后一样，与此同时谬误的一种具体情形就是忽视了巧合的可能性。例如，刚才给出的头发长短与拼写的示例，就忽视了更长的头发和更好的拼写之间的相关可能只是巧合。

下面是另一个与此同时之忽视巧合可能性的例子：

我居住在高压电线下时，得了癌症。因此高压电线导致我得了癌症。

说话者忽视了两个事件同时出现是巧合的可能性。两个异常事件同时发生时，认为其一可能是另一的原因不一定是谬误，但认为同时出现本身就可以证明因果关系无疑是谬误。

7.5.2.2 忽视可能的共同原因

前面说过，忽略可能的共同原因是在此之后谬误的一种特殊情形。与此同时谬误也有这种特例。请看下面的例子：

烟囱起火和购买长内衣同时发生的频率非常高。因此，烟囱起火导致人们购买长内衣。

本例忽略了观察到的两个异常事件可能都是由一个共同原因造成的：天气更冷了。

7.5.2.3 忽视颠倒因果的可能

与此同时谬误的一种情形是**忽视颠倒因果的可能**（overlooking the possibility of reversed causation）。请看下面的例子：

远距离徒步的人身体健康。因此，远距离徒步会使你健康。

此例中假定，远距离徒步是人们身体健康的原因，也有可能正好相反，可能是因为健康才会远距离徒步。下面是另一个忽略颠倒因果可能性的例子：

成功的商人多开昂贵的汽车。因此，驾驶昂贵的汽车将助你跻身成功商人之列。

这里忽略了驾驶昂贵的汽车是成功的结果，而不是原因。

7.5.2.4 传闻证据（因果关系方面的）

在结束探讨错把关联当因果的谬误之前，提请大家注意：试图通过讲故事来支持（或反对）一般性陈述是谬误，试图通过讲故事来支持（或反驳）因果关系的陈述也是谬误，后一种谬误是在寻求因果关系的传闻证据。下面是一个例子：

听医生说每天吃红肉会增加患心脏病的风险，但我不相信。我叔叔是牧场主，他活了100岁。他每天吃三顿红肉也没有死于心脏病。他最后是掉进井里摔死的。

仅凭这样的单个故事并不能确定因果关系存在与否。有关问题将在第11章进行深入讨论。

7.6 滑坡

滑坡（slippery slope）谬误建立在缺乏支持的、有争议的、有倾向性的警示上：事情会逐步发展出一个不受欢迎的结果（倾向性断言指偏向于特定观点的断言）。下面是一个例子：

> 我们不该要求持枪者承担责任保险，因为如果这样，他们不久就会废除第二修正案。

这里所提的主张是令人惊讶的、可争议的。不像说"如果你每天 24 小时开空调，你的电费就会上涨"一样，提出主张的人应该为他的观点提供支持。在他给出支持之前，他的论证就是滑坡谬误。

下面是另一个例子：

> 不，我认为不该给服务生 20% 的小费。不然接下来我们就得给他们 25% 的小费，然后是 30%，然后谁知道呢。我们每次外出就餐就得花掉全部薪水。

我们可以这样回应以上看法：为什么我们不能让小费的上限是20%？我们也可以说：小费不会无止境上涨的。再看另一个例子：

> 今年将五角大楼的预算提高 5%，只会导致持续增加 5%。20年后，全部预算将被用于军事！

若不为"持续增加"的主张提供支持，这个论证就是滑坡谬误。

由于显而易见的原因，一些逻辑学家将滑坡谬误视为恐吓手段的一种。以这个思路来审查上面出示的三个例子都是可行的。顺便说一句，稍微调整措辞会导致许多滑坡谬误变成虚假的两难境地谬误（在第 6 章中讨论过），反之亦然。例如通过改写，上面最后一个例子就归入虚假的两难境地：

> 要么我们拒绝五角大楼今年增加 5% 的预算，要么未来 20 年内，全部预算都要给五角大楼。

这两个不同版本的论证目标相同：让听众反对增加 5% 的预算给五角大楼。

7.7　无法检验的解释

当所提供的解释在原理上无法检验时，就犯了无法检验的解释谬误。下面是一个例子：

> 由于前世所造的孽，他的心脏有问题。

这种解释是无法检验的。我们无法判断一个人前世是否造孽了。实际上，我们甚至无法识别人曾经有过前世。另外，谁能说清一个人的前世是否以人类形式存在？说不定我们中有些人前世曾过着虫类的生活。我们不知道虫类能否造孽，但可以确知的是，我们无法区分一只虫是否造过孽。

有些解释无法检验，因为它们是循环解释。它们只是用其他语言重新包装自己。下面是一个例子：

> 欧耶！国王队又将获胜。因为他们有获胜的势头。

这个解释并不如"国王队将获胜，因为他们领先"循环明显，它基本上是在使用不同语词来重复自己所说的，让人无法检验。识别"获胜势头"的唯一方法是观察计分板。

还有一些解释因为太含糊而无法检验。下面是一个例子：

> 由于普遍的道德沦丧，犯罪率上升了。

这不是循环的。道德沦丧，无论指什么，都不等同于犯罪率上升。这里的问题主要是模糊。我们不能准确知道"道德沦丧"指什么，因此我们不知道如何检验这个断言。

7.8 再论划界

究竟什么时候类比会变弱？可信的权威与缺乏可信度的权威之间的界限到底在哪里？何时可以准确断言一份报道不构成报道而只是传闻？滑坡何时会变成有偏见的或有争议的？以上任何情况，都无法清楚说明。然而，不要忘记第 6 章中所讨论的划界谬误。无法在强弱类比之间精确划界并不意味着全是弱类比或者没有弱类比，也不意味着不存在弱类比谬误。如此理解同样适用于前述问题。

本章总结

本章讨论的是非演绎谬误：充其量只给论点提供了微弱支持的论证。我们具体审查了以下谬误。

- 仓促概括：从过少的案例或从太小的样本中概括得出一般结论。
- 从例外中概括：从例外情况或有偏差样本中进行概括。
- 错误适用：将一般性陈述错误地适用到例外情形中。
- 弱类比：根据事物间可争议的相似性提供论证。
- 错误地诉诸权威：试图通过援引非权威的消息来源来支持主张。
- 错误地诉诸公众：引用公众意见来处理无法由公众意见解决的问题。

- 在此之后，因是之故：认为先后出现的事件之间有因果关系。
- 与此同时，因是之故：认为两个同时出现的变量之间有因果关系。
- 滑坡：未经证据支持地警示某些事情会逐步发展出一个不受欢迎的结果。
- 无法检验的解释：基于无法检验的解释表达观点。

| CHAPTER8   第 8 章 |

形式谬误及语言谬误

本章学习目标

1. 明辨三种形式谬误：肯定后件、否定前件、中项不周延

2. 明辨含糊不清、模棱两可

3. 明辨合成与分解谬误

4. 明辨解释和理由之分

5. 明辨反对关系与矛盾关系之分

6. 明辨一致与不一致的谬误

7. 明辨计算概率的谬误

    本章将关注两种谬误，一种是形式谬误，指论证结构的错误；另一种谬误来源于对语言的错用。

8.1   三种形式谬误

下面依次介绍三种形式谬误：肯定后件、否定前件、中项不周延。

8.1.1   肯定后件

让我们从一个例子开始：

（1）如果简是女性联谊会成员，则简是女性。

（2）简是女性。

因此，（3）简是女性联谊会成员。

这个论证的结构或"形式"，而不是其内容，使得该论证无效。这个论证的形式为：

如果 P，则 Q

Q

因此，P

"P"和"Q"代表独立的支命题，是命题（有真值）的构成部分（"如果"连接的支命题叫前件，"那么"连接的支命题叫后件）。无论这两个字母代表什么，只要按照上述形式排列，所形成的论证就是无效的。具有这种形式的论证就犯了肯定后件的谬误。你能看出下例也是这种形式吗？

如果这只狗怀孕了，那它就是一只母狗。

这是一只母狗。

因此，这只狗怀孕了。

之所以称这种形式为肯定后件，是因为论证的一个前提肯定了另一个前提的后件。请记住，像第一个前提那样（如果这只狗怀孕了，那么它是母狗），在"如果……那么……"连接的命题中，"那么"所连接的支命题是后件，而第一个前提的后件正是第二个前提所肯定的。

这是另一个例子：

> 如果理论是正确的，则标本为酸性。
> 标本是酸性的。
> 因此，理论是正确的。

无论看起来多么有效，这个论证都是无效的。它的第二个前提仅仅是肯定第一个前提的后件。其论证形式正是刚刚讨论的肯定后件。再看一个例子：

> 如果桑迪通过了期末考试，那么她就通过了课程。
> 她确实通过了课程。
> 因此，她通过了期末考试。

同样，此论证无效。可能有不止一种方法让桑迪通过课程，例如通过期末考试或通过额外作业。如果她因额外作业通过，那就使得这个论证的两个前提都为真但结论为假。

8.1.2 否定前件

就像论证的一个前提肯定另一前提的后件无效一样，一个前提否定另一个前提的前件也无效。例如：

> 如果桑迪通过了期末考试，那么她就通过了课程。
> 桑迪没通过期末考试。
> 因此，桑迪没通过课程。

这个论证中，第二个前提否定了第一个前提的前件（前件是"如果"连接的支命题）。这个论证的形式为：

如果 P，则 Q

非 P

因此，非 Q

揭示上例无效的分析也适用于此例：实际情形可能是桑迪通过期末考试或者额外作业都能通过课程，她通过额外作业通过了课程。这种可能就使得论证的前提都为真但结论为假。

8.1.3　中项不周延

假定与同一第三者有某种关系的两事件之间也有这种关系时，往往会犯中项不周延的谬误。

此谬误会以各种形式出现。下是一个例子：

所有的猫都是哺乳动物。

所有的狗都是哺乳动物。

因此，所有的猫都是狗。

猫和狗都是哺乳动物这一事实并不意味着它们相互之间也具有同种关系。下面是另一个你不小心就会犯的谬误的例子：

所有的德国牧羊犬都是狗。

有些狗咬人。

因此，一些德国牧羊犬咬人。

从这两个前提中得不出结论！有可能两个前提都正确而结论错误。假设一种情形：所有咬人的德国牧羊犬（排除其他类型咬人的狗）突然死亡，其中"所有的德国牧羊犬是狗"依然成立，有些狗咬人也是真的，但某些德国牧羊犬咬人并不为真。

由此可以看出这种形式的论证是谬误。下面这种论证的错误通常很少犯：

> 所有的德国牧羊犬都是动物。
> 有些动物是猫。
> 因此，有些德国牧羊犬是猫。

下面是中项不周延谬误的不同类型例子：

> 狙击手一定是神枪手，到过顶层，有大威力步枪和瞄准镜，并且能不被人注意地在舞厅中穿过拥挤的人群。
> 亚伦是神枪手，到过顶层，有大威力步枪和瞄准镜，他可以穿着燕尾服不被注意地穿过舞厅里的人群。
> 因此，亚伦是狙击手。

亚伦和狙击手都是神枪手，到过顶层，而且有同类型步枪，可以不引人注意地穿过舞厅中的人群，但这些事实不能证明亚伦是狙击手。这些事实使亚伦看起来可疑，但并没有演绎地证明亚伦就是狙击手。

狙击手论证的形式是这样的：

> X 具有特征 a，b，c 等。
> Y 具有特征 a，b，c 等。
> 因此，X 为 Y。

这是另一种形式：

> 所有 X 均为 Y。

a（某个体）是 Y。

因此，a 是 X。

另一种形式：

如果某物是 X，则它是 Y。

a（某个体）是 Y。

因此，a 是 X。

还有另一种形式：

X 是 Z。

Y 是 Z。

因此，X 是 Y。

还有另一种形式也可以归结在此：

如果 P 为真，则 Q 为真。

如果 R 为真，则 Q 为真。

因此，如果 P 为真，则 R 为真。

针对上面这个论证形式举个例子：如果比尔中了彩票，他就会很高兴。如果比尔买了新车，他就会很高兴。因此，如果比尔中了彩票，他就会买新车。

不难发现，这些谬误基本上是同一类型，只是表现得不同而已。

请勿将上面讨论的三种谬误（肯定前件、否定后件、中项不周延）与三个有效论证（结构似乎类似）相混淆。

在下面的表格中，我们将三个无效结构与三个有效结构并排列出。有关这些的更多信息请参阅第 9 章和第 10 章。

常见的有效和无效论证结构			
	有效		**无效**
肯定前件	参加女性联谊会的就是女性	肯定后件	参加女性联谊会的就是女性
	参加女性联谊会		是女性
	所以，是女性		所以，参加女性联谊会
否定后件	参加女性联谊会的就是女性	否定前件	参加女性联谊会的就是女性
	不是女性		没参加女性联谊会
	所以，不参加女性联谊会		所以，不是女性
假言连锁	若参加女性联谊会就是女性	中项不周延	若参加女性联谊会就是女性
	若是女性就预期寿命长		若怀孕了就是女性
	若参加女性联谊会就预期寿命长		若参加女性联谊会就怀孕了

资料来源：Note:There are other forms of "undistributed middle" arguments. See text, pages 272-274.

8.2 模棱两可与歧义谬误

模棱两可的陈述可能产生谬误。下面是一个简单的例子：

所有的 bank 都在河边，我存钱的地方是 bank。
因此，我存钱的地方就在河边。

此例中的谬误称为模棱两可。它与第 3 章中讨论过的语义歧义有关：语句中包含了可做多种解释的词语。这个论证中的"bank"可以表达"河岸"和"银行"，两种不同的用法使得论证无效。下面是一个复杂些的例子：

《华盛顿时报》进行了审查，拒绝发表有争议的作者的言论。

审查制度违反了第一修正案。

因此，《华盛顿时报》违反了第一修正案。

这个论证前提中的"审查"一词模棱两可。若要使得第二个前提为真，"审查"必须表示某政府机构以惩罚为威胁阻止出版，但使第一个前提为真的"审查"不是这个意思。第一个前提中这个词的意思是时报决定不发布本来可发布的内容。

模棱两可谬误并不会频繁出现，但一旦出现就会发生滑坡。我们在第 3 章中已指出，清晰的定义对于论证至关重要，不清晰的一种表现就是模棱两可。例如，如果将自私行为定义为我们希望做的任何行为，就可以得出结论：我们所有的行为都是自私的。如果我们接着得出结论：通常意义上我们所有的行为都是自私的，就犯了模棱两可谬误。

模棱两可谬误由语义歧义导致，另有一种谬误由句法导致，称为歧义谬误。是句子结构而不是单个语词造成了句法歧义。回顾第 3 章的例子：

如果你想取走车上的发动机，我可以便宜些将它卖给你。

这个句子的结构没有清楚指明"它"是指发动机还是指汽车。如果有人用这样句子来误导我们理解廉价出售的物品，就犯了模棱两可谬误。

下面是另一个例子。

代理人：你必须出示出生证明，驾驶证或护照以申请该项目。

申请人：好的，我带了护照。

代理人：出生证明呢？

申请人：你说或者护照，所以我带来了护照。

代理人的意思是需要出生证明，外加驾驶证或护照；申请人理解为出生证明或驾驶证执或护照，三者任一即可。当人们对标点符号表达的意思不加留意时，往往会出现这类问题。

8.3　合成与分解谬误

把某物的构成部分所具有的特征错误地归为整体特征，就会犯合成谬误。下面是一个简单的例子：

这栋建筑用的砖是矩形的，因此，建筑物也是矩形的。

此谬误与第 3 章讨论的群组歧义有关：从某组成员个体所具有的特征得出由成员组成的集合也具有此特征的结论。例如：

公众高度评价一些国会议员，

因此，公众对整个国会都寄予厚望。

这个推理是谬误，因为对个别国会议员成立的对国会集体可能不成立。

你需要用弯曲的砖来建造弯曲的墙吗？

分解谬误与合成谬误类似，只是方向不同。例如：

> 在最近的经济复苏中，我的金融投资组合升值可观。
> 因此，我的投资组合中的微软股票升值可观。

经济复苏期间投资组合总体升值并不表明同一时段内的所有特定投资都升值了。

与合成谬误一样，分解谬误也可能取决于群组歧义。下面是一个例子。

> 这个镇上的信使每天要走数百英里。给我这个街区送信的谢丽尔看起来瘦弱，每天得筋疲力尽地走那么远。

显然，第一句话是针对送信人这个集体的，并不是说每个送信人都要走数百英里。所以不能从第一句的前提中得出结论说每一个送信人都得走那么远。

分解谬误的另一个例子：

> 迈阿密海豚队是唯一赛完整个 NFL 赛季的球队，在超级碗比赛中，他们从未遭遇平局或失败。显然，他们是联盟中的年度最好球队。因此，迈阿密海豚队的四分卫鲍勃·格里塞是联盟中的年度最出色的四分卫。

从球队最好的前提中推不出任何球员是最好的结论。对于整体成立的，有可能对其部分不成立。回到这一节开始时的示例：建筑物是圆形的并不意味着建筑用砖是圆形的。

容易混淆的谬误 1：合成谬误与仓促概括

合成谬误与仓促概括（见第 7 章）很容易混淆。从对集合成员的陈述（参议员都很大）得出关于成员所组成的集体的结论

（因此，参议院很大），是合成谬误。从对集体成员个体的陈述（参议员布朗超重）得出关于集体中所有成员个体的结论（因此，所有参议员都超重了），是仓促概括。

容易混淆的谬误 11：分解谬误与例外适用

分解谬误与例外适用谬误很容易混淆。从关于成员集合的陈述（这是一个大型参议院）得出关于成员个体的结论（因此参议员很大），是分解谬误。而例外适用于下述情形：从对集体成员的概括陈述（参议员很富有）得出关于某个成员的结论（因此，参议员布朗很富有）。

8.4 混淆解释与理由

回顾第 1 章和第 2 章，我们讨论过论证和解释之间的区别。将二者混为一谈的推理就是谬误。例如

> 发言人：在桑迪胡克小学杀人的青年患有六种精神疾病。
>
> 质问者：哦，所以你是要告诉我们他有理由做如此恐怖的事！

不见得。发言人可能只是解释事情发生的原因，这不同于为凶手找理由，更不用说认为凶手行为正当。

2001 年 9 月 11 日世界贸易中心遇袭之后，我们大学的一位发言人试图解释这次袭击的可能原因。一些人认为他在为袭击找理由或为它辩护；拉什·林博则请他离开美国去阿富汗。

解释事件为什么发生或如何发生是一回事，认为事件正当或有理由则完全是另一回事。把二者混为一谈的谬误就是混淆解释和理由。尝试对事件提供借口或理由需要提供论证，论证的结论就是该事物或事件有正当理由或可辩解。而尝试解释事物或事件需要故

事：需要因果链来显示事情或事件可能会如此发生。

这是另一个例子：

> 历史频道说，第一次世界大战后德国经济衰落促成了阿道夫·希特勒的崛起。那是什么意思？为什么历史频道试图给希特勒找理由？

试图了解希特勒如何在德国掌权是一回事，但为希特勒掌权提供辩解或理由是另一回事。在缺乏其他信息支持的条件下把人们（或电视节目）对事件的解释当成为事件辩护或提供理由，就犯了混淆解释和理由的错误。有可能先提出对事件的解释，接着用此解释作为理由或借口的一部分，但这已然超出解释的范围。

烧钱

20 世纪 20 年代，德国的通货膨胀是如此严重，以至于本来 4 马克可以买到的物品当时要 8000 马克。马克贬值如此之多，以至于人们用它做炉子里的燃料。这个事实通常被用来解释第一次世界大战后德国人的不满与好战。如果认为引用这个事实的人就是试图为德国好战辩护或找理由，就犯了混淆解释与理由的谬误。

8.5　混淆反对关系与矛盾关系

下面的对话混淆了反对关系与矛盾关系。

> 访客：我以为这个池塘里所有鱼都是鲤鱼。
> 管理员：不，实际正相反。
> 访客：什么？没有鲤鱼？

访客的结论不成立。"没有鲤鱼"与"都是鲤鱼"不是正相反。两个命题之间正好相反的关系是矛盾关系，这意味着它们永远不会有相同的真值。但两个命题不可同时为真却可同时为假并不是正好相反的矛盾关系，而是反对关系。"所有的都不是鲤鱼"和"所有的都是鲤鱼"是反对关系，不是矛盾关系。

例如，"活着"和"死亡"这两个术语看起来可能正好相反。如果那只青蛙不再活着，那它一定是死了。但这种非此即彼的生或死并不是对所有对象都成立，请看下面的例子：

> 寻宝游戏的指令说可以带回一些死亡的东西。所以我带来了这块石头。你却告诉我这不算数？你认为也许它还活着？

上面的说话者不明白"活"和"死"之间的相互关系。死亡意味着所涉事物曾经是活的，因此说石头已死不正确。关键在于"X 活着"和"X 死了"两者可以都是错误的（例如 X 指岩石），二者之间是反对关系。现在考虑两个句子："X 活着"和"并非 X 活着。"这两个句子之间正好相反，它们不能都真（对于同一个 X 来说），也不能都假。这样的两个句子是矛盾关系。把反对关系视为矛盾关系是谬误。

推杆工厂中的混乱。如果我们把这些标记看作是"这是一个沉重的（heavy）推杆"和"这是一个中等重量的（mid-weigh）推杆"，那么显然是有问题的。这两种说法是矛盾的还是相反的？

8.6   一致和不一致

你听到过几次一个政客被指责出尔反尔？出尔反尔用于描述政治人物改变立场。为什么出尔反尔如此招人反感？人不应该改变自己的想法吗？在我们讨论这个问题之前，先澄清几个简单的概念。当且仅当一组信念可能同时为真时，它们是一致的。当且仅当一组信念不可能同时都真时，它们是不一致的。

单个命题也有一致或不一致。一个命题是一致的指它至少有可能为真；一个命题是不一致的指它不可能为真，即它自相矛盾。"当我写这篇文章时，窗外正在下雨"是一致的，即使它是错的，但至少有可能是正确的。但"当我写这篇文章的时候，窗外正在下雨而且当我写这篇文章的时候，窗外没有下雨"就是自相矛盾。

提醒一下：知道一个人前后矛盾并没有给我们提供有关他立场的任何信息。认为指出前后矛盾就驳倒了立场所犯的是第 6 章讨论过的诉诸人身的谬误。出尔反尔并不构成立场不完美的理由。不一致的立场是不可接受的，但观点不一致的人所持的立场未必不可接受。

8.7   误算概率

本节研究人们计算概率时可能会犯的四个错误。

8.7.1   错误组合独立事件的概率

有时人们错误地将不相关事件的概率结合在一起。例如：

比尔成为职业橄榄球运动员的机会约为 1/1000，而哈尔成为职业曲棍球运动员的机会大约为 1/5000，因此，他们俩都成为各自运动的职业选手的概率大约是 1/6000。

这个结论不正确。比尔成为职业橄榄球运动员和哈尔成为职业曲棍球运动员互为独立事件。一个独立事件不会影响另一个事件的结果;一个独立事件是否发生不会改变另一事件发生的可能性。计算两个独立事件都发生的概率,是计算独立事件各自发生概率的乘积。所以,估测比尔和哈尔都成为职业运动员的概率,需将 1/1000 乘以 1/5000,所得概率为 1/5 000 000。希望两位选手有备份规划。

枪支拥有者和第二修正案

可能 **100%** 的持枪者都支持人们有携带武器的权利。支持人们有携带武器权利的人有多大概率是枪支拥有者呢?回答这个问题需要知道百分之几没有枪支的人支持人们有携带武器的权利以及持枪人的基础比率或"先验概率"。下文对此有解释。

此类错误的另一个例子:

骰子有 6 面,因此滚到 1(蛇眼)的概率是 1/6。因此,连续滚到两次 1 的概率是 2/12。

上述结论不成立。这两个事件是独立的,因此需将 1/6 乘以 1/6 得到 1/36。连续两次出现蛇眼的概率是 1/36,或者说不足 3%。

第 11 章将进一步解释概率计算的原理。

8.7.2　赌徒谬误

赌徒谬误是常见的且引人注目的错误，当我们没意识到独立事件的确相互独立时，就容易犯这种错误。例如：

之前三次掷硬币都是正面朝上，因此下一次掷硬币的反面朝上的可能性更大。

的确，连续出现四次正面朝上的概率很小（1/2×1/2×1/2×1/2=1/16 或 6.25%），但出现三次正面朝上之后，第四次掷硬币反面朝上的概率仍然是1/2，即50%。处理独立事件的信息时要记住：过去的历史对它没有影响。

8.7.3　忽视先验概率

某事件的先验概率指各其他所有条件都平等时的概率（下面将解释"其他条件平等"）。掷硬币正面朝上的先验概率是1/2，即0.5。给定新生婴儿为男性的先验概率也是0.5，因为大约50%的新生儿是男性。如果你所在大学的学生中有20%是商务专业，那么你的大学里给定学生所学专业是商务的先验概率为0.2，或者说2/10。

忽视先验概率的谬误指没有将基础概率纳入思考。下面是一个例子：

比尔是我们高中最好的橄榄球运动员，哈尔是我们高中最好的曲棍球运动员。

因此，看来比尔成为职业橄榄球运动员的概率与哈尔成为职业曲棍球运动员的概率一样很高。

这里忽视了某人成为职业橄榄球运动员的先验概率要比一个人

成为职业曲棍球运动员的先验概率大。现在来解释前面提到的"其他所有条件都平等":比尔有 1/1000 的机会成为职业球员,比方说,假设他与同级别其他任何球员都有同等机会。如果比尔是全美高中的学生,他成为职业球员的概率将会变高,但这样一来"所有其他"就不再平等:他将比其他球员更有优势。

同样,如果掷骰子时让骰子有偏向,则给定数字出现的先验概率将会发生变化,因为并非所有数字都有均等的机会出现。

8.7.4 错误地归纳换位

有关多少百分比的 A 是 B 的信息本身并不能告诉你任何有关多少百分比的 B 是 A 的信息。

分不清这一点就有可能犯计算概率时的第四种错误:错误的归纳换位。例如:

> 大多数职业足球运动员都是男人,
>
> 因此,大多数男人都是职业足球运动员。

另一个例子:

> 几乎所有患有阿尔茨海默病的人都吃过胡萝卜,
>
> 因此,吃胡萝卜使人更有可能患上阿尔茨海默病。

这些例子显然是错误的,没有人会被这样的想法愚弄。但下面的错误就不太明显:

> 寄宿生中有 10% 的学生因肠胃不适而倒下,他们大多数在学生会就餐。明智的做法是控制学生会的食品卫生。

这里的说话者担心学生会的食品安全,因为大多数生病的寄宿生吃了它。他认为吃学生会的食物是生病的起因。

但如果大多数没有生病的寄宿学生也都吃了学生会的食物呢?

假设以下数字:宿舍有100名学生,10人生病了,90人没生病。假设10个生病的寄宿生中有7个在学生会就餐,90名没生病的寄宿生中也有70%,即63人在学生会就餐。总共70名寄宿生吃了学生会的食物,其中只有7个生病。那意味着吃学生会食物的人中只有10%生了病。这些事实还不至于让上面的说话者对学生会的食物如此警惕。

再举一个例子:

> 萨姆的父母了解到,蓝山大学有60%的考查生每周都会参加学术考察聚会。刚就读于蓝山大学的萨姆坦言,她所在的女生联谊会每周五都会举办联欢会。萨姆的父母担心这让她更有可能最终止步于学术考察。

萨姆的父母犯了归纳换位谬误,从多数考查生都参加联欢会的前提得出结论"参加联欢会增加学生成为考查生的概率",萨姆的父母还需要更多信息。具体的,他们需要知道多大比例的蓝山非考查生每周参加联欢会,以及第一学期有多大比例的蓝山学生是考查生。了解到更全面的信息后,萨姆的父母应该会鼓励她参加联欢会。

不可信吗?假设只有10%的蓝山学生是考查生。这意味着,蓝山每100名学生中,有90名不是考查生。现在假设这90名非考查生中有60%每周参加聚会,即有54名非考查生每周参加联欢会,六个考查生每周参加联欢会。计算结果显示:蓝山每周参加联欢会的学生更有可能不成为考查生。

重申一遍,有关多少百分比的A是B的信息本身并不能告诉你任何有关多少百分比的B是A的信息。你尚需知晓多大比例的非A是B以及基数究竟是多少。更多详细信息将于第11章讨论。

本章总结

本章研究了论证形式结构方面的推理错误以及论证中的语言误用。具体讨论了以下内容。

- 肯定后件：试图通过肯定"如果……那么……"的后件肯定其前件。

- 否定前件：试图通过否定"如果……那么……"的前件否定其后件。

- 中项不周延：假定都与第三件事相关的两件事也是相互关联的。

- 模棱两可：同一论证中多次出现的某语词或短语可以做不同的解释。

- 句法歧义：由于对语法结构的不同解读导致论证语言的歧义。

- 合成：假定个体所具备的属性一定为个体所组成的总体所具有或者假定部分所具有的特征一定为部分所构成的整体所具有。

- 分解：假设集体所具有的属性也一定为属于集体的个体所具有；或假定对整体为真的对部分也同样为真。

- 混淆解释与理由：假定解释某事件发生的方式或原因就是试图为该事件提供理由或辩护。

- 混淆反对关系与矛盾关系：未能注意相互矛盾的命题不可同真也不可同假，反对关系的命题不可同真但可以同假。

- 一致性和不一致：信念一致是理性的要求，但一个人的不一致（从一种信念转变为另一种与前者不一致的信念）本身并不构成对所持任何信念的反驳。

- 错误组合独立事件的概率：未能意识到多个独立事件都发生的概率是通过将各事件概率相乘来确定的。

- 赌徒谬误：相信独立事件的过去表现对将来的独立事件产生影响。
- 忽视先验概率：没有考虑所有其他条件相等的可能性，即它不受任何外部影响的可能性。
- 错误地归纳换位：错误地认为，从有关多少百分比 A 是 B 的信息中可以得出有关多少百分比 B 是 A 的结论。

演绎论证 I：范畴逻辑

本章学习目标

1. 识别四种直言判断并用维恩图表示它们
2. 标准化表达直言判断
3. 用对当方阵来表达相互对应的直言判断之间的关系
4. 运用换位法、换质法以及换质位法进行有效推理
5. 识别并评估直言三段论的有效性

……要提高演绎和分析的学问只有通过持久耐心的学习，而且，生也有涯，学无止境。

——夏洛克·福尔摩斯

幸好上面引用的大侦探的言论是夸大其词。很少有人终其一生以追求演绎科学的完美境地，对于我们大多数人而言，只要用心，就可以在较短时间内掌握演绎技术。

事实上，我们已在第 2 章中简单介绍了演绎论证，在本章和下一章中，我们将具体介绍演绎推理（论证）及其评估技术。如果快速翻阅本章，你将会看到带有圆圈和 X 符号的图表；下一章有使人联想到数学的奇异符号。这可能看起来令人生畏，但其实并不复杂。这两章所介绍的内容环环相扣，需要你在学习新知识之前，已经掌握并能运用前面介绍的内容。但只要你扎扎实实地步步推进，学好相关的知识不仅不难，也许还很有趣。

先来回忆第 2 章中曾经说明的：演绎论证的有效性取决于其前提中出现的语词的含义，特别是"所有""并且""或者"以及"如果……那么……"之类的语词所表达的含义。这两章，我们将具体阐明这些语词是如何运作的。还须记起的是：有效的演绎论证证明了它的结论。也就是说，这类论证的前提如果为真，其结论也必然是真的。掌握了这两个知识点，我们再进一步讨论第一类演绎论证。

我们将先讨论范畴逻辑。范畴逻辑的逻辑基础是类别（或范畴）之间的包含与排除关系，直言命题就是陈述类别之间的包含或排除关系的，其历史可以追溯到亚里士多德时代，这也是 2000 多年来人类历史中知识阶层传授逻辑的主要形式。在多年流传中，各种不同的声音，特别是中世纪僧侣和其他学者的思想也融入了基本理论中。为了减少不必要的负担，我们下面只介绍一些基本知识。

与下一章中的命题逻辑一样，范畴逻辑有助于阐明和分析演绎论证。但是我们学习这两章内容还有另一个原因：除了这两章所介绍的形式术语，没有更好的方法来理解日常语言中的基本逻辑结构。

为了测试你的分析能力，请准确指出下面两个判断之间的区别：

判断 1：所有物理学 1A 课不合格的人都必须上物理学 1 课。

判断 2：所有需要上物理学 1 课的学生都是物理学 1A 课不合格的。

再看两个判断：

判断 3：哈罗德不会参加会议，除非瓦内萨决定去。

判断 4：如果瓦内萨决定参会，那哈罗德也会参加。

　　如果你现在还不能十分清晰地回答上述问题，在学习了演绎论证的知识后，你就能更清楚地理解这些。我们将介绍简单有效的方法来揭示这些判断的逻辑含义，也将介绍如何分析任意两个判断之间的相互关系（顺便说一下，判断 1 和 2 的陈述不同，判断 3 和 4 的陈述也不相同）。如果你要签订租约或签订任何形式的合同，都值得弄清楚其中所说的究竟是什么意思；对上面两对判断的区别有疑惑的人就有可能对合同内容茫然不明。

　　学习范畴逻辑和真值逻辑的知识会让我们的思维更加精确、缜密，适应这种思维一般都会对我们有所帮助。特别地，对于准备继续学习法律、医学或者攻读研究生的学生而言，学习这些知识的作用就更明显了，因为上述专业的入学测试中都有相关的内容。我们先来了解四种直言判断。

　　福尔摩斯和华生是一百多年来演绎科学的象征。近年来，有许多关于福尔摩斯和华生的电影，他们已然成为银幕上的经典形象。

9.1   直言命题

从逻辑上讲，范畴是群组或类别或总体，任何一组事物都可以因为特定的目的形成一个范畴。词项是名词短语，例如"狗""猫""基督徒""阿拉伯人""阅读逻辑书的人"等。这些词项是范畴的标签（或类别或总体，就我们的目的而言它们属于同类）。表达范畴的命题类型不一而足，我们只关注四种标准的语句形式，它们分别是：A、E、I 和 O 四种句子类型，在以下空格中填上词项即可得到这四种句子。

A：所有_____都是_____。

（例如：所有钢琴家都是音乐家。）

E：所有_____都不是_____。

（例如：所有水獭都不是钢琴家。）

I：有的_____是_____。

（例如：有的音乐家是神童。）

O：有的_____不是_____。

（例如：有的政客不是罪犯。⊖）

空格中的短语是词项（terms）。第一个空格里的是命题的主项（subject term），第二个空格里的是谓项（predicate term）。因此，"音乐家"是第一个例句中的谓项、第三个例句中的主项。在后面的许多例子和解释中，我们将使用字母 S 和 P（分别表示"主项"和"谓项"）来代表直言命题中的词项。我们将会探讨主项的类和谓项的类，也就是这些词项所指称的类（或总体）。

⊖   We actually believe this.

　　但是要注意：只有名词和名词短语可以做词项，形容词，比如"红色的"就不行。"所有的消防车都是红色的"就不是标准的直言命题，因为"红色的"不是名词或名词短语。上述标准的形式结构中，每一结构的左边都有一个字母，这些字母是四种标准形式直言命题的传统名称。"所有钢琴家都是音乐家"是 A 命题，"所有皈依者都是异教徒""2000 年以后出生的所有人都是千禧一代"以及其他"所有 S 都是 P"形式的命题都是 A 命题。其他三个字母 E、I、O 也分别是其所代表的直言命题的名称。

维恩图

　　四种标准的直言命题都可以分别用相应的维恩图（Venn diagram）来表达，下面的四个图就分别是它们的维恩图。维恩图因英国的逻辑学家约翰·维恩而得名。

　　维恩图的表达方式如下：

　　1."圆圈"代表命题中的词项所指的类别。

　　2.阴影部分代表空集。

　　3.X 所在的区间代表非空——至少包含一个元素。

　　4.对于空白部分，该命题未做陈述，其中可能有元素，也可能是空的。

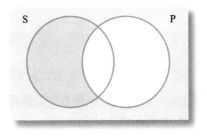

图 9-1　A 命题：所有的 S 都是 P

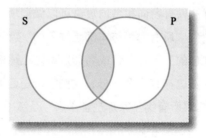

图 9-2 E 命题：所有的 S 都不是 P

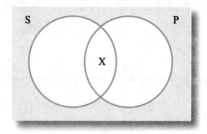

图 9-3 I 命题：有的 S 是 P

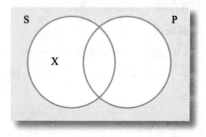

图 9-4 O 命题：有的 S 不是 P

让我们来理解一下维恩图。

图 9-1 中，A 命题的维恩图，属于 S 而不属于 P 的区域是阴影，也就是说，该区域是空的。因此，该图表达的意思是"所有 S 都是 P"，因为 S 的所有元素都在 P 的区域中。

图 9-2 中，E 命题的维恩图，S 与 P 的交集是空的，表示不存

在任何这样的元素——既属于 S 又属于 P，因此，"没有 S 是 P"。

图 9-3 中，I 命题的维恩图，图中两个集合相交区域中的 X 表明该区域中至少有一个元素，即至少有一个元素既是 S 又是 P。在直言命题形式中，"有的"表示的意思是"至少有一个"。

图 9-4 中，O 命题的维恩图，X 在圆圈 S 之中又在圆圈 P 之外，表示"至少有一个 S 不是 P"。

陈述类和类之间有包含关系的两类命题：A 命题和 I 命题，是肯定命题（affirmative claims）；陈述类和类之间有排斥关系的两类命题：E 命题和 O 命题，是否定命题（negative claims）。

尽管只有四种标准的命题类型，但它们的代表性却很广泛。大部分想表达的内容都能改写或转换成四种标准形式中的一种形式。鉴于这种转换说易行难，下面将介绍如何进行转换——将一个表达式转换为标准的直言命题形式。尽管其中有些转换显得不太符合表达习惯，但我们追求的是准确而不是文风。

9.2 转换成标准形式

本节训练的是将日常表达式转换成与之等值的标准命题形式。两个命题是等值命题（equivalent claims）指：两个命题为真的条件完全相同，即不可能出现其中一个命题为真而另一命题为假的情况（可以认为等值命题在"陈述相同的内容"）。

语言中的很多日常表达很容易就可以转换成标准的直言命题形式。比如，"每一个 X 都是 Y"，几乎可以自动转换成标准形式 A "所有的 X 都是 Y"。也很容易将"未成年人是不符合条件的"转换成 E 命题"未成年人中没有符合条件的人"。

尽管标准的命题形式都是现在时态，但我们也可以利用标准形式来表达过去时态。比如，可以把"在北美曾生活过体重超过四吨的生物"转换成"有的曾生活在北美的生物是体重超过四吨的生物"。

9.2.1　转换含有"只有""唯一"的命题

词语"只有"不仅用途广泛（参见后面的内容），将含"只有"的语句转换成直言命题的标准形式也往往让人混淆。看下面的例子。

> 原文：只有大二学生才是合适的候选人。

这样的表达怎样进行转换呢？仔细阅读并稍加思考，你会发现它可以转换为 A 命题，但你需要在下面两个转换之间做选择。

> 不正确的转换：所有的大二学生都是合适的候选人。
> 正确的转换：所有合适的候选人都是大二学生。

这两个转换的命题明显不同，其中只有一个与原文陈述相同。请注意，原文针对"每位"合格的候选人做陈述，谈论的是"所有"合格的候选人。所以，合格的候选人是 A 命题的主项。正确的转换是后一种转换，"只有"在原文中引入的是"大二学生"。这为我们提供了一般规则：

> "只有"（only）所修饰的语词可以转换为 A 命题的谓项。

接着看下面的例子。

> 原文：唯一准入的是超过 21 岁的人。

此例中，"唯一"试图约束的是"准入的人"这个类，每一个可以进入的人都得年满 21 岁。因此，谈论的是"所有"准入的人。

> 转换成：所有准入的人都是超过 21 岁的人。

这样的转换方法适用于所有用"唯一"连接的语句。这样的转换方法与含语词"只有"的语句的转换方法正好相反：

"唯一"（the only）所限制的语词转换为 A 命题的主项。

有了上述法则，既然如下两个表述中试图约束的都是"半价电影"

原文：只有白天放映的电影才是半价的。

原文：唯一的半价电影是白天放映的。

我们就都将之转换成

所有的半价电影都是白天放映的。

英语中用途最广的词语

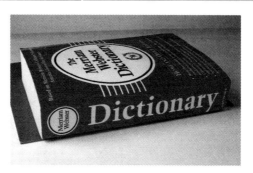

已有语词：我、给、我的、儿子、钱、他、需要、昨天，再加上一个词，这个新添加的词可以出现在句中的任何位置（从句首位置到句末位置或任何两个词之间），它在不同的位置出现分别会组成意义不同的句子。这个词是什么呢？这个词是"only"，英语中用途最广的词。它可以造出下面十个句子：

1. 只有我给了我儿子昨天所需的钱。

（除了我没人给他。）

2. 我只给了我儿子昨天所需的钱。

（他也想要那辆车，但我不会把它交给他。）

3. 我只给了**我儿子**昨天所需的钱。

（他的朋友也想要钱，但我拒绝了。）

4. 我昨天给了我**唯一**的儿子他需要的钱。

（我还有个女儿，只有一个儿子。）

5. 我只给了我儿子他**昨天**所需的钱。

（他明天需要更多钱。）

6. 我给了儿子他昨天需要的**一点点**钱。

（他不需要太多钱……）

7. 我所给儿子的钱**仅仅**是他昨天所需要的。

（人人都必须有钱。）

8. 我给了儿子他只在**昨天**所需要的钱。

（他本周剩余时间不需要任何钱。）

9. 我昨天**才刚**给了儿子他需要的钱。

（他已经需要更多了吗？）

10. 我**只**在昨天给了我儿子所需的钱。

（我告诉他这是第一次也是最后一次。）

注：在英语原文中，"only" 在这 10 个句子中出现的位置分别是从第一个词到最后一个词语，译成汉语就看不出位置区别了。由于 "only" 出现的位置不同，各句的意义也随之不同，加彩字分别是各句所强调的。

9.2.2 转换含有时间地点的命题

有时，命题陈述的直接指向并不是很明显，要把它转换为标准形式还需要另外的解释。比如

原文：每当我参加逻辑考试的时候，我总是很紧张。

这看起来是一个关于说话者的陈述，但我们最好把它看成是指向时间或场合的。它陈述的是：每次我参加逻辑考试时都是我感到

紧张的时间。因此上面的原文应该转换为这样的标准形式：

所有我参加逻辑考试的时间都是我感到紧张的时间。

词语"无论何时"是这类陈述时间命题的标志词。例如：

无论何时佩格出现，迪克就会焦虑不安。

"无论何时"说明了两件事：第一，这个命题是关于时间或场合的；第二，"无论何时"所连接的语词是命题的主项。虽然"无论何时"的具体运用也会有例外，但这条经验法则值得记住。

对含有地点的命题的转换也如此类似。看下例：

原文：马萨诸塞州到处都正在下雪。

这句话在陈述雪，也论及今天，但我们最好把它看成是关于地点的陈述：下雪的地方和马萨诸塞州的地方。一旦转换成这个视角，我们就很容易把它转换成标准形式：

转换：马萨诸塞州的所有地方都在下雪。

正如"无论何时"是时间指示词一样，"无论何处"是地点指示词。这个词的出现告诉我们，它所连接的语词是 A 命题的主项。例如：

无论牧羊女去哪儿，羊羔都会跟过去。

显然要转换成：

所有牧羊女去的地方都是羊羔去的地方。

回顾本节的两个经验法则：

"无论何时"所连接的通常是表达时间的 A 命题主项；
"无论何处"所连接的通常是表达地点的 A 命题主项。

9.2.3 转换个体词

有两种表述在转换成标准形式时比较棘手。第一种是关于单称个体的陈述，比如"亚里士多德是逻辑学家"。它具体说明"逻辑学家"这个类，指明亚里士多德是该类中的一员。问题在于直言命题总是涉及两个类的，而亚里士多德不是"类"（我们不能说"有些"亚里士多德是逻辑学家）。处理这类问题的办法是把它看作只有一个成员的类的陈述——本例中的这个成员就是亚里士多德。把直言命题的这个词项视为"和亚里士多德相同的人"，该词项表达的类当然只有唯一的成员：亚里士多德。关于这类转换的经验法则如下：

> 关于个体的陈述应该被转换成 A 命题或 E 命题。
>
> 原文：亚里士多德是一位逻辑学家。
>
> 转换：所有和亚里士多德相同的人都是逻辑学家。

这是 A 命题。同样的，"亚里士多德不是左撇子"也能转换成 E 命题：和亚里士多德相同的人没有是左撇子的（你的老师可能会直接把原文看成 A 命题或 E 命题而不做转换，这样可以避免使用"和亚里士多德相同的人"这个别扭的表达，这么处理当然也行）。

被描述的个体不仅限于人。比如：

> 原文：圣路易斯位于密西西比。
>
> 转换：所有和圣路易斯相同的城市都在密西西比。

我们已经说过，有时候这样的转换并不会带来美感。

9.2.4 转换不可数名词

另一转换困难的是包含不可数名词的陈述。例如：

> 原文：水煮秋葵难以下咽。

这是关于一种原料的陈述，最好的处理方法是把它看作关于这种原料的实例。当这个例子被转换成 A 命题时，主项是被讨论的这种原料的所有实例。

转换：所有的水煮秋葵都是难以下咽的。

再如：

原文：大多数水煮秋葵难以下咽。

转换成 I 命题：有的水煮秋葵是难以下咽的。

我们不可能对把表述转换为标准形式时遇到的每一问题都给出规则或提示。多练习才是帮助你应对相关问题的良方。

9.3　对当关系

主项和谓项分别相同的 A、E、I、O 四种直言命题间存在着对应关系，这种逻辑关系被称为对当关系，该逻辑关系可用对当方阵图来表示，如图 9-5。在正方形上方相对位置的 A 命题和 E 命题是反对关系——它们可以同时为假，但不可能同时为真。在正方形下方相对位置的 I 命题和 O 命题是下反对关系——它们可以都为真，但不可能都为假。处于正方形对角位置的 A 命题和 O 命题以及 E 命题和 I 命题是矛盾关系——它们的真值正好相反。

9.3.1　存在假设与对当关系

本章的讨论中都有一个假定：所谈论的类都是非空的，即在直言命题的标准形式中，主项和谓项所表达的类中至少有一个成员，这个假设被称为存在假设（existential assumption）。

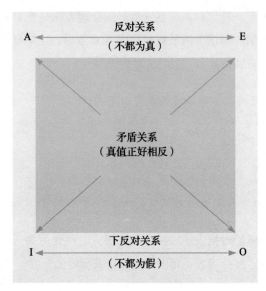

图 9-5　对当关系图

　　反对关系和下反对关系都依赖这个假设。让我们解释一下其中的道理：如图 9-6，我们画出 A 命题的维恩图，在属于 S 且不属于 P 的部分涂上阴影，然后在同一图中画 E 命题，需要在 S 与 P 交叉的部分涂上阴影。结果显示，能同时让 A 命题和 E 命题为真的主项为空。

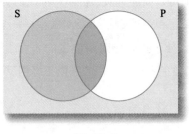

图　9-6

　　因此，如果所有的类都是不空的，图 9-6 中的 S 部分不会都是阴影。因此，A 命题和 E 命题，至少有一个为假。这是反对关系的命题不能同时为真的依据。同样的方式可以解释为什么在满足存在假设的条件下，I命题和O命题不可能同时为假。

9.3.2　对当关系推理

有时，如果已知一个直言命题的真值（真或假），利用对当关系，通常可以演绎推出与之具有对当关系的其他三个命题的真值。如果已知正方形上方的命题（A或E）为真，或已知正方形下方的命题（I或O）为假，就可以推出其他三个命题的真值。比如，若已知A为真，则E为假、O为假、I为真。仔细审查对当关系就能明白为什么可以这样推理。同样，依据I或O为假，也可以相应推出其他三个命题的真值。

初读至此，你或许会认为下面的内容很艰深，但实际并非如此，认真思考，慢慢来，你会发现它并不难。

9.4　三种直言命题关系

对当关系告诉我们一些简单的直言命题的有效推理。下面我们将介绍另外三种简单的直言命题间的有效推理（推理就是运算）。当我们把这三种直言命题间的运算和对当关系推理联合起来运用时，推理就不再简单了。

9.4.1　换位

在标准形式的四种直言命题中，若改变主项和谓项的位置而其他不变，E命题和I命题在**换位**（conversion）前后表达的信息相同，而A命题和O命题换位前后所表达的信息不同。也就是说：

对E命题和I命题进行换位，换位前后的命题相互等值；而对A命题和O命题进行换位，换位前后的命题不等值。

下面的每对命题间都是换位关系。

E：所有挪威人都不是斯拉夫人。

所有斯拉夫人都不是挪威人。

I：有些国家的首都是大城市。

有些大城市是国家的首都。

不难发现，换位前后等值的那些命题的维恩图都是相互对称的。

9.4.2 换质

在介绍下面两种运算之前，我们先来了解一些概念。首先是"论域"概念。人们通常都在特定的语境中提出主张，这就为我们使用的术语设定了范围。比如，如果你的老师走进课堂说："每个人都通过了上次考试。""每个人"这个词项并不是指世界上的每一个人，比如，你的老师并没有说你母亲和英国女王考试及格了。表达中虽然没有明示，但这个表述显然对"人"的范围有所限定，它指的是"你们班参加考试的人"。因此，对在论域范围内的每一个类而言，都有一个与之互补的类。补类指论域中并不包含在前一类别中的对象。表达该互补类的词项是原词项的补词项，通常以在原词项前加"非"来表达。如"非学生"是"学生"的补词项（complementary terms）。尽管加前缀"非"是表达一个词项的补词项的简易方法，但有时候我们需要注意一些特殊情况。上例中"参加考试的人"的补词项最好表达为"没参加考试的人"[⊖]，因为这里的论域显然是"人"（我们不会认为"参加考试的人"的补词项为"没参加考试的任何事物"，比如你叔叔鲍勃的假发）。

对命题进行换质（obversion）是指：把它从肯定命题变成否定

⊖ 在英语中这个表达是对动词"参加"进行否定，所以不同于在名词前加"非"，但汉语中这种区别不明显。——译者注

命题，反之亦然（也就是正方形水平线两端的命题之间互换，A 命题变成 E 命题，O 命题变成 I 命题，等等）；把谓项变成原命题谓项的补词项。

四种直言命题，A、E、I 和 O，换质前后的命题是相互等值的。下面的每对命题中，每一个都是另一个的换质命题。

> A：所有的长老会教友都是基督教徒。
>
> 　　所有长老会教友都不是非基督教徒。
>
> E：所有的鱼都不是哺乳动物。
>
> 　　所有的鱼都是非哺乳动物。
>
> I：有的市民是选民。
>
> 　　有的市民不是非选民。
>
> O：有的参赛者不是获胜者。
>
> 　　有的参赛者是非获胜者。

9.4.3　换质位

对直言命题进行换质位（contraposition）是指：像换位法一样调换主项和谓项的位置；分别用补词项来替代原命题的词项。下面每对命题中的一个都是另一个的换质位命题。

> A：所有的蒙古人都是穆斯林。
>
> 　　所有的非穆斯林都是非蒙古人。
>
> O：有的市民不是选民。
>
> 　　有的非选民不是非市民。

所有的 A 命题和 O 命题换质位前后都是等值的，但 E 命题和 I 命题换质位前后不等值。

换位、换质和换质位这三种运算对后面的学习非常重要，所以要确保自己能正确运算，并准确知道哪些命题之间相互等值。

直接推理的维恩图

　　下面是四种直言命题 A、E、I、O 的维恩图，从中你可以看出每种命题与其换位、换质、换质位命题之间的关系。

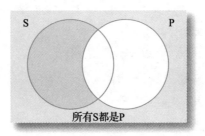

　　仔细解读"所有 S 都是 P"的维恩图，你会发现此图还表明如下内容：

- 所有 S 都不是非 P（换质）。
- 所有非 P 都是非 S（换质位）。

但是，它没有表明以下内容：

- 所有 P 都是 S（换位）。

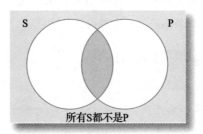

上面是"所有 S 都不是 P"的维恩图，它表明以下内容：

- 所有 P 都不是 S（换位）。
- 所有 S 都是非 P（换质）。

它没有表明以下内容：

- 所有非 P 都不是非 S（换质位）。

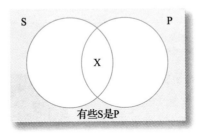

上面是"有些 S 是 P"的维恩图，它表明以下内容：

- 有些 P 是 S（换位）。
- 有些 S 不是非 P（换质）。

它没有表明以下内容：

- 有些非 P 是非 S（换质位）。

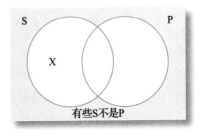

上面是"有些 S 不是 P"的维恩图，它表明以下内容：

- 有些 S 不是非 P（换质）。
- 有些非 P 不是非 S（换质位）。

它没有表明以下内容：

- 有些 P 不是 S（换位）。

如你看到的：

- 从逻辑上讲，每个直言命题的维恩图也都是其换质命题的维恩图。

- 从逻辑上讲，A 或 O 命题的维恩图也是其换质位命题的维恩图。

- 从逻辑上讲，E 或 I 命题的维恩图也是其换位命题的维恩图。

有的有，所以，有的没有？

"因为有的蚊子携带西尼罗河病毒，所以，有的蚊子不携带。"

这类论证的结论（有的不）或许是对的，但它不是从前提推出来的，因为具有这同一种论证结构的结论也可能是假的。

另一种推理，"有的蚊子不携带西尼罗河病毒，所以，有的蚊子携带"也是无效的。

合乎规则地从 O 判断得出 I 判断的唯一方式是换质。

9.5 直言三段论

三段论是有两个前提的演绎论证。**直言三段论**（Categorical syllogism）（标准形式）是由三个标准的直言命题构成的三段论，并且这三个命题中包含三个词项，每个词项都正好出现两次。来看下面的例子：

所有的美国人都是消费者。

有的消费者不是民主党人。

因此，有的美国人不是民主党人。

注意，其中"美国人""消费者"和"民主党人"这三个词项都正好出现两次。三段论中的这三个词项分别被称为

> 大项：三段论结论中的谓项。
>
> 小项：三段论结论中的主项。
>
> 中项：在两个前提中出现但不出现于结论的词项。

这三个项最常用的符号是，大项是 P，小项是 S，中项是 M。为简化讨论，本书统一使用这三个符号代指这三项。

在直言三段论中，每一个前提都陈述了中项与小项或大项之间的关系。如果两个前提的确起到了作用，即前提中通过中项 M 建立了小项 S 与大项 P 之间的正确联系，那么，就能从中推出结论陈述中的 S 和 P 之间的关系，即论证是有效的。

请看下面三个例子，其中只有一个是典型的直言三段论，你能辨认出是哪一个吗？另两个为什么不是呢？

> 例 1：所有的猫都是哺乳动物。
>
> 并非所有的猫都是驯养的。
>
> 因此，并非所有的哺乳动物都是驯养的。
>
> 例 2：所有的有效论证都是好的论证。
>
> 有的有效论证是无聊的论证。
>
> 因此，有的好的论证是无聊的论证。
>
> 例 3：委员会中有的人不是学生。
>
> 委员会中所有的人都是本地人。
>
> 因此，有的本地人是非学生。

林肯知道自己的逻辑

> 林肯 – 道格拉斯辩论中的有效性和可靠性
>
> 亚伯拉罕·林肯在林肯 – 道格拉斯第五次辩论中的讲话：
>
> "宪法中没有什么……可以破坏宪法中明确表达并确认的权利。
>
> 奴隶的财产权是宪法明确表达并确认的。

因此，宪法中没有什么可以破坏奴隶的财产权利。"

林肯接着说：

"的确有问题（论证中），但问题不在推理，问题在于这个前提是错误的。我相信奴隶的财产权并未在宪法中被明确表达并确认。"

显而易见，例 2 是典型的三段论。例 1 中的第二个前提和结论都不是标准的直言命题。标准的直言命题句首不是"并非"；并且，标准的直言命题的谓项必须是名词或名词短语。把例 1 的第二个前提转换成"有的猫不是驯养的动物"，把其结论转换成"有的哺乳动物不是驯养的动物"，就是典型的三段论了。例 3 的结论中包含了在前提中从未出现过的词项："非学生"。可以把例 3 中的结论转换为"有的本地人不是学生"，转换后的论证就是典型的三段论。

学会识别三段论后，就可以开始学习如何判定其有效性了。我们先介绍第一种方法，即用维恩图检验三段论的有效性。

9.5.1 用维恩图检验三段论的有效性

用维恩图表示三段论需要画三个相互交叉的圆圈，每一个圆圈都代表论证中的一个词项类。我们将一步一步地用图表示下面的三段论：

所有的共和党人都不是集体主义者。

所有的社会主义者都是集体主义者。

因此，所有的社会主义者都不是共和党人。

请看图 9-7，用三个圆圈，分别标明三个词项所代表的词项类。

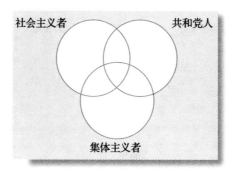

图 9-7　未标明前提

　　首先标出第一个前提（见图 9-8），其次标出第二个前提（见图 9-9），然后看看图所显示的结论是否正确，果然正确！从图中可以看出：所有的社会主义者都不是共和党人。所以，这个三段论是有效的。一般地说，当且仅当用维恩图标出前提后能自动生成正确的描述结论的维恩图时，一个三段论是有效的（稍后我们将指出一种例外）。

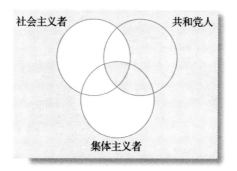

图 9-8　标明一个前提

　　当三段论的一个前提是 I 命题或 O 命题时，把特定的 X 放在哪里就可能成为问题。下面的例子表现的就是这样的问题（见图 9-11）。

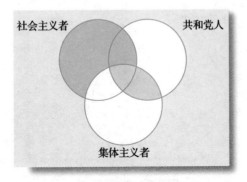

图 9-9　标明两个前提

请注意，在图 9-10 中，我们已经给不同的区域编了号，以便更容易指认。

> 有的 S 不是 M。
> 所有的 P 都是 M。
> ———————————
> 有的 S 不是 P。

（横线把前提和结论区分开来。）

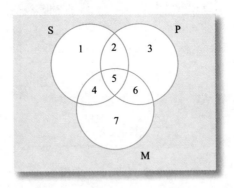

图　9-10

在图 9-10 中，区域 1 或 2 中的一个 X 就使得判断"有的 S 不是 M"为真，因为在这两个区域中任意一个对象都是 S 而不是 M。

我们怎样才能确定到底哪个区域应该有 X 呢？在一些例子中，我们可以这样做：当一个前提是 A 或 E 命题，另一个前提是 I 或 O 命题时，就先用图把 A 或 E 前提表示出来（在标出 X 之前，先要涂出阴影区域）。参考图 9-12，来看看在本例中如何遵循此规则画图。

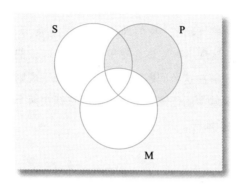

图　9-11

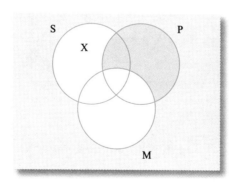

图　9-12

一旦用图标出 A 前提，就不必担忧 X 该标在何处——它必须在区域 1 里。因此，这个论证的完整维恩图就如图 9-12 所示。从这个维恩图中，我们能看出结论"有的 S 不是 P"，维恩图告诉我们这个论证是有效的。

在一些三段论中，上面提到的规则并没有帮助。比如：

所有的 P 都是 M。

有的 S 是 M。

有的 S 是 P。

对于这样的三段论，我们即使用维恩图表示了 A 前提（见图 9-13），也仍然拿不准应该在哪里标出 X。应该把 X 标在区域 4 还是区域 5 呢？解决这个问题时，可以遵循如下规则：如果一个 X 可能处于两个区域中的任意一个里，就把它标在两个区域的分界线上，就像图 9-14 那样。

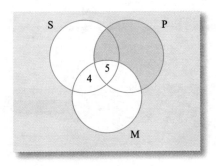

图　9-13

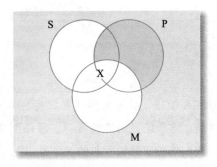

图　9-14

实际上，把 X 标在一条线上，表明 X 可以属于两个区域中的任意一个，或者同时属于两个区域，但是不能确定它到底属于哪个区域。看能否通过维恩图得出结论时，就要看能否完全确定 X 落在特定的区域内。本例中，就要看能否完全确定 X 落在 S 和 P 交叉的区域里，由于不能确定 X 是否落在这个区域，所以本论证是无效的。X 可能处于特定的区域，就表示不能有效地推出结论。

9.5.2　存在假设和直言三段论

请注意：在维恩图解中，当三段论的两个前提都是 A 或 E 命题，而结论是 I 或 O 命题时，从前提的维恩图可能得不出结论的维恩图（因为标注 A 和 E 需要涂上阴影，而 I 和 O 需要在图表中标注 X）。遇到这种情形时，请记住我们的假设：每一个词项类中都至少有一个成员。这个假设就需要我们观察维恩图，看圆圈中是否存在没涂上阴影的部分。如果某圆圈中只有一个区域没涂上阴影，那么 X 就应该被标在该区域内，因为该类别中的所有成员都必须落在剩下的区域中。有时候，用这种方法标出 X，能够让我们看出结论，说明论证是有效的（假设相关的类不是空的）；有时候，无论是否假设词项类为非空，按这种方法标出 X 都看不出准确的结论，说明论证是无效的。

9.5.3　含有未表达前提的直言三段论

实际生活中的许多直言三段论中都含有未陈述的前提。假如有人说：

你不应该把鸡骨头丢给狗。它们会卡住狗喉咙的。

说话者的论证建立在一个未陈述的前提之上，即"你不应该把那些会卡住狗喉咙的东西丢给狗"。换句话说，完整的论证应该是：

所有的鸡骨头都是会卡住狗喉咙的东西。

（会卡住狗喉咙的东西不是你该给狗的东西。）

因此，鸡骨头不是你该给狗的东西。

括号里就是未陈述的前提。再举一例：

开旧车兜风是愚蠢的，因为它可能在危险的地段出故障。

此处说话者的论证中包含了未表达前提，即"冒汽车出故障的危险是愚蠢的"。完整的论证是：

开旧车兜风都是在冒汽车出故障的风险。

（冒汽车出故障的风险是愚蠢的。）

因此，开旧车兜风是愚蠢的。

若给定的论证看起来像直言三段论，但它只有一个前提时，通常第二个前提就是被假定但却没有表达出来的。通常情况下，不表达这个前提，是因为表达者认为这是显而易见的，表达出来反而显得累赘。上面的论证就说明了这一点："你不该把会卡住狗喉咙的东西丢给狗"以及"冒汽车出故障的风险是愚蠢的"就没必要明确表达出来。

遇到看起来是省略了前提的直言三段论时就要问：能否找出一个合理的假设使得这个论证有效？在本书第 2 章中我们曾详细讨论了未表达前提的问题，请参阅相关内容。

9.5.4　实际生活中的三段论

为了方便检验实际生活中的三段论，这里介绍一种简化表达实际生活中三段论的方法，即用字母分别表示论证中所提到的范畴。前面刚提到的两个实际生活的三段论的简化表达如下。

前面的论证：

所有的鸡骨头都是会卡住狗喉咙的东西。

（会卡住狗喉咙的东西不是你该给狗的东西。）

因此，鸡骨头不是你该给狗的东西。

用简化方法：

C= 鸡骨头　　D= 卡住狗喉咙的东西　　S= 不该给狗的东西

上面的论证可表示为：

所有的 C 都是 D

[没有 D 是 S]

所以，没有 C 是 S

用同样的简化方法来表达后一论证：

D= 开旧车兜风　　R= 冒车出故障的危险　　S= 愚蠢的事

所有的 D 都是 R

[所有的 R 都是 S]

所以，所有的 D 都是 S

最后一个提示：花点时间把你用哪个字母代表什么写清楚。

9.5.5　用规则检验三段论的有效性

　　用维恩图检验三段论的有效性虽然直观，但更便捷的方法是通过三条规则来检验。这些规则建立在两个概念之上，第一个概念前面已经提到：肯定和否定的直言命题（请记住，A 和 I 是肯定命题，E 和 O 是否定命题）。另一个概念是周延。

　　我们不确定 AT&T 的人在想什么，但它看起来像一个结论没有被证明的三段论。结论是"你的世界是 AT&T"的论证是否有效？事实上，你根本无法从这个广告牌上获得任何关于 AT&T 和"你的世界"的结论，就像它可能出现的那样。

9.5.5.1　周延

　　直言命题的词项要么是周延的（distribution）要么是不周延的，这取决于该命题是否陈述了某词项类里的每个成员。在标准形式的四种直言命题中，有三种命题中含有一个或多个周延词项。在图 9-15 中，画圆圈的字母代表周延的词项，未画圆圈的字母代表不周延的词项。正如该图表明的，A 命题的主项是周延的，O 命题的谓项是周延的，E 命题的主项和谓项都是周延的，I 命题的主项和谓项都是不周延的。

A 命题：	所有的 Ⓢ 都是 P。
E 命题：	没有 Ⓢ 是 Ⓟ。
I 命题：	有的 S 是 P。
O 命题：	有的 S 不是 Ⓟ。

图 9-15　周延的项

9.5.5.2　三条规则

检验三段论是否有效有三条规则。当且仅当一个三段论满足下述三条规则时，该三段论是有效的。

规则 1. 前提中的否定命题数量必须和结论中否定判断数量一样（结论由一个判断构成，这就意味着一个有效的三段论不会有两个否定的前提）。

规则 2. 中项在前提中至少周延一次。

规则 3. 任何在结论中周延的词项必须在前提中也是周延的。

这些规则很容易记住，稍加训练你就能利用它们迅速判断出一个三段论是否有效。

下例违反了哪一条规则？

所有的钢琴家都是键盘乐器演奏者。

有的键盘乐器演奏者不是打击乐器演奏家。

有的钢琴家不是打击乐器演奏家。

"键盘乐器演奏者"是中项，在两个前提中它都是不周延的。第一个前提是 A 命题，谓项不周延；第二个前提是 O 命题，主项不周延。所以这个三段论违反了规则 2。

再看一例：

动物收容所里所有待收养的狗都不是纯种狗。

有的纯种狗是昂贵的狗。

动物收容所里有的待收养的狗是昂贵的狗。

这个三段论违反了规则 1，因为它有一个否定前提，而结论却是肯定的。

最后一个例子：

所有重商主义者都不是大地主。

所有重商主义者都是债权人。

所有债权人都不是大地主。

小项"债权人"在结论中是周延的（它是 E 命题的主项），但是在前提中却不周延（它是 A 命题的谓项）。所以，这个三段论违反了规则 3。

愚昧、笨蛋、游戏狂人、网虫

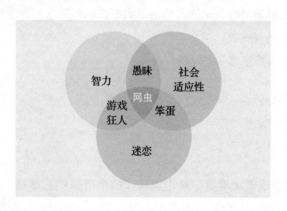

这张维恩图在网络上很流行。它以调侃的方式（在我们看来），根据以下三种不同特质对人们进行分类：智力、社会适应性、迷恋。你可以像本章介绍的那样来阅读上图（如：愚昧就是这样一类人，他们有智力、能适应社会但从不迷恋）。

本章总结

- 直言命题有四种标准形式 A、E、I 和 O。
- 可用维恩图表达四种标准形式直言命题。

- 可以把日常语言的表达转换成标准的直言命题。一些转换的经验法则：
  - "只有"（only）所修饰的语词转换为 A 命题的谓项。
  - "唯一"（the only）所限制的语词转换为 A 命题的主项。
  - "无论何时"所连接的通常是表达时间的 A 命题主项。
  - "无论何处"所连接的通常是表达地点的 A 命题主项。
  - 关于个体的陈述应该被转换成 A 命题或 E 命题。
- 对当方阵图表达了相对应的直言命题间的逻辑关系：矛盾关系、反对关系和下反对关系。
- 直言命题间可以进行三种运算：换位、换质和换质位，其中一些和原命题等值，另一些不等值。
- 直言三段论是否有效可以通过维恩图检验，也可以通过规则来检验三段论的有效性。用规则检验时要关注词项的周延性以及命题是肯定的还是否定的。

| 第 10 章　CHAPTER10 |

演绎论证 II：真值函数逻辑

本章学习目标

1. 理解真值表和逻辑符号
2. 用符号表达复合命题
3. 利用常用论证形式来评估真值函数论证
4. 用演绎法来证明论证的有效性

　　最早探索**真值函数逻辑**（truth-functional logic）的是斯多葛学派，该学派活跃于公元前 3 世纪至公元前 2 世纪。但是直到 19 世纪末 20 世纪初，真值函数逻辑（也被称为判断或语句逻辑）才真正走到人们面前。

　　"语句逻辑"是现代符号逻辑的基础之一，它对于集合论和数学基础等领域也很重要。它还是电子线路（数字计算的基础）的模型。不仅如此，真值逻辑也是分析论证的有效工具。

　　在上一章的范畴逻辑中，"所有""有的""不是"决定了词项类之间的包含或排除关系。真值函数逻辑则取决于"并且""或者""如果"等语词。这些语词将简单命题组合为复合命题。真值函数逻辑的意思正是指复合命题的真值取决于构成它的简单命题的真值。

研究真值逻辑可以让你从一个崭新的独特角度来了解语言的结构。通过学习真值逻辑，你还可以知道一套准确的、非数学的符号系统是如何运作的。即使你只是利用日常语言交流，这套符号系统所能提供的准确性和清晰性也会对你会有所帮助。

如果你不喜欢与符号打交道，那么关于演绎论证的真值逻辑部分也许令人生畏。但是，它并不像表面上看起来那样让人望而却步。我们会逐个介绍这些符号。但我们所介绍的知识是环环相扣的，所以，在理解新概念之前，要先掌握每一个解释过的概念。如果你觉得自己对某部分或某概念的理解有困难，就多花些精力去掌握它，然后再继续学习后面的内容。

10.1　真值表和逻辑符号

我们的逻辑词汇表包括命题变元和逻辑符号。我们先介绍如何用字母来表示语词或命题，然后再讨论核心问题——真值表及其符号。

10.1.1　命题变元

在第 9 章中，我们用大写字母代表直言命题中的词项。在本章中，我们用大写字母代表命题。在接下来的讨论中，我们主要关注诸如"并非""并且""或者"等词语在命题中所起的作用，以及它们如何联结简单命题从而构成复合命题。请不要混淆：在第 9 章中，大写字母表示词项，在这里大写字母表示命题，所以这些字母被称为命题变元 (claim variable)。

10.1.2   真值表

在真值函数逻辑里，任何给定的命题 P 如果不是真的，就是假的，没有其他可能。下面的图表是真值表 (truth table)，它罗列了命题 P 的真值的两种可能情形（T 表示真值为真，F 表示真值为假）：

$$
\begin{array}{c}
P \\
\hline
T \\
\hline
F
\end{array}
$$

可以利用真值表来定义真值函数符号：无论命题 P 的真值如何，其负命题或矛盾命题（用符号～P 表示）的真值与之正好相反。因此，负命题 (negation) 的真值表为：

$$
\begin{array}{cc}
P & \sim P \\
\hline
T & F \\
F & T
\end{array}
$$

上述真值表左边一列展示了命题 P 的真值的两种可能情况，而右边一列是基于 P 的真值而得出的～P 的真值情况。这就是对否定符号"～"的定义。在 P 前面加"～"这个符号意味着：改变 P 的真值，即从 T 变为 F 或从 F 变为 T。我们把～P 读作非 P。如果 P 表示"帕克在家"，那么～P 就表示"帕克在家不是事实"或"帕克不在家"。

在提问时，"和"这个词可以造成一些好玩的结果。在这种情况下，布鲁图的意思是问"他们中有多少是男孩，有多少是女孩"，但杰克认为他问的是"他们中有多少是男孩或女孩"。我们在这一章中对待"和"时不允许有这种含糊不清之处。

因为任何给定的判断非真即假，所以对两个命题 P 和 Q 而言，其真值情形的四种组合分别为：P 和 Q 二者都真、都假或它们的真值正好相反，其中一个为真，另一个为假。具体如下图所示：

P	Q
T	T
T	F
F	T
F	F

合取命题（conjunction）是由两个（被称为合取支的）简单命题构成的复合命题：当且仅当构成它的两个简单命题（合取支）都为真时，合取命题为真。合取命题的一个例子是"帕克在家而摩尔在工作"。符号"&"把两个合取支 P、Q 联结起来，表达"P 且 Q"。合取命题的真值表为：

P	Q	P & Q
T	T	T
T	F	F
F	T	F
F	F	F

P & Q 只有在第一行才是真的，此时 P 和 Q 都是真的。请注意，第一行的真值条件与上文中所陈述的真值条件是一致的。

另一种记住合取命题如何运作的方法是：只要有任何一个合取支是假的，那么这个合取命题就是假的。还要记住，尽管自然语言中与符号"&"最贴近的词是"并且"，但也还有其他词可以用符号"&"来正确地刻画，比如"但是""而""尽管"等。如果 P 表示"帕森斯在上课"，Q 表示"昆西缺席了"，那么"尽管昆西缺席了，但帕森斯在上课"就应该表示为 P & Q。因为只有在一种情况下这个复合命题才为真，即两个构成部分都为真，而符号"&"作为连接词表达的正是这个意思。

析取命题（disjunction）是由两个（被称为析取支的）简单命题组成的复合命题。当且仅当两个析取支都假时，析取命题为假。例如：帕克在家或摩尔在工作。用符号来表达析取命题时，符号"∨"用来代表析取命题的连接词，自然语言中，与符号"∨"最贴近的词是"或"。析取命题的真值表为：

P	Q	P∨Q
T	T	T
T	F	T
F	T	T
F	F	F

请注意，析取命题的真值只有在最后一行的情况下才是假的，该行中，它的两个析取支都是假的。在其他三种情况下，析取命题都是真的。

由两个简单命题构成的第三种复合命题是假言命题（conditional claim）。日常语言中，通常用词语"如果……那么……"来表述条件，例如：如果帕克在家，那么摩尔就在工作。

用箭头符号"→"来表示假言命题的连接词，假言命题的符号形式是：P→Q。假言命题中的前一个简单命题，即P，是前件（antecedent），而第二个简单命题，即Q，是后件（consequent）。当且仅当前件为真而且后件为假时，假言命题为假。假言命题的真值表为：

P	Q	P→Q
T	T	T
T	F	F
F	T	T
F	F	T

　　只有在横线下第二行的情况下，即前件 P 为真而且后件 Q 为假时，假言命题的真值才为假。其他所有的情况下，假言命题都是真的。

　　在四种真值函数命题——负命题、合取命题、析取命题和假言命题中，最让学生费解的是假言命题。让我们通过实例来进一步了解假言命题的性质。假设摩尔向你承诺，如果他上午拿到薪水，中午就请客。这可以表达为假言命题：

　　　如果摩尔上午拿到薪水，那么他中午请客。

　　我们可以分别用 P（表示"摩尔上午拿到薪水"这个命题）和 L（表示"摩尔中午请客"这个命题）及连接词符号把上述命题表达为：P → L。为了理解假言命题的真值表，让我们问自己一个问题：在什么情况下摩尔违背了他的诺言？稍加思考你就会得出结论，在说摩尔违背诺言之前，必须有两件事发生。首先，他确实在今天上午领到了薪水（毕竟，他没有说如果没拿到薪水他也会这么做）。另外，他领到了薪水之后中午却没有请客。这两个条件加起来才使得摩尔最初的诺言为假。注意，在其他任何情况下，我们都不能说摩尔违背了他的诺言。这就是为什么假言命题的真值表中只有一种情况为假，该情形就是：前件为真而且后件为假。

　　表 10-1 中总结了关于所有四种连接词符号的基本信息。

表 10-1　四种基本真值函数符号

否定（～）		合取（＆）		
P	～P	P	Q	P＆Q
T	F	T	T	T
F	T	T	F	F
		F	T	F
		F	F	F

（续）

析取（∨）			蕴涵（→）		
P	Q	P∨Q	P	Q	P→Q
T	T	T	T	T	T
T	F	T	T	F	F
F	T	T	F	T	T
F	F	F	F	F	T

这些真值函数符号可以相互组合起作用。例如：如果波拉没有去上班，那么昆西就不得不连上两个班。我们分别用命题变元来表示这两个命题：

P = 波拉去上班。

Q = 昆西不得不连上两个班。

这样就可以把上述复合命题用符号表示为：

$$\sim P \to Q$$

上述符号表达式的真值表为：

P	Q	~P	~P→Q
T	T	F	T
T	F	F	T
F	T	T	T
F	F	T	F

注意：在命题形式～P→Q 的真值表中，只有最后一行为假。因为在这一行并且只有在这一行，前件～P 为真而后件 Q 为假。注意，运算是由简单到复杂以致最复杂逐步进行的：在给定的一行中，P 的真值决定了～P 的真值，～P 的真值和 Q 的真值一起共同决定了～P→Q 的真值。

再看另一例子：如果波拉去上班，那么昆西和罗杰斯会放一天假。这个命题可用符号表示如下：

$$P \rightarrow (Q \& R)$$

这个命题形式需要使用圆括号，以避免与命题形式（P→Q）& R相混淆，后者是另一个不同命题的形式，它们的真值表也各不相同。我们所讨论的命题是一个后件为合取命题的假言命题，而（P→Q）& R是一个合取命题，且其中的一个合取支是假言命题。圆括号使得这点清晰化。

为建立命题形式P→（Q & R）的真值表，我们须知道一些准则。首先，要知道如何列出关于三个简单命题P、Q和R的真值组合。只含一个字母的简单命题形式的真值有两种可能性：真和假。由两个字母构成的复合命题形式中，真值有四种可能性。复合命题形式中每增加一个字母，各命题变元的真值组合的可能性就要在以前的基础上加倍，真值表的行数也因此加倍。判断一个复合命题形式的真值表的行数的公式是 $r = 2^n$，其中 r 是表格的行数，n 是命题形式中的字母数。因为我们正在讨论的命题形式中有3个字母，所以其真值表就有8行，每一行所列的都是P、Q和R的一种可能的真假组合。下面就是这8种真值组合：

P	Q	R
T	T	T
T	T	F
T	F	T
T	F	F
F	T	T
F	T	F
F	F	T
F	F	F

上述各卡片的一面是字母，另一面是数字。各卡片上的符号须遵循如下规则：如果卡片的一面是元音字母，则另一面是偶数。

问题：为检查上述卡片是否遵守了这个规则，至少要翻看几张卡片？（不少学生并没有顺利通过这个简单的批判性思维测验。）

创建真值表的系统的方法就是在最右侧的一列里依次填写 T 和 F，然后在中间列里两个一组地依次填写 T 和 F，再在最左边的一列里四个一组地依次 T 和 F，以此类推。最左边的一列总是先填写总行数一半的 T，然后填写总行数一半的 F。

列出了命题变元真值组合的可能情况之后，就要计算在每一具体情况下（即真值表的每一行中）复合命题的真值。一个复合命题的真值完全取决于它的组成部分的真值；如果这些部分自身也是复合的，其真值就又取决于它的组成部分；以此类推，直到取决于单一字母的真值。

让我们建立 P → (Q & R) 的真值表，看看它是怎样运作的。

P	Q	R	Q & R	P → (Q & R)
T	T	T	T	T
T	T	F	F	F
T	F	T	F	F
T	F	F	F	F
F	T	T	T	T
F	T	F	F	T
F	F	T	F	T
F	F	F	F	T

真值函数骗局

　　针对如下看似激动人心的信息，即使信息接收者一分钱都没有拿到，信息发布者依然可以为自己辩护（因为它是真的）。你能识破其中奥秘吗？真值函数逻辑可以助你一臂之力！

你完全有可能赢取

1 000 000.00 美元

如果你遵循指导并交回中奖号码！

　　答案：因为里面根本就没有任何中奖号码，所以合取支"你遵循指导并且（你）交回得奖号码"也将是假的，即使你遵循指导。由于这个合取支是整个假言命题的前件，而前件为假的假言命题是真的，所以信息发布者就可以为自己辩护。

　　当然，不具备批判性思维的信息接收者会把前件理解为比如"如果你按指导交回中奖号码（好像其中真有中奖号码似的）"，这些人就可能兴奋地把自己的钱拱手送给信息发布者。

　　真值表左边的三列，也就是 P、Q 和 R 下面的三列，是我们的参考列，它们是按照我们前面讨论过的方式建立起来的。它们决定真值表中其他各列的内容。根据第二和第三列（也就是 Q 和 R 下面的列），我们可以给 Q & R 下面的一列填上内容。注意，这一列仅仅在第一行和第五行中为 T，因为该行中的 Q 和 R 都是真的。接着，根据 P 下面的一列和 Q & R 下面的一列，我们可以给最后一列填上内容，那就是整个命题形式的真值。只有在第二、第三和第四行，它才是假的，这些行都是前件为真而且后件为假的。

　　我们的真值表所呈现的是对原命题的真值函数的分析。这种分析展示的是复合命题的真值取决于作为其构成部分的简单命题的真值。

　　如果至此你还没有理解真值表、真值函数符号等概念，请认真学习、掌握这些内容。你还要学会建立由三个或更多字母组成的判断形式的真值表。接下来我们将学习的内容都是以此为基础的。就像建筑一样，只有在坚实的基础上，才能构造牢固的大厦。请你们扎实掌握这里所介绍的基础知识。

最后需要注意的是：如果两个命题的真值表完全相同，就说明它们是相互等值的。两个命题的真值表相同是指，在这两个命题的真值表的每一行里，T 和 F 都完全相同。一般地说，当两个命题相互等值时，就可以用一个替换另一个。从真值函数的角度看，它们互相蕴涵。

10.2　用符号表达复合命题

虽然初学时往往并不清楚该怎样用符号来表达一个命题，但通过掌握其技巧，经过适当地练习，你就会发现，用符号来表达复合命题清楚易行。本节我们将介绍相关技术，并提醒你多多练习。

当你用符号来表达复合命题的时候，就是在揭示它的真值函数结构。其关键是，用符号表达的命题形式与最初的日常语言所表达的命题要相互等值，即在任何情形下，它的真假都和原命题一致。让我们通过例子来看在用符号表达复合命题时会遇到的典型问题。

10.2.1　"如果"与"仅当"

就像在第 9 章中转换直言命题时一样，用符号表达真值函数命题时，至关重要的是，仔细阅读并谨慎判断原命题所表达的意思。

在用符号表达真值函数命题时，最困难的就是用符号表达假言命题。用日常语言表达这类命题的方法很繁杂，以至于想弄清楚它并不容易。好在短语"如果"和"仅当"联结了大量的假言命题，因而掌握它们的用法，对于解决问题犹如捷足先登。下面的规则值得记住：

> 语词"如果"单独使用时，引入的就是假言命题的前件。
>
> 语词"仅当"则引入假言命题的后件。

换言之：一个简单命题到底是假言命题的前件还是后件并不取决于其出现的位置，而是取决于联结它的逻辑连接词。例如：

> 摩尔身上会湿的，如果帕克弄翻了船。

该命题中含有"帕克"的部分是前件，虽然它出现在含有"摩尔"的部分之后。这个命题要表达的是：

> 如果帕克弄翻了船，摩尔身上会湿。

用符号来表达这个命题的形式就是：$P \rightarrow M$，其中，"如果"引入的那个命题是前件。再看下面的例子：

> 帕克会买单，仅当摩尔击中 9 号球。

这个命题就与前例不同了。该命题中，含有"帕克"的部分是前件，因为"仅当"联结的部分是假言命题的后件。这个命题与下述命题等值：

> 如果帕克买单（P），那就是摩尔击中了 9 号球（M）。

用括号里的字母来代表各简单命题，这个命题用符号也可表达为：$P \rightarrow M$。

我们可以在假言命题的前件之前使用"如果"，也可以在假言判断的后件之前使用"仅当"；通过这两种方式所得到的是相互等值的命题。正如上述出现连接词"如果"的例子，由连接词"仅当"所联结的命题出现的位置并不重要，"摩尔身上会湿"尽管出现在命题的开端，但它是假言命题的后件；"仅当"所联结的"摩尔击中 9 号球"即使出现在句首，它也依然是假言命题的后件。

> 仅当摩尔击中了 9 号球，帕克才会买单。

这个命题的符号表达依然是：P → M。

做了就下地狱，如果不做呢……

胆怯的、不信的、可憎的、杀人的、淫乱的、行邪术的、崇拜偶像的和所有说谎话的，他们都会在燃烧着硫黄的火湖里

——启示录 21：8

我们看到一个教派在用于拯救信徒的小册子上印着上面的文字。请注意，所谓引自《圣经》的文字并不是说：如果你相信，就不会下地狱；它说的是：如果你不信，就会下地狱。

综合关于"如果"和"仅当"这两个词语的经验，我们就不难用符号表达短语"当且仅当""当且仅当"所联结的命题既是前件又是后件。P 当且仅当 Q 就表达为：

$$(P \rightarrow Q) \,\&\, (Q \rightarrow P)$$

当然，还有其他联结假言命题的词语。"只要"在引出假言命题的前件时，跟词语"如果"的作用是一样的。对于命题"摩尔将买这辆车，只要销售者赠送他足够的零备件"，若用"如果"来替换其中的"只要"，那么所得的命题与这个命题等值。

10.2.2　必要条件和充分条件

人们在提及假言命题的时候往往会考虑必要条件和充分条件。如：

> 要引起燃烧必须有氧气存在。

这就是说，没有氧气就不会产生燃烧，或者说，如果要引起燃烧（C）就必须提供氧气（O）。需要注意的是，必要条件是假言命题的后件：C → O。

充分条件是确保某事发生的条件。出生于美国就是成为美国公民的充分条件——仅凭这一点，一个人就可以成为美国公民。充分条件是假言命题的前件，所以"如果胡安于美国出生（B），那么胡安是美国公民（C）"表达为：B → C。

正如必要条件和充分条件之间不仅相互区分，也相互联系一样，"如果"和"仅当"之间也是既相互区分，又相互联系。词语"如果"只联结充分条件，短语"仅当"则只联结必要条件。所以，命题"X 是 Y 的必要条件"应该表达为：Y → X。

"如果"和"仅当"之间的混淆

你要安装并运营 SE 数字艺术公司发布的 flasher3.0 版吗？SE 数字艺术公司声称它是安全的，如果你相信该公司宣称的，你就会安装或浏览该软件的内容。

——典型的下载警示语

或许，警示者的意思是"仅当"而不是"如果"，你能理解个中原因吧？

往往会出现如下情形：一事物既是另一事物的必要条件，也是它的充分条件。比如：如果简支付她在全国符号逻辑学会的会费，她就可以延续会员资格（支付会费是充分条件），而且，不支付会费她就无法延续会员资格（支付会费又是必要条件）。那么，我们可以将此表述为"当且仅当简支付会费（M），她能延续全国逻辑学会的会员资格（D）"，用符号表达就是：(M → D) & (D → M)。

人们在实际表达中陈述必要条件和充分条件时往往并不严谨。一名父亲告诉女儿："仅当打扫完房间，你才可以看电视。"女儿通常会把"打扫房间"当作"允许她看电视"的充分必要条件。这也许正是父亲试图表达的意思。但是请注意,父亲实际表达的只是必要条件;严格地说,如果女儿打扫完房间,父亲还是不让她看电视,父亲也没有违背他所说的话。为了更准确地表达,或许父亲该向女儿学学逻辑。但如果由此引起了父女之间的争论,我们中的大多数都会站在女儿这边。从字面上看,父亲所用的"仅当"引出的是必要条件而不是充分条件。

你说我不及格是什么意思?你告诉我只有我通过了
决赛我才能通过这门课,而我通过了决赛!

10.2.3 "除非"

若要用符号表达命题"波拉将取消赎回权,除非昆西付清全款",我们可以把它写成 $\sim Q \rightarrow P$,因为原命题和"如果昆西没付清全款,那么波拉会取消赎回权"是等值的。但更为简便的是,看看 $\sim Q \rightarrow P$ 的真值表是什么。如果你已经熟悉基本真值表,你就会发现它的真值表和 $P \lor Q$ 的是一样的。实际上,你完全可以把词语"除非"视为"或",用符号" $\lor$ "来表示。

10.2.4 "或者……或者"

有时我们需要准确地知道一个析取命题从哪里开始，词语"或者"就能给我们提供这方面的指引。比较下面两个命题：

或者 P 和 Q，或者 R
P 且或者 Q 或者 R。

这两个命题所陈述的不同，它们的真值表也不同，它们之间唯一的区别就在于词语"或者"的位置；忽略这个词，命题就是模棱两可的。"或者"告诉我们第一个析取命题从 P 开始，而第二个命题中的析取命题从 Q 开始。所以第一个命题用符号表达为（P & Q）∨ R，而第二个命题用符号表达为 P &（Q ∨ R）。

在假言命题中，词语"如果"所起的作用和"或者"在析取命题中所起的作用是一样的。注意下面两个命题的区别：

P 且如果 Q 那么 R
如果 P 且 Q 那么 R

"如果"告诉我们，第一个命题中的前件是 Q，而第二个命题中的前件是 P 且 Q。这两个命题的符号表达分别是：

P &（Q → R）
P & Q → R

总之，为了正确地用符号表达一个命题，要十分细心地分析判断该命题陈述的是什么——这通常意味着问你自己，什么会使这个命题为假（或为真）。然后努力创建一个做相同陈述的符号表达式——其为假（或为真）的条件与原命题相同。而要实现这一点，多练习是不二的选择。

10.3   真值函数论证模式（简版）

本节作为如下两节（"真值函数论证"与"演绎"）的替代选择。想较为深入地了解真值函数逻辑的读者请跳过本节，直接进入后面的学习，后面两节对符号逻辑做了较为全面的简明介绍。对于想更快地了解相关内容的读者而言，阅读本节内容就能满足需求。

10.3.1   三种常见的有效论证模式

对于三种常见的真值函数论证我们是如此习以为常，以至于我们可以不加思考地运用这些论证。尽管如此，识别和理解它们依然至关重要，因为有一些论证，表面看起来与有效论证类似，但其实不然。

我们先复习一下"有效"的概念。一个有效的论证，其前提对于结论而言具有保真性。换言之，一个有效的论证不可能出现如下情形：其前提为真而结论为假。只要有出现前提为真而结论为假的可能性，这个论证就是无效的。

10.3.1.1   肯定前件式

肯定前件式（modus ponens）论证有两个前提，其中一个前提是假言命题，另一个前提肯定假言命题的前件，其结论则是断定假言命题的后件（对"前件""后件"概念的理解参见 10.1 所述。后面我们将在论证的前提与结论之间以水平线进行分隔，水平线表示"所以"，水平线之下是论证的结论）。肯定前件式的论证模式是：

如果 P，那么 Q

P

所以，Q

上面论证中的一个前提是假言命题，另一个前提肯定了前件 P，结论断定了后件 Q。所有满足上述形式的论证都是有效的。例如

> 例 1：如果裁判计点数时有利于曼德勒，曼德勒就会在拳击赛中获胜。
>
> 裁判计点数时的确有利于曼德勒。
> _____
> 所以，曼德勒在拳击赛中获胜。

前面我们已经说过，除了"如果……那么……"以外，还有其他表达假言命题的方式。例 1 的论证也可以表达为如下的方式。

> 例 2：曼德勒将获胜拳击赛，只要裁判计点数时有利于曼德勒。
>
> 裁判计点数时的确有利于曼德勒。
> _____
> 所以，曼德勒在拳击赛中获胜。

下面的两例也是肯定前件式的论证，看了相关的解释你就会明白这一点。

> 例 3：发动机正常工作。
>
> 仅当电路极性反转时发动机才正常工作。
> _____
> 电路极性的确反转了。

这个例子中的第二个前提是假言命题，"仅当"所连接的"电路极性反转"是假言命题的后件（参见 10.2）。各前提表达的先后顺序是无关紧要的，这个例子就是先陈述假言命题的前件，再陈述整个假言命题。

> 例 4：在 2600 摄氏度尚未熔化就足以断定物品不是钢铁制成的。
>
> 该物品在 2600 摄氏度尚未熔化。
> _____
> 该物品不是钢铁制成的。

在例 4 中，第一个前提是假言命题，"就足以断定"表达充分条件，在它之前的是前件，在它之后出现的部分是后件。

10.3.1.2　否定后件式

否定后件式论证（modus tollens）有两个前提，其中一个前提是假言命题，另一个前提否定假言命题的后件，其结论则是否定假言命题的前件。这种论证的模式是：

如果 P，那么 Q

~ Q
_____

所以，~ P

必须注意的是，非假言命题的那个前提所否定的是假言命题的后件而不是其前件。否则，论证就是无效的，我们将在下文说明这一点。所有符合否定后件形式的论证都是有效的。人们或许会这样运用否定后件式论证："如果发生了事件 X，就一定会出现 Y；事实上并没有出现 Y，所以并未发生 X。"

以下各例都是否定后件式论证，相信你们能明白为什么它们都符合这种论证模式。

例 1：如果要新发动机正常工作，就要让电路极性反转。

但电路极性尚未反转。
_____

新发动机还不能正常工作。

例 2：如果歌曲是 A 小调，其音阶中就没有黑键。

这首歌曲的音阶中有黑键。
_____

这首歌曲不是 A 小调。

例 3：如果他按时提交表格，就会被自动录取，但是他没有被自动录取，所以他没有按时提交表格。

例 4：比尔没有 AT&T 手机，但如果他有早期的苹果手机他就有 AT&T 手机，所以，显然他没有早期的苹果手机。

关于否定后件式我们最后要说的是："归谬法"的逻辑结构就是这种论证模式。归谬法在科学研究和数学中被广为运用（有时候被称为"间接证明"）。归谬法的思考路径就是：试图表明某命题显然导致（蕴涵）第二个命题，而第二个命题不可能为真，所以第一个命题也不可能为真。

10.3.1.3　假言连锁论证

假言连锁论证（chain argument）的前提和结论都由假言命题组成，其论证模式是：

如果 P，那么 Q
如果 Q，那么 R
――――――――――――
所以，如果 P，那么 R

在这个论证模式中，简单命题 P、Q、R 的顺序很重要。在前的假言命题的后件与其后的假言命题的前件必须完全相同，结论是第一个假言命题的前件蕴涵最后一个假言命题的后件。下面的排列方式或许能帮助你直观地理解这一点：

如果 P……那么 Q
如果 Q……那么 R
如果 P……那么 R

Q 是第一个假言命题的后件，也是第二个假言命题的前件，正因如此，结论中的前件 P 和后件 R 之间产生了蕴涵关系的联结。以下各例都是假言连锁论证：

例1：如果凯西参会，那么西蒙也参会。

如果西蒙参会，那么克里斯也参会。

如果凯西参会，那么克里斯也参会。

例2：如果门把手很轻，它那就是铝制品，如果是铝制品，就很难焊接，所以，如果门把手很轻，它就难以焊接。

例3：如果照片运用的是达盖尔银版法[⊖]，那么这照片晚于1837年出品，而晚于1837年出品的照片中的人不可能是黑格尔，所以，如果照片采用的是达盖尔银版法，那么，照片中的人不会是黑格尔。

例4：如果墨西哥湾的漏油事件一直持续到8月份，那么其漏油量将是埃克森油轮瓦迪兹号在阿拉斯加港湾漏油量的10倍，如果它的漏油量高于阿拉斯加港湾漏油量如此之多，那将是迄今为止最大的人为环境灾难。请读者自己根据上述前提得出结论。

⊖ 又称银版照相法，由达盖尔发明于1839年。

10.3.2 三种谬误：无效的论证形式

以下三种论证形式虽然看起来很像有效的论证，但实际都是无效的。让我们来识别这几种论证并分析它们为何通不过有效性检验。

10.3.2.1 肯定后件式

初学者很容易混淆这种论证形式与肯定前件式，而没有注意到它们之间的区别。肯定后件式的两个前提中，一个是假言命题，另一个肯定假言命题的一部分；结论肯定假言命题的另一部分。但是，肯定前件式在前提中所肯定的是假言命题的前件，而结论中所肯定的是假言命题的后件；肯定后件式这种错误的论证形式在前提中所肯定的是假言命题的后件，而在结论中所断定的是假言命题的前件，肯定后件式也因其在前提中肯定后件而得名。肯定后件式的论证形式为：

> 如果 P，那么 Q
>
> Q
> _____
> 所以，P

读者可以比较一下这个论证形式与肯定前件式的不同。肯定后件式有可能出现两个前提都真而结论为假的情况：如果 Q 为真而 P 为假，就使得两个前提都真而结论为假。前件为假的假言命题为假，而一个有效的论证绝不会出现前提为真而结论为假的可能。请牢记：通过一个假言命题和其前件可以有效地推出其后件作为结论，但通过假言命题和其后件却不能有效地推出其前件作为结论。

例 1：如果谢莉读过《理想国》，她就会知道特拉西马斯库是谁。显然，谢莉知道特拉西马斯库这个人物，我们可以得出结论：谢莉读过《理想国》。

例2：如果产自老藤园，那么仙芬黛口感很棒，事实上，这仙芬黛口感很棒，所以它产自老藤园。

10.3.2.2　否定前件式

这种错误的论证形式容易与否定后件式相混淆。否定后件式是通过一个假言命题以及对其后件的否定有效地推出结论：否定其前件。否定前件式则是错误的论证形式，它试图通过假言命题以及对其前件的否定，推出否定其后件作为结论。这个无效的论证形式为：

如果 P，那么 Q

～P
_____

所以，～Q

如果 P 为假而 Q 为真，那么这个论证的前提为真而结论为假，所以，它是无效的论证形式。请看以下例证：

例1：如果杰瑞德努力准备期末测试，他会通过这门课程。但杰瑞德并没有为期末测试而学习，所以他当然通不过这门课程。

例2：乔尔会被自动录取，只要他按时提交表格，遗憾的是他未能按时提交表格，所以他不会被自动录取。

10.3.2.3　貌似假言连锁的错误论证

这种错误论证可以被视为：真值函数版的中项不周延。它虽然看起来像假言连锁论证：前提和结论都由假言命题组成；但它的两个前提具有相同的后件，所以其前提之间不存在第一个前提的后件和第二个前提的前件之间的"连锁"关系。其形式为：

如果 P，那么 Q

> 如果 R，那么 Q
> ────────────
> 所以，如果 P，那么 R

如果 P、Q 都为真而 R 为假，上述论证形式就是前提为真而结论为假，因而是无效的论证形式。请看如下例证：

> 例 1：如果罗宾逊事业非常成功那么他很著名，而且，如果他极其富有，他也会很著名，所以，如果罗宾逊事业非常成功那么他极其富有。

> 例 2：如果你吃鱼那么你是肉食者，如果你不挑食那么也是肉食者，所以，如果你吃鱼那么你不挑食。

10.4　真值函数论证（详版）

直言三段论（在第 9 章里讨论过）共有 256 种形式，真值函数的论证形式则可能是无穷多。尽管如此，检验真值函数论证是否有效的方法也足以检验任何一种真值函数论证。接下来，我们将介绍三种检验方法：真值表法、简化真值表法和演绎法。

让我们先复习一下"有效"这个概念。当且仅当前提为真能保证结论为真时，一个论证是有效的——也就是说，如果其前提为真，结论就不可能为假（记住，我们并不关注前提实际是否为真）。

10.4.1　真值表法

运用这种方法检验论证是否有效，需要熟悉含有四种逻辑符号（∼、&、∨、→）的真值表，所以，请做必要的复习以确保你已经清楚地理解了相关知识。这里仅介绍如何运用这些方法：建构论证的真值表，罗列各命题变元真值的所有可能情况，然后看是否存在前提为真（作为前提的每一个命题都真）而结论为假的可能。如果有这种情况——只要真值表里有一行就足够了——那么这个论证就是无效的。

让我们看一个简单的例子。P 和 Q 代表任意两个命题，下面是用符号表达的论证：

P → Q

∼ P

所以，∼ Q

该论证的真值表如下，前提中的每个部分都被单独设为一列，最后一列代表结论：

1	2	3	4	5
P	Q	∼ P	P → Q	∼ Q
T	T	F	T	F
T	F	F	T	T
F	T	T	T	F
F	F	T	F	T

真值表的前两列列举了论证中命题变元真值组合的所有可能情形，具体排列方法见 10.1 节。第三列和第四列分别是论证中的两个前提，第五列是论证的结论。每一行中前提及结论的真值都取决于该行中命题变元的真值。请注意，在这个真值表的第三行，两个前提都是真的而结论却是假的，这就告诉我们该论证有可能前提为真而结论为假，因此，这个论证是无效的。无论命题变元 P 和 Q 代表什么，具有这一模式的论证都是无效的。下面是此类论证形式的一个例子：

如果圣徒队打败了 49 人队，那么巨人队就会进入季后赛。但是圣徒队不会打败49人队，所以巨人队不会进入季后赛。

用 S 代替"圣徒队打败了（或将打败）49人队"，用 G 代替"巨人队就会进入（或将进入）季后赛"，我们可以用符号表达该论证：

$$S \rightarrow G$$
$$\sim S$$
$$\overline{\sim G}$$

第一个前提是假言命题，另一个前提否定该假言命题的前件，结论否定该假言命题的后件。该论证的结构与上述我们给出真值表的论证完全一样，所以，它也是无效的。

让我们再看一个例子：

将有大量北极气团（A）流向中西部，除非急流（J）向南移动。可惜，急流不可能向南移动，所以，北极气团将流向中西部。

用符号表达为：

$$A \lor J$$
$$\sim J$$
$$\overline{A}$$

这个论证的真值表为：

1	2	3	4
A	J	A∨J	∼J
T	T	T	F
T	F	T	T
F	T	T	F
F	F	F	T

注意，该真值表的第三列代表的是论证的第一个前提，第四列代表第二个前提，命题变元中的一个（也就是第一栏）代表结论。

我们要知道这个论证是否有效，就要看有无可能其前提为真而结论为假，如果有这样的可能性，那么在真值表中会表现出来，因为真值表罗列了命题变元 A 和 J 真值组合的所有可能情况。该真值表只有在第二行里，前提都是真的，检查该行中的结论 A 就会发现，在该行里结论也是真的。因此，没有这样一种可能，其中前提为真而结论为假。所以该论证是有效的。

下面是一个复杂些的例子：

如果斯嘉丽在该案中有罪，那么怀特夫人肯定没有锁后门并且上校肯定在十点之前就就寝了。然而，或者怀特夫人锁了后门，或者上校在十点之前并没有就寝。因此，斯嘉丽无罪。

为表示这个论证的形式，我们用字母表示简单命题：

S= 斯嘉丽在该案中有罪。

W= 怀特夫人没有锁后门。

C= 上校在十点之前就寝。

用符号来表达这个论证：

$$S \rightarrow (W \mathbin{\&} C)$$
$$\underline{\sim W \vee \sim C}$$
$$\sim S$$

让我们仔细思考一下这个论证。你在阅读的时候，请参考前面用符号来表达命题的部分。注意第一个命题是假言命题，前件为"斯嘉丽在该案中有罪"，后件是一个合取命题。回想一下合取命题的真值表就会发现，要想使得该合取命题为真，"怀特夫人没有锁后门"和"上校在十点之前就寝"必须都为真。而第二个前提是一个析取命题，它告诉我们或者怀特夫人锁了后门或者上校在十点前并没有就寝。但是如果这两个析取支中有一个或两个是真的，那么前面的合取命题中就至少有一个支判断是假的，所以不会出现合取判断的支判断都真的情况。这就意味着符号 W & C 所表达的合取命题一定为假，即假言前提的后件是假的。在这种情况下，怎样才能使假言前提为真呢？唯有其前件也为假，也就是说，结论"斯嘉丽无罪"肯定是真的。

前三列是命题变元，第七和第八列是论证的前提，第九列是论证的结论。第四列对第六列分别是命题形式的各构成部分。如果我们足够熟练，可以省略这些，但列出它们让计算第七和八列的真值更为简单。

只要填好了真值表，评估论证是否有效就简单了。我们只要看是否能找出前提为真而结论为假的行，只要能发现哪怕一行，就足以证明论证无效。

1	2	3	4	5	6	7	8	9
S	W	C	～W	～C	W & C	S → (W & C)	～W V ～C	～S
T	T	T	F	F	T	T	F	F
T	T	F	F	T	F	F	T	F
T	F	T	T	F	F	F	T	F
T	F	F	T	T	F	F	T	F
F	T	T	F	F	T	T	F	T
F	T	F	F	T	F	T	T	T
F	F	T	T	F	F	T	T	T
F	F	F	T	T	F	T	T	T

该例中，我们发现只在真值表的最后三行中前提都是真的，而这几行里，结论也是真的。所以不存在这种情况——真值表里没有这样一行——其中前提都为真而结论为假。因此，该论证是有效的。

10.4.2 简化真值表法

尽管通过完整的真值表总是能准确地判断真值函数论证是否有效，但它也确实是相当冗长烦琐的工作。幸运的是，有一种更简单易行的方法可以帮助我们找到答案。这种判定真值函数论证有效或无效的简单易行方法就是简化真值表法。该方法背后的理念是：如果一个论证是无效的，那么在论证的真值表中至少有一行使得前提为真而结论为假。简化真值表法就是直接去寻找真值表中的这一行。请看下面的论证形式：

$$P \rightarrow Q$$
$$\sim Q \rightarrow R$$
$$\overline{\sim P \rightarrow R}$$

先看论证的结论：结论是假言命题，只有一种方法使其为假，即使其前件为真而后件为假。为满足这一点，就要令 P 和 R 都为假。

在结论为假的条件下能让两个前提都真吗？只要 Q 为真，就可以满足这一点。也就是：

$$\frac{P \quad Q \quad R}{F \quad T \quad F}$$

命题变元的这种真值组合使得两个前提都真而结论为假，因而证明了这个论证是无效的。我们不必烦琐地创建整个真值表而只需给出与证明论证无效相关的一行。如果论证是有效的，我们就无法找到这样一行。

下面说明针对有效的论证如何运用这种方法：

$$(P \lor Q) \rightarrow R$$
$$S \rightarrow Q$$
$$\overline{S \rightarrow R}$$

使得该论证结论为假的唯一方法是让 S 为真而 R 为假。所以要做如下赋值：

$$\frac{P \quad Q \quad R \quad S}{\quad \quad \quad F \quad T}$$

既然 S 为真，为使第二个前提为真就要 Q 为真。由此继续赋值：

$$\frac{P \quad Q \quad R \quad S}{\quad \quad T \quad F \quad T}$$

但基于上述真值，根本不可能使得第一个命题为真，因为 P∨Q 为真（既然 Q 为真）而 R 为假。因为除上述赋值方法外，没有其他方法使得结论为假而第二个前提为真，又因为这唯一的赋值方法无法使得第一个前提为真，所以我们就能得出结论：该论证有效。

有时候，可能有不止一种方法让论证的结论为假。例如：

$$\left. \begin{array}{l} P \,\&\, (Q \lor R) \\ R \to S \\ P \to T \end{array} \right\} \text{努力使它们为真}$$

$$\left. \begin{array}{l} \overline{S \,\&\, T} \end{array} \right\} \text{努力使它为假}$$

因为该论证的结论是合取命题，如果有一个或两个合取支为假，它就为假，这就意味着如果从结论入手，我们可以让 S 为真 T 为假，或者 S 为假 T 为真，或者 S 和 T 都是假的。但我们要尽可能避免麻烦，所以我们要看是否可以从其他地方入手。（记住：该方法的理念是试着给字母赋值，使得前提为真而结论为假。如果我们能做到，此论证就是无效的。）

在这个例子中，要使得第一个前提为真，我们必须给字母 P 赋真值。因为前提是一个合取命题，而要使它整体为真，它的两个部分必须都为真。那就是我们寻找的东西：在那里我们被要求给一个或更多的字母赋真或假值。我们赋值之后，看看它们给我们什么线索。在这个例子中，一旦给 P 赋真值，我们就可以发现，要使第三个前提为真，必须使得 T 为真（因为一个真的前件和假的后件会使该前提为假，而我们要努力使每个前提都为真）。

在使 T 为真之后，我们发现要使得结论为假，S 必须为假，所以我们给 S 赋假值。这个任务做完之后，我们只要给 Q 和 R 赋值就行了。

P	Q	R	S	T
T			F	T

我们还能给其他字母确定地赋值吗？是的，我们必须使得 R 为假，从而使得第二个前提为真。在做完这步赋值之后，你会发现 Q 必须为真才能保证第一个前提为真。所有命题变元的赋值情形为：

P	Q	R	S	T
T	T	F	F	T

这就是该论证的真值表里的一行——也是唯一的一行——该行的字母真值使得论证的所有前提为真而结论为假。因此，这一行就证明了该论证是无效的。

上例中，第一个前提可以让我们确定地给一个字母赋值，但有时候结论或任何一个前提都不能让我们确定地给任何字母赋值。遇到这种情况时，我们必须借助试错法：通过一种赋值让结论为假（或一些前提为真），看看能否使得前提为真而且结论为假，如果不能，就进行另一种赋值。如果所有赋值情形都不能使得前提为真而结论为假，那么这个论证就是有效的。

通常，真值表里有不止一行使得前提为真而结论为假，其中任何一行都可以证明论证无效。不要形成错误的观念：即仅仅因为有一行前提都真而且结论也真，就认为结论能从前提中推出，即论证有效。要证明论证有效，必须是所有前提为真的行中，结论都为真。

复习：试图给命题形式中的字母赋真假值，使得所有前提为真而结论为假。或许有不止一种赋值可以做到这一点，其中任何一种赋值都可以证明该论证是无效的。如果不可能使得前提为真而结论为假，那么该论证就是有效的。

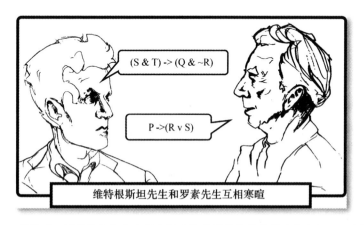

维特根斯坦先生和罗素先生互相寒暄

伯特兰·罗素是我们在本章中探索的逻辑系统的最早开发者之一。路德维希·维特根斯坦是他的学生，两人被认为是 20 世纪所有哲学家中最重要的成员。

10.5 演绎

我们下面所关注的方法在证明论证无效上作用甚微，但该方法在证明论证有效方面有优势，这个方法就是演绎（deductions）。

运用演绎方法，实际上就是通过一系列基本真值函数有效论证模式从前提推出结论。仿佛"在头脑里过一遍"该论证，逐步探究，假设所有前提都真，如何得出最终结论。起初解释基本论证模式时，我们会举例说明演绎方法是如何运作的。这些基本论证模式将作为真值函数推理的规则，因为这些基本论证模式支配着我们从前提推出结论的具体步骤。

10.5.1 第一组规则：有效论证的基本模式

在学习第二组规则之前你应该学会并熟练运用第一组规则。

规则 1：分离规则（MP），也称肯定前件式

这种模式的任何论证都是有效的。

$$P \rightarrow Q$$
$$\underline{P}$$
$$Q$$

如果前提之一是假言命题，而另一个前提是第一个假言命题的前件，那么，根据分离规则，就可以从这两个前提中推出假言命题的后件作为结论。作为假言命题的构成部分的命题不必是简单字母——如果在 P 的位置上是一些更复杂的表达式，如（P∨R），只要在上述模式中 P 出现的任何地方都是该复合表达式，就还是上面的推理模式。如：

1.（P∨R）→Q　　　前提

2.　P∨R　　　　　　前提

3.　Q　　　　　　　根据分离规则，从前提推出的结论

该推理就是，如果在演绎的一行中有一个假言命题，而另一行是这个假言命题的前件，那就可以在新的一行中记下该假言命题的后件。

如果上述假言命题的后件是该论证的结论，那么，演绎推理就完成了——结论已经得出。如果它还不是你所关注的论证的结论，那么，该假言命题的后件可以作为推出你所寻找的结论的另一个前提。例如：

1.P→R

2.R→S

3.P　　　所以，S

我们给论证的三个前提标上了数字，把结论放在旁边（此后，我们将用一根斜线和三个点 [／∴] 来代替"所以"，作为结论的提示词）。注意，第一行是一个假言命题，第三行是它的前件。分离

规则允许我们写下第一行的后件作为我们演绎中新的一行：

4. R　　　　1，3，MP

这一行右边所标的是推理规则的缩写以及规则所作用的各前提，这些标注被称为演绎的注解。接着我们可以利用该演绎中新的一行来得出我们最初寻找的结论，即 S。

5. S　　　　2，4，MP

我们再次使用了分离规则，这次是通过第二行和第四行得出结论的。对于我们是如何得出这个结论的，也在右侧做了标注以解释。

请注意分离规则的准确适用。可以对其运用分离规则的假言命题必须是独立的，如果假言命题只是某复合命题的支命题，就不能对其运用 MP 规则。比如：

(P→Q)∨R

P
_____

Q∨R　　　　（错误）

这就是不规范地运用 MP 规则。第一行的确有一个支命题是假言命题，第二行也的确是第一行的假言命题的前件，但分离规则不能运用到作为支命题的假言命题之上。下面的假言命题则可以运用分离规则：

P→(Q∨R)

P
_____

Q∨R

规则 2：否定后件式（MT）

否定后件式的推理模式如下：

P→Q

∼Q
_____

∼P

如果一个前提是假言命题，而另一前提否定该假言命题的后件，那就可以写出假言命题的前件的否定作为演绎的结论。下面的演绎推理运用了前面两条规则：

1. $(P \& Q) \rightarrow R$
2. S
3. $S \rightarrow \sim R$ $/ \therefore \sim (P \& Q)$
4. $\sim R$ 2，3，MP
5. $\sim (P \& Q)$ 1，4，MT

在这个演绎中，根据 MP 规则，我们从第二行和第三行推出第四行，然后根据 MT 规则，由第四行和第一行推出第五行，而第五行就是我们所寻找的结论。第一行的假言命题的前件自身就是合取命题（P & Q），但这并不影响我们进行演绎；第五行恰恰是第一行的假言命题的前件的否定，这才是最重要的。

规则 3：连锁论证式（CA）

$$P \rightarrow Q$$
$$\frac{Q \rightarrow R}{P \rightarrow R}$$

若前提中的两个命题都是假言命题，而且一个假言命题的前件正好是另一个假言命题的后件，连锁论证（chain argument）规则就允许你从这两个假言命题中推导出一个假言命题做结论。

如果美元贬值……5 个假言命题构成的连锁

有效的论证模式事实上相当普遍。这是《时代》杂志中的一篇文章，讲为什么弱势美元将威胁股票市场：

"为什么我们应该小心？……如果美元继续贬值，可能会引导投资者把资金转向正在升值的货币，那将会导致美国市场低迷……因为外国人持有几乎 40% 的美国国债，任何撤资都会导致利率上涨的风险，这最终会威胁……股票市场。"

> 这里的连锁论证相当明显。其效应为：如果美元贬值，那么投资者的资金将转向正在升值的货币。如果投资者这么做了，那么美国市场就走向低迷。如果美国市场低迷，那么美国国债的利息率就会上升。如果利息率上升了，那么……市场瘫痪。（因此，如果美元贬值，那么……市场瘫痪。）

规则4：析取论证式（DA）

$$P \lor Q$$
$$\frac{\sim P}{Q}$$

$$P \lor Q$$
$$\frac{\sim Q}{P}$$

一个前提是析取命题，另一个前提否定其中一个析取支，则可以推出另一个析取支。

规则5：合取分解式（SIM）

这是显而易见的，但我们需要其显而易见的理由：

$$\frac{P \And Q}{P}$$

$$\frac{P \And Q}{Q}$$

如果合取命题是真的，那么合取支一定都是真的。因而，以一个合取命题为前提可以演绎地推出任意一个合取支为结论。

规则6：合取合成式（CONJ）

$$P$$
$$\frac{Q}{P \And Q}$$

这条规则允许你从前提中推出一个合取命题作为结论，该结论由各前提作为合取支构成。

规则7：析取附加式（ADD）

$$\frac{P}{P \lor Q}$$

$$\frac{Q}{P \lor Q}$$

显然，无论 P 和 Q 代表什么命题，只要 P 是真的，或者 P 或者 Q 一定为真。一个析取支为真则整个析取命题为真。

规则 8：两难推理的构成式（CD）

P → Q

R → S

$\dfrac{P \lor R}{Q \lor S}$

以两个假言命题和它们的前件的析取为前提可以推导出一个析取命题为结论，结论的析取支分别是上述两个假言命题的后件。

规则 9：两难推理的破坏式（DD）

P → Q

R → S

$\dfrac{\sim Q \lor \sim S}{\sim P \lor \sim R}$

以两个假言命题和它们的后件的否定的析取为前提可以推导出一个析取命题为结论，结论的析取支分别是上述两个假言命题的前件的否定。

工作中的逻辑

现实中，在解决机动车故障时往往也会涉及大量的演绎推理。例如："问题是滤油器堵了或者燃油泵坏了。我们已经更换了滤油器，问题不在那儿，所以是燃油泵坏了。"这里就运用了第一组推理规则。

10.5.2　第二组规则：真值函数的等值式

本组规则与第一组规则之间有如下重要区分。首先，本组规则的表达式都是真值函数的等值式。也就是说，每一条规则中都含有两个虽然表达形式不同但真值完全相同的符号形式。我们用双向箭头 ↔ 来表示可以从其中任意一个推出另一个（第一组规则只允许单方向的推导：从前提到结论）。其次，本组规则中相互等值的表达式之间可以相互替换。如果在演绎中有一个合取支，而且本组规则表明其中一个合取支与某其他表达式等值，我们就可以用后者替换前者。看完例证后我们将会明白如何进行真值替换。

运用第二组规则的总原则是：相互等值的命题之间可以相互替换。与第一组规则一样，本组规则中，只要每条规则中相同字母所表达的判断总是相同的，P、Q 等就可以作为任意一个判断的符号。

规则 10：双重否定律（DN）

P ↔ ∼∼ P

规则 10 表明，无论对于简单命题还是复合命题，我们可以在任意一个命题前添加或删除两个否定符号。该规则允许我们在下述两个表达式之间相互推导：

P → (Q ∨ R)　　　P →∼∼ (Q ∨ R)

因为规则 10 保证表达式 (Q ∨ R) 与其双重否定 ∼∼ (Q ∨ R) 相互等值，这进而保证 P → (Q ∨ R) 与 P →∼∼ (Q ∨ R) 相互等值，所以这两个表达式之间相互蕴涵。下面是运用 DN 规则的实例：

1. P ∨ ∼ (Q → R)
2. (Q → R)　　　　/ ∴ P
3. ∼∼ (Q → R)　　2, DN
4. P　　　　　　　1, 3, DA

对第 2 行运用规则 10 得出第 3 行，而这一行正是第 1 行的一个析取支"～（Q→R）"的否定，依据析取论证的规则就可以得出结论 P。

规则 11：交换律（COM）

$(P \& Q) \leftrightarrow (Q \& P)$

$(P \lor Q) \leftrightarrow (Q \lor P)$

规则 11 允许任意一个合取命题或析取命题的支判断"交换位置"，从而使得复合命题中的支命题出现的顺序正好相反。例如：

$P \to (Q \lor R) \qquad P \to (R \lor Q)$

注意这里只在支命题中，即假言命题的后件中运用了交换规则。

规则 12：蕴涵析取律（IMPL）

$(P \to Q) \leftrightarrow (\sim P \lor Q)$

规则 12 允许依据需要将假言命题转换为相应的选言命题，反之亦然。下面的例子是规则 12 的运用：

$(P \lor Q) \to R \leftrightarrow \sim (P \lor Q) \lor R$

规则 13：假言易位律（CONTR）

$(P \to Q) \leftrightarrow (\sim Q \to \sim P)$

在第 9 章中我们学习过直言命题的换质位运算，规则 13 就是真值函数版的换质位运算。该规则允许我们将假言命题前后件的位置互换，但要分别在前后件的前面加上或去掉否定符号。如：

$(P \& Q) \to (P \lor Q) \leftrightarrow \sim (P \lor Q) \to \sim (P \& Q)$

在上面的例子中，等值式的一端前后件前都有否定符号，另一端前后件前都没有否定符号。假言命题的前件或后件中有而且只有一个带否定符号时，依然可以运用规则 13，不过需要采取两个步骤，先运用双重否定规则，再进行假言易位。如：

$(P \lor Q) \to \sim R$

$\sim\sim (P \lor Q) \to \sim R \qquad\qquad \text{DN}$

$R \to \sim (P \lor Q) \qquad\qquad \text{CONTOR}$

足够熟练后，也可以将上述两步合并为一个步骤。

规则 14：德摩根定律（DEM）

$\sim (P \& Q) \leftrightarrow (\sim P \lor \sim Q)$

$\sim (P \lor Q) \leftrightarrow (\sim P \& \sim Q)$

注意，当否定符号从括号前移到括号内时，"&"就要变成"∨"，反之亦然。注意，在德摩根定律中，否定符号的运算与代数中的负号不同。注意当你将$\sim (P \lor Q)$中的否定符号移到括号内时，所得到的不是$(\sim P \lor \sim Q)$，在运用德摩根定律时，将否定符号移到括号内的同时，要将合取连接词与析取连接词互换。你可以把$\sim (P \lor Q)$和$(\sim P \& \sim Q)$读为"非P且非Q"，可以将$\sim (P \& Q)$和$(\sim P \lor \sim Q)$读为"并非P且Q"。

规则 15：条件移出律（EXP）

$(P \rightarrow (Q \rightarrow R)) \leftrightarrow ((P \& Q) \rightarrow R)$

用自然语言表达，条件移出律的意思是，"如果P，那么如果Q，那么R"等值于"如果P且Q，那么R"。

规则 16：结合律（ASSOC）

$((P \& (Q \& R) \leftrightarrow (P \& Q) \& R)$

$((P \lor Q) \lor R) \leftrightarrow (P \lor Q) \lor R)$

结合律告诉我们，当用析取符号或合取符号联结三个变项时，变项之间如何组合是无关紧要的。当一个析取命题的析取支多于两个时，依然是只要其中一个析取支为真，整个命题就为真；一个合取命题无论有几个合取支，要使得合取命题为真，就必须使每个合取支都真。

规则 17：分配律（DIST）

$(P \& (Q \lor R) \leftrightarrow (P \& Q) \lor (P \& R)$

$P \lor (Q \& R) \leftrightarrow ((P \lor Q) \& (P \lor R)$

规则 17 允许我们将合取支分配到析取命题之中，或者将析取支分配到合取命题中。上面的第一例中，等值符号的左边，P 和一个析取式构成了合取式，等值式的右侧，通过将 P 与每一个析取支构成一个合取命题将 P 分配到析取命题中。像德摩根定律一样，分配律也有两个版本，可以采用同样的方式将一个析取支分配到一个合取命题之中，如上述第二例。

规则 18：重言式（TAUT）

$(P \lor P) \leftrightarrow P$

$(P \& P) \leftrightarrow P$

本规则包括为使演绎的过程显然易见而必需表达的一些步骤。

下面的两个例子是对第一组规则和第二组规则的综合运用。请逐行仔细阅读它们。建议你用一张纸遮住你尚未阅读的各行，试试看在不依赖书上答案的情形下你自己会如何思考，并要确保在往下阅读前完全明白每一行是如何由前面得出的。必要时请查阅所使用的规则以确保你真正理解了。

第一个例子较长但也较简单，长度和难度并不总是成正比。

1. $P \rightarrow (Q \rightarrow R)$

2. $(T \rightarrow P) \& (S \rightarrow Q)$

3. T & S $/ \therefore$ R

4. $(T \rightarrow P)$ 2, SIM

5. $(S \rightarrow Q)$ 2, SIM

6. T   3, SIM

7. S   3, SIM

8. P   4, 6MP

9. Q   5, 7MP

10. P & Q   8, 9, CONJ

11. $(P \& Q) \rightarrow R$ 1, EXPT

12. R   10, 11MP

初遇演绎推理时，你往往会不知道如何着手进行推理。一个策略是从结论入手。看看需要得到什么结论，再看看已有的前提，从而确定并得出可以从已有的前提过渡到结论的命题。下例将解释这一点。

1. P → (Q & R)
2. S → ～ Q
3. S　　　　　　　／∴～ P
4. ～ Q　　　　　2，3MP
5. ～ Q ∨ ～ R　　4，ADD
6. ～ (Q & R)　　5，DEM
7. ～ P　　　　　1，6，MT

我们从要得到的结论是～ P 开始。如果我们熟悉假言推理否定后件式的规则，依据第一行，如果得到对其后件的否定，即～（Q & R），就可以得到所要的结论～ P。～(Q & R) 与～ Q ∨ ～ R 相同，只要得到～ Q 或者～ R 中的任何一个，就可以得出～ Q ∨ ～ R。而依据第二行和第三行，通过假言推理的肯定前件式，就可以得出～ Q。稍做训练，你就会发现在大多数情形下这个策略的运用都是简单易行的。

表 10-2 总结了已介绍的所有规则，可供你进行演绎时查阅。

表 10-2　真值函数的演绎规则
第一组规则

1. 分离规则（MP）	2. 否定后件式（MT）	3. 连锁论证式（CA）
p → Q	P → Q	P → Q
P	～ Q	Q → R
Q	～ P	P → R
4. 析取论证式（DA）	5. 合取分解式（SIM）	6. 合取合成式（CONJ）
P ∨ Q　　P ∨ Q	P & Q　　P & Q	P
～ P　　　～ Q	P　　　　Q	Q
Q　　　　P		P & Q

（续）

7. 析取附加式（ADD）	8. 两难推理的构成式（CD）	9. 两难推理的破坏式（DD）
$\dfrac{P}{P \lor Q}$　$\dfrac{Q}{P \lor Q}$	$P \to Q$ $R \to S$ $\dfrac{P \lor R}{Q \lor S}$	$P \to Q$ $R \to S$ $\dfrac{\sim Q \lor \sim S}{\sim P \lor \sim R}$

<table>
<tr><td colspan="3" align="center">第二组规则</td></tr>
<tr>
<td>10. 双重否定律（DN）
$P \leftrightarrow \sim\sim P$</td>
<td>11. 交换律（COM）
$(P \,\&\, Q) \leftrightarrow (Q \,\&\, P)$
$(P \lor Q) \leftrightarrow (Q \lor P)$</td>
<td>12. 蕴涵析取律（IMPL）
$(P \to Q) \leftrightarrow (\sim P \lor Q)$</td>
</tr>
<tr>
<td>13. 假言易位律（CONT）
$(P \to Q) \leftrightarrow$
$(\sim Q \to \sim P)$</td>
<td>14. 德摩根定律（DEM）
$\sim (P \,\&\, Q) \leftrightarrow$
$(\sim P \lor \sim Q)$
$\sim (P \lor Q) \leftrightarrow$
$(\sim P \,\&\, \sim Q)$</td>
<td>15. 条件移出律（EXP）
$(P \to (Q \to R)) \leftrightarrow$
$((P \,\&\, Q) \to R)$</td>
</tr>
<tr>
<td>16. 结合律（ASSOC）
$(P \,\&\, (Q \,\&\, R)) \leftrightarrow$
$(P \,\&\, Q) \,\&\, R$
$(P \lor Q) \lor R) \leftrightarrow$
$(P \lor Q) \lor R$</td>
<td>17. 分配律（DIST）
$(P \,\&\, (Q \lor R)) \leftrightarrow$
$(P \,\&\, Q) \lor (P \,\&\, R)$
$(P \lor (Q \,\&\, R)) \leftrightarrow$
$(P \lor Q) \,\&\, (P \lor R)$</td>
<td>18. 重言式（TAUT）
$(P \lor P) \leftrightarrow P$
$(P \,\&\, P) \leftrightarrow P$</td>
</tr>
</table>

10.5.3　条件证明

条件证明（conditional proof, CP）既是一条规则，也是构建演绎推论的策略。它建立在下面的观念基础上：如果我们要构建关于假言命题 $P \to Q$ 的演绎推论，我们证明的是什么呢，我们证明的是"如果 P 为真，那么 Q 也为真"。实现这个目标的方法之一就是假设 P 为真（也就是说把 P 作为附加的前提），然后证明在这个假设基础上 Q 也必定为真。如果我们能做到这一点——在假设 P 为真之后证明了 Q 也为真——那么，我们也就证明了如果 P 那么 Q，或者是 $P \to Q$。让我们先通过例子看如何进行这种证明，然后再做解释。

使用 CP 作为新规则的方法是：在给定的前提之后，直接记下我们想要证明的假言命题的前件，并给推理串的这个步骤的编码画上圈；在该行的注释中，标明"CP 前提"。下面就是范例：

1. P ∨（Q→R）　　前提
2. Q　　　　　　　前提　　／∴ ∼ P→R
③. ∼ P　　　　　　CP 前提

在证明了所需要的假言命题的后件之后，写下整个假言命题。然后，在推理串左边的空白处画上一条线，把画圈的前提和我们由此推出后件的那一行连接起来（看下面的例子）。在推出整个假言命题的最后一行的注释中，列出从划圈的行到假言命题后件的那一行并标出 CP 规则。在推理串左侧空白处用连接线把先前的 CP 前提与从中推导出后件的那个步骤连接起来，意味着我们不再把假设作为前提，自此，该假设已经是最后一行中的假言命题的前件了。这就是所谓的消除假设前提。下面就是整个过程：

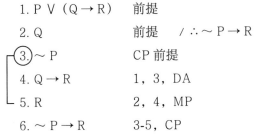

1. P ∨（Q→R）　　前提
2. Q　　　　　　　前提　　／∴ ∼ P→R
③. ∼ P　　　　　　CP 前提
4. Q→R　　　　　1，3，DA
5. R　　　　　　　2，4，MP
6. ∼ P→R　　　　3-5，CP

结合上例，我们继续对条件证明做如下解释。让我们把要证明的结论设想为：根据两个已有的前提，如果再有∼ P，就能得到 R。证明的确如此的方法之一就是先假定有∼ P，然后看能否得出 R。在推理串的第三行里，我们做的正是：设定∼ P。给这一行画圈的意思是，指出这是我们设定的前提（我们的"CP 前提"），因此它是我们完成证明之前必须要消除掉的前提（我们不能发明、运用和保留任何自己喜欢的任何前提——如果这么做，我们就能证明一切）。一旦我们设定了～P作为前提，得出R就容易了！第4步和第5步都是显而易见的（如果不是，说明你需要熟练推理规则）。在从第3步到第5步的过程中，我们已经确实证明了如果有了～P，就能得出R。所以记下第6步就是合理的，因为第6步所表达的正是：如果～P，那么R。

一旦我们得出了假言命题～P→R，就不再依赖CP前提，所以我们在推理串左边空白处从CP前提到由之推出的最后一步画上连接线，表明消除了这个设定的前提。

下面是运用CP规则的一些重要规定：

1. CP只能用于推出假言命题：在消去CP前提以后，接下来的一步必须是假言命题，它以其在先的步骤为后件，以CP前提为前件（注意：许多命题和假言命题都是等价的。比如，要得到（～P∨Q），只要先证明（P→Q），然后运用用蕴涵析取律IMPL）。

2. 如果在推理中不止一次运用CP规则——也就是说，如果引入不止一个CP前提，它们必须以与引入假设相反的顺序依次消去。这意味着从不同的CP前提处引出的消除假设前提的线不能互相交叉。看下面的例子。

3. 一旦一个CP前提被消去，从该前提推导出的任何步骤——那些步骤被左边空白处画的线包围起来——就都不能再用于该演绎推理了。（它们依赖于CP前提，而且，它已经被消去了。）

4. 所有的CP前提都必须被消去。

听起来CP规则运用的规定有些复杂，但实际运用时并非如此。看完下面的例子，回头再看这些运用CP的规定，就会直观一些。

下面运用CP的例子中，有两个附加的前提是假设的，并且以相反的顺序被消去。

1. P→(Q∨(R&S))　　　前提

2.(～Q→S)→T	前提　　/∴ P→T
③.P	CP 前提
4.Q∨(R&S)	1，3，MP
⑤.～Q	CP 前提
6.R&S	4，5，DA
7.S	6，SIM
8.～Q→S	5-7 CP
9.T	2，8，MP
10.P→T	3-9 CP

　　注意，在第5步加上的附加前提在第8步完成的时候消去了，而第10步完成的时候把第3步的前提消去了。再一次注意：无论何时消去假设前提，你必须让这个命题成为演绎推理中下一步中假言命题的前件（你可以尝试不使用 CP 来完成前面的演绎，你会庆幸可以运用这个规则，虽然看上去掌握这条规则有些困难，但使用 CP 让许多演绎推论简化易行）。

　　再看一些运用规则 CP 的实例。

1.(R→～P)→S	前提
2.S→(T∨Q)	前提　　/∴ ～(R&P)→(T∨Q)
③.～(R&P)	CP 前提
4.～R∨～P	3，DEM
5.R→～P	4，IMPL
6.S	1，5，MP
7.T∨Q	2，6，MP
8.～(R&P)→(T∨Q)	3-7 CP

　　下例中先后运用了两次 CP 规则：

1.(P∨Q)→R	前提
2.(S∨T)→U	前提　　/∴ (～R→～P)&(～U→～T)

③.～ R　　　　　　　　　CP 前提

4.～（P∨Q）　　　　　1, 3, MT

5.～ P &～ Q　　　　　4, DEM

6.～ P　　　　　　　　5, Sim

7.～ R →～ P　　　　　3-6, CP

⑧.～ U　　　　　　　　CP 前提

9.～（S∨T）　　　　　2, 8, MT

10.～ S &～ T　　　　10, DEM

11.～ T　　　　　　　10, SIM

12.～ U →～ T　　　　8-11, CP

13.（～ R →～ P）&

　　（～ U →～ T）　　7, 12, CONJ

下例中，一个 CP 出现在另一个 CP 的 "内部"：

1. R →（S & Q）　　　前提

2. P → M　　　　　　前提

3. S →（Q →～ M）　　前提

4.（J∨T）→ B　　　　前提　　 / ∴ R →（J →（B & ～ P））

⑤. R　　　　　　　　CP 前提

⑥. J　　　　　　　　CP 前提

7. J∨T　　　　　　　6, ADD

8. B　　　　　　　　4, 7, MP

9.（S&Q）　　　　　　1, 5, MP

10.（S&Q）→～ M　　　3, EXP

11.～ M　　　　　　　9, 10, MP

12.～ P　　　　　　　2, 11, MT

13. B& ～ P　　　　　8, 12, CONJ

14. J →（B& ～ P）　　6-13, CP

15. R → (J → (B & ∼ P)) 5-14，CP

在结束本章之前，我们应该指出真值函数逻辑体系的两个理论意义重大的特征：可靠性和完全性。一个逻辑系统是可靠的（对我们这里的目的而言这是最重要的），就是指按照该系统的规则构造的每一个演绎推理都是有效的论证。换句话说就是，没有一个或一系列演绎推理会让我们从真的句子开始，却以假的句子结束。

说一个体系是完全的，是指对于任何一个（或者可能的）有效的论证而言，都可以通过该系统的规则，从论证的前提演绎出论证的结论。也就是说，如果结论 C 的确可以从前提 P 和 Q 中有效地推出，那么一定可以构建这样的演绎推理，该推理从 P 和 Q 开始，以 C 结束。

我们还可以构建其他既可靠又完全的系统，而且系统的规则比我们所介绍的系统的规则少得多。然而，在那样的系统中，建构推理却往往很难。尽管我们介绍的系统有相当多的规则，但一旦你掌握了它们，构建证明就不太困难了。所以在一定程度上，每一个逻辑系统都是一种权衡。你可以采用小巧而精致的系统，但它们难以运用；或者你可以采用庞大而不那么精致的系统，但实际运用起来更有效率（就某些目的而言，较小的系统往往更为有效率，但本书的目的与之不同）。

本章总结

- 逻辑符号、各逻辑符号的真值表以及与逻辑符号相对应的自然语言连接词"并非""并且""或者"以及"如果……那么"（见表 10-1）。
- 真值函数的符号形式也可以表达电子集成线路，因为句子的"真"和"假"可以对应于线路的"开"和"关"。

- 可以通过四个逻辑符号和代表命题的字母来刻画自然语言句子的符号形式，需要注意的是要等值刻画。
- 通过真值表法和简化真值表法可以确定一个给定的真值函数论证是否有效。
- 通过建构演绎推理可以证明真值函数论证的有效性，所运用的规则包括有效论证的基本规则（见表 10-2）以及条件证明规则。

非演绎推理

本章学习目标

1. 识别和评估类比论证
2. 评估基于样本的概括
3. 定义和解释关于样本和抽样的关键概念
4. 评价科学抽样，解释科学抽样与日常归纳概括的区分
5. 识别因果解释命题、形成因果假说的三条原则、确认因果假说的三种推理
6. 计算统计概率
7. 解释因果概念在法律中的应用

这一章，我们将讨论如何对非演绎推理进行批判性思维。非演绎推理不是用于证明或证实结论的，而是用来支持结论的。非演绎论证为论点提供论据支持，我们不用有效或无效来评价非演绎论证，而是用强和弱，这取决于论证能在多大程度上提高结论为真的可能性。

11.1　基于类比的论证

基于类比的论证（argument from analogy）是这样的论证，它论证某事物具有某种属性，因为类似的事物具有该属性。下面是一个例子：

> 比尔是民主党人。
>
> 因此，他兄弟萨姆是民主党人。

这个论证的类比项是比尔和萨姆。其中的结论类比项（萨姆）被论证为具有所关注的属性（民主党派），因为前提类似项（比尔）具备这个属性。

下面是另一个例子：

> 狼以生肉为食。
>
> 因此，狗会以生肉为食。

这个论证中的类比项是狼和狗。它所论证的是结论类比项（狗）具有某属性（以生肉为食），因为前提类比项（狼）具有这个属性。

再举一个例子：

> 达比擅长照料狗。
>
> 因此，她擅长看护孩子。

这个论证中的类比项是达比照料狗的行为与达比看护孩子的表现。结论类比项（她看孩子的表现）被认为具有我们所关注的属性（表现出色），因为前提类比项（她照料狗的表现）具有这种属性。

结论类比项有时被称为类比目标，而前提类比项有时被称为（有点误导性）类比样本。

11.1.1 评价类比论证

评估基于类比的论证基本上就是比较和对比类比项。它并不是一门精确的科学，我们主要依靠经验来判断两个或多个事物间有多类似。让我们回到本章的第一个例子并展开更多讨论。

论证 1：比尔是民主党人。

因此，他兄弟萨姆是民主党人。

将这个论证与下面的论证进行比较。

论证 2：比尔和他兄弟萨姆都是律师，并上过同一所大学。

比尔是民主党人。

因此，山姆也是民主党人。

论证 2 比论证 1 强，因为它在前提类比项（比尔）与结论类比项（萨姆）之间引入了另外两个相关相似性。接下来看论证 3。

论证 3：比尔是律师，他兄弟萨姆不是。比尔去过俄亥俄州。萨姆没上过大学。比尔是民主党人。因此，萨姆也是。

论证 3 弱于论证 1 和 2，因为它引入了前提和结论类比项之间的相关差异。再看论证 4。

> 论证 4：比尔有四个兄弟，其中包括萨姆。比尔和其他三兄弟都是民主党人。因此，萨姆也是民主党人。

论证 4 与论证 1 类似，但较强，因为它增加了比尔同是民主党人的兄弟的数目。接下来看论证 5。

> 论证 5：比尔有四个兄弟，其中包括萨姆。包括萨姆在内的所有兄弟都是律师。比尔和其他三兄弟都是民主党人。因此，萨姆也是民主党人。

论证 5 比论证 4 更强，它参考了所有兄弟的另一共同属性（身为律师）。下面是论证 6。

> 论证 6：比尔是律师，有四个兄弟，其中包括萨姆。其他三兄弟的职业分别是房地产销售商、失业的艺术家、餐馆老板。这三个人和比尔都是民主党人。因此，萨姆也是民主党人。

实际上，论证 6 与论证 5 一样强，但原因有所不同。论证 6 的前提中有四个类比项（比尔和三个兄弟，其中不包括萨姆）。除了比尔，萨姆和其他三兄弟都不是律师。但在论证 6 中，我们不知道萨姆从事的职业。比尔和从事各行各业的兄弟都是民主党人这一事实，让这个家庭成员都是民主党人这件事更有可能，因此，无论萨姆从事何种职业，他都有可能是民主党人。

对类比展开批判性思维的指南

讨论完上面的例子，你就可以使用以下指南对基于类比的论证进行评估了：

- 前提类比项和结论类比项之间的相似性越多论证就越强，相似性越少（或差异性越多）则论证越弱。

- 增加前提类比项的数量有助于增强论证，只要所增加的类比项与结论类比项有相似性。
- 缺乏关注属性的类比项是**相反类比项**（contrary analogues），前提类比项中的相反类比项越少论证就越强。
- 如果不知道结论类比项是否具有特定属性，则具有该属性的前提类比项越多样化论证越强。例如，如果萨姆的职业未知，那么如果他的兄弟的职业是多样的，如果他的兄弟都是民主党人，则萨姆更有可能是民主党人（请参阅论证 6）。

如上所述，评估类比论证并不是一门精确的科学，盲目地按照某种公式来分析类比论不是最佳方案，但我们作为批判性思维者要特别注意前提比项（有可能不止一个）和结论类比项之间的差异。由来已久的反驳类比论证的策略就是表明前提类比项与结论类比项间明确的或隐含的不同，这可能意味着前提和结论类比项之间的相似性较少或差异性较多或两者兼而有之。通常让人注意到类比项之间一处引人注目的差异就足以推翻论证。

基于两个或多个类比项之间有争议的或不重要的相似性进行的类比论证被称为弱类比谬误（也叫错误类比），这个问题已在第 7 章讨论过。

11.1.2　三个类比论证

下面分析三个类比论证的例子：

谢丽尔和丹妮丝是十几岁的姐妹。她们上同一所学校，看相同的电视节目，喜欢相同的音乐和 You Tube 视频，并有许多共同的朋友。谢丽尔喜欢超人电影。因此，丹妮丝也喜欢超人电影。

前提类比项是谢丽尔，结论类似项是丹妮丝，所关注的属性是喜欢超人电影。姐妹之间的区别没有被提及。两姐妹之间的相似之处包括上同一学校、看相同的电视节目、喜欢相同的音乐和 YouTube 视频，并有许多共同的朋友。这里所列的相关相似性比较多样化。这是较强的论证。

在威斯康星州麦迪逊国家灵长类动物研究中心进行的一项实验中，限制其饮食卡路里的恒河猴明显卡路里不受限制的对照组比活得更长。因此，如果我限制卡路里摄入，就可以更长寿。

前提类比项是限制饮食卡路里的恒河猴，结论类比项是作者，所关注的属性是寿命更长。恒河猴与人类之间的一般相似性和差异性没有被提及。为了评估这种类比，我们得搜集有关人与恒河猴之间可能存在的相关差异的权威信息以及有关实验本身的权威信息。例如，如果实验开始时猴子的饮食不健康，那么限制热量的猴子的长寿可能不是因为摄入了更少卡路里，而是因为更少消化不健康食物。还有，没限制卡路里的对照组猴子究竟吃了多少东西？它们被允许多吃到不健康的程度吗？没有这些信息做参考，只能说这个论证强于那些类比项与人类相似性更少的（如大鼠）或类比项与人类差异明显的（如蠕虫）同一类型的类比论证。

溜旱冰非常像滑雪。我擅长滑旱冰。因此，我会擅长滑雪。

前提类比项是滑旱冰，结论类比项是滑雪，所关注的属性是擅长所讨论的活动。知悉类比项的人在评估有关类比论证时占有优势，上个例子和此例都是这样。我们甚至算不上滑雪或溜旱冰的新手，但我们认为最重要的是两项活动之间的相似之处，两者都涉及站立在快速前行的设备上，两者都需要平衡、协调以及不太害怕骨折。两项活动的设备都不带制动器，滑雪板比旱冰鞋更难控制转向。旱冰鞋的问题是它们可能会不转。

如果另有一个类比论证基于溜旱冰和溜冰之间的相似，两相比较，这个论证较弱。但若另一个类比论证是基于滑雪和冰壶之间的相似，两相比较，这个论证较强。

11.1.3 类比的其他用途

类比的用途不限于论证，其中更重要的是解释事件是如何运作的以及描述事物的样态。下面是一个例子：

> 通过电线的电流就像通过软管的水一样。电线是软管，电流是水，电压产生压力推动电流通过电线，电阻测量电流的阻力。

这不是论证，这个类比是在解释什么是电流以及它是如何运作的。

如第 5 章所述，类比也可用于说服。例如：

> 熊很危险。如果离熊太近，你就可能丧失所有。遇到熊市时情况也一样。当熊市出现时，我们要做的与遇到真熊时一样。跑！

这不是论证，它没有提供熊市危险或人们应该避开熊市的理由。这是第 5 章讨论过的修辞类比。

另一方面，类比在道德和法律论证中有重要的用途。道德的基本原则之一就是相同案件同样处理。如果两个人在类似的条件下做出类似的行为，褒奖其中一个而责备另外一个就是错误的。第 12 章将继续讨论这一点。

与之类似，遵循先例的法律原则（遵循已有判决）的理念是：法院审理当前案件应依据法律先例——根据过去的法律规则进行类推从而做出裁决。第 12 章将就此深入讨论。

最后，来说说用于反驳或反驳论证的逻辑类比。下面是一个例子。

> 比尔：所有科学家都是高智商者，所以所有的高智商者都是科学家。
>
> 吉尔：比尔，这不是好论证。这就像在论证"所有的狗都是动物，所以所有的动物都是狗"。

11.2　从样本进行概括

从全部、多数或某百分比的样本具有某种属性推断出全部、多数或某百分比的总体成员具有这种属性，就是从样本进行概括。"总体"是任何可识别的事物组成的群体。例如：

> 到目前为止，我喜欢斯图勒教授的每一次讲座。
> 因此，我会喜欢他所有的讲座。

此例中，总体由我将听到的斯图勒讲座构成，论点是所有总体

成员都具有所关注的属性（被我喜欢），论据是样本中的所有成员
（到目前为止我听过的讲座）具有这个属性。

　　另一个例子：

> 我遇到的多数斗牛犬都很可爱。
> 因此，多数斗牛犬都很可爱。

　　此例中，总体是斗牛犬。论点是此总体的多数成员都具有所关
注的属性（可爱），论据是多数样本成员（我遇到的斗牛犬）具有这
种属性。另一个例子：

> 这口咖啡太浓了。
> 因此，这壶咖啡太浓。

　　人们习惯于将一壶咖啡视为整体，但也可以把它看成每一口咖
啡的总体。

　　另一个例子：

> 每当我来这家剧院，它都冷得冻人。
> 因此，这家剧院总是冷得冻人。

　　这里的总体是剧院的室内环境，样本是说话人来剧院的体验，
所关注的属性是冷得冻人。

　　再举一个例子：

> 我在克罗格超市买的桃子有一半是软乎乎的，因此，克罗格超
> 市的桃子约有 50% 都是软乎乎的。

　　此例中，总体为克罗格超市的桃子，论点是这个总体的 50%
具有所关注的属性（软乎乎的），论据是 50% 的克罗格桃子样本
（我买过的克罗格桃子）具有这种属性。

11.2.1　评估从样本进行概括的论证

评估来自样本的概括论证最重要的原则是以下三项：

- 样本越不典型，概括性越弱。**非典型（有偏见）样本**（atypical or biased sample）不能反映或代表总体。这类样本缺少或不能适当代表某重要变量。例如，如果我选择克罗格货架上摆放多天的桃子，我的样品就不能适当代表其他客户所选择的桃子，因此它可能无法准确反映克罗格桃子的总体。样本桃子中软乎乎的比例要高于克罗格桃子总体中软乎乎的比例。从所选桃子样本中得出的克罗格桃子总体的结论就可能是不准确的。

  当然，我们并不总能知晓样本在哪些重要方面是非典型（不具有代表性）的，因为我们不知道究竟什么变量与我们关注的属性有关。佐治亚州的桃子更容易（或不容易）变得软乎乎吗？至少我们不清楚。因此，最安全的选择是对可能是非典型（无代表性）的样本保持警醒。

  科学地运用特定方法（将在后面讨论）来保障总体的样品不是非典型（无代表性）的。我们日常概括时，最好的选择就是尽可能让样本多元化。

- 样本多元化程度越低，概括性越弱。当然，样本太小就无法充分多元。由此引出第三点。

- 太小的样本无法准确反映总体情况，样本太小时所进行的概括也相对较弱。但如果总体是同质的，例如一份汤的味道或同一台机器生产的滚珠轴承之类的总体，即使样本较小、并不多元，依然很可能是典型样本。

11.2.2　三个从样本概括的论证

下面是三个论证及其简要分析。

这间汽车旅馆的房间里没有蠹虫，因此，洛迪市没有蠹虫。

样本（汽车旅馆的房间）只是一个地方，且可能是不典型的：汽车旅馆的房间比大多数地方处理过害虫的可能性更大。

我不喜欢简，其他人可能也有同感。

说话者以自己为样本概括人们对简的感觉。样本太小，缺乏多样性，不能给概括结论提供多少支持。

天哪！这植物让我起皮疹了！以后我要远离这种植物。

这里的总体是所有相关类型的植物。虽然样本（皮肤对这种植物的特定反应）很小且缺乏多样性，但这无关紧要，因为总体（我的皮肤对这类植物的所有反应）是相对同质的。一个人对同类刺激的生理反应往往是一致的。上面的三个论证中，论证 3 是最强的。

> **对从样本概括论证进行批判性思维的指南**
> - 样本越不典型，概括性越弱。
> - 样本多样化程度越低，概括性越弱。
> - 基于无法准确反映总体的小样本所进行的概括相对较弱。

11.3 从样本进行科学概括

从样本进行科学概括在如下方面区分于日常概括的各种方式：

- 通过**抽样框**（sampling frame）精确定义所关注的科学总体和所关注的属性，有借以澄清特定事物是不是总体成员以及是否具有所关注的属性的明确标准。
- 科学选择样本以避免样本偏差。**有偏见（偏差）的样本**（biased

or skewed sample）在日常语言中被称为非典型样本，指样本中与所关注属性相关的变量不能同等表现所关注总体的特征（请注意，"有偏见的样本"并不表示样本具有较强的或无根据的看法）。

- 随机抽样是用于确保样本质量的最常用方法。**随机抽样**（random sample）是通过以下步骤选择样本的：选取样本的程序要使得总体中的每个成员都有同等机会被选为样本。

- 即使谨慎地随机选择样本，我们也无法始终（或者甚至通常）保证样本在所关注的属性方面比例恰当地代表总体。例如，如果一所大型州立大学中注册民主党的**真实比例**（true proportion）是30%，给定的随机样本有可能会接近30%。可能性的大小和接近的程度都可以根据样本大小来计算。我们把预计样本接近30%时所落的范围称为**误差幅度**（error margin），记为正负数字。从上述大学的学生中选择250名学生作为随机样本，我们可以在一定的置信度下说，样本中民主党人比例在总体真实比例的正负六个百分点以内，这六个百分点的偏差就是误差幅度。我们可以在多大的置信水平下描述样本的接近程度？这也是可以计算的：以250个样本为例，此时的置信水平为95%。

查看表11-1，该表适用于非常大的总体。表中的置信水平为95%。民意调查机构在科学地进行调查时都把置信水平定在95%。在所进行的科学调查中，如果没有交代置信水平，通常就默认置信水平为95%。

表 11-1　较大总体中各随机样本的误差幅度

样本大小	误差幅度（%）	相应范围（百分点）
10	± 30	60
25	± 22	44
50	± 14	28
100	± 10	20

（续）

样本大小	误差幅度（%）	相应范围（百分点）
250	±6	12
500	±4	8
1 000	±3	6
1 500	±2	4

注：各情形中的置信水平都是95%。当样本大小增大时，误差幅度明显减小，但当样本变得更大时，误差幅度减小的趋势变缓了。除非对于精确度或置信水平有特殊的要求，通常把样本增加到1500以上是无足轻重的。（在我们的语境中，目标大小在10 000或以上，当目标很小时，可以应用校正因子来确定相应的误差幅度。但绝大多数报道的民意调查都有足够大的样本，所以我们不必关注校正误差幅度的计算方法。）

尽管我们所讨论的总体是人，但其中的原理适用于来自所有可识别样本的概括。

看该表格时请注意如下三点：

第一，样本小的误差幅度大。

第二，随着样本量的增加，误差幅度在减小。

第三，当样本从10增加到25时，误差幅度缩小得很快，但从上往下，误差缩小的幅度在减缓。当样本大小达到500时，误差幅度为正负4%，为了使误差幅度减至正负3个百分点，我们需要将样本加大到1000，为了使误差幅度再降低1个百分点，就需要再增加500个样本。了解到这一点就不难理解，无论多么声誉卓著的民意调查，调查采用的样本往往都在1000到1500之间。为了更进一步缩小误差幅度而支付的昂贵代价往往得不偿失。

有关科学概括的以下三点值得关注。

首先，科学概括的核心是让样本偏差最小的程序，即确保样本不是非典型或偏差的方法。遗憾的是，我们在日常概括中使用的样本不是科学选择的，以至于我们的日常概括通常是基于非典型样本的（特例是样本来自同质总体，如总体是壶中咖啡的口味）。因此，第 7 章中讨论过的"从例外中概括"并不罕见。

其次，统计数学也是科学概括的核心。正如前面说过的，统计数学可以精确计算各种重要的概率。日常概括充其量只能近似或大略估计大规模非同质总体的成员具有或缺乏某种属性的概率。

最后，如上所述，小的随机样本具有较大误差范围。日常概括的样本小而且不具有随机性。正因如此，很容易遇到第 7 章中所讨论的仓促概括谬误。

11.4 统计三段论

统计三段论（statistical syllogism）是将一般陈述适用于特定情况。下面是一个例子：

> 大多数教师是民主党人。
> 约克是教师。
> 因此，约克是民主党人。

这个论证的强度取决于一般陈述"大多数教师是民主党人"。教师中民主党人的比例越高，这个论证越强。

显然，其他考虑因素也会影响约克是不是民主党人。考虑所有因素，预测约克是民主党人的可能性是多少，要运用逻辑学家所称的"全体证据原则"（principle of total evidence），即在估算概率时必须考虑所有可得的相关信息。但是我们这里不关心约克是民主党人的可能性，我们只关心这个论证的强度。

从原理上讲，该论证具有以下形式：

> 某比例的 X 是 Y。

> 这是 X。
>
> 因此，这是 Y。

这类论证的强度取决于 Y 在 X 中所占的比例，比例越大，论证越强。评估此类论证的强度时，请勿将总体为真的可能性与结论正确的概率相混淆。

这是统计三段论的另一个示例，这种类型的论证很常见，现在你知道它是哪一类了：

> 它走起来像鸭子，叫起来像鸭子，看起来像鸭子，那它就是鸭子。

这个论证假设走起来、叫起来、看起来像鸭子的极有可能就是鸭子；因此，既然它走起来、叫起来、看起来像鸭子，它就是鸭子。

11.5　因果命题及其依据

正如前面说过的，论证是为了支持或证明论点。因果命题则陈述某事件的原因。要注意的是，论证和因果命题所使用的词汇有所交叉。

下面是论证：

> 抽水马桶漏水，因为地板是湿的。

但下面是陈述因果关系的命题：

> 地板湿了，因为抽水马桶漏水。

第一个例子提供了抽水马桶漏水的证据，这是对"抽水马桶漏水"的论证。第二个例子说明了地板潮湿的原因。

本节，我们关注用于得出因果关系命题的推理。下面是此类论证的例子：

> 我们擦干地板，关上抽水马桶，然后等待，地板保持干燥状态。接着，我们重新打开抽水马桶继续观察。现在地板上有积水。因此，抽水马桶漏水引起地板积水。

这个论证的结论是因果命题，其余的是为这个因果命题为真提供的理由。

11.5.1 形成因果假说

"X引起（或引起了）Y"这类语句通常是假说。因果假说（causal hypothesis）是实验性主张：一个有待于进一步调查或检验的因果命题。

通常，在探究因果关系时，推理分为两部分：（1）形成假说；（2）检验假说。这是两种相互独立的不同活动（尽管在原则上有交叉之处）。如果汽车不能启动，我们首先会想可能的原因，这些可能的原因就是我们提出的假说，然后，如果可以，我们将对其进行测试。

以下是形成因果假说的三个常用原则。

11.5.1.1 相伴异常事件原则⊖

形成因果假说的相伴异常事件原则非常直白：针对发生的异常事件，寻找发生的其他异常事件，考虑其间是否有因果关系。如果你早上醒来头痛欲裂，你能想起的前一晚所做的不寻常事件可能就是原因，例如在昏暗的光线下阅读或饮酒过多，你假设它与头痛有关。

⊖ 形成假说的这条原则也叫"求异法"，这个术语由英国逻辑学家约翰·斯图加特·密尔首创。

这是另一个相伴异常事件形成因果假说的例子：

嗓子一发痒，我就服用了 Zicam。我的喉咙不痛了，也没有感冒。因此，也许 Zicam 可预防感冒。

我们只能依据两个不寻常事件几乎同时发生这个事实，假设其间有因果关系，并不能基于此建立因果关系。上面的论证不能确证 Zicam 可以预防感冒，你不知道如果不服用 Zicam 会发生什么。如果拿走结论中的"也许"一词，就会同时出现因是之故谬误（第7章讨论过）。

为了得出因果假说，需要使用因果关系和事件运作的常识和背景知识。是的，嗓子发痒症状消失时，你可能会回想起就在那之前有一只浣熊从屋前路上经过，但认为浣熊经过可能会引起嗓子疼消失就不合情理。为什么不合情理？因为依据经验，无法理解浣熊过马路如何引起喉咙疼痛消失，无法设想事件之间的引发机制。

11.5.1.2　共同变项原则[⊖]

形成因果假说的第二个原则也很明确：若某事件多次出现的场合的共同点是某变项的出现，那么这个变项与事件之间可能有因果关系。例如：

当一些科尔尼人向医生诉说他们的急性肠道不适时，卫生部门调查发现这些人都在集市上吃了玉米饼。因此，也许是玉米饼造成了病痛。

这条信息在逻辑上证明了科尔尼人的肠道不适是玉米饼导致的这个假说，然后可以通过其他方式确证或否证二者之间的联系，比如，测试玉米饼中的沙门氏菌细菌。

　⊖　这条原则被约翰·斯图加特·密尔称为"求同法"。

下面是另一通过识别事件出现的多个场合的共同变项来形成因果假说的例子：

> 有几年，杜鹃花盛开，也有几年，根本没开花。不开花的那几年，我施了很多肥料，但花儿盛开的那几年我没这么做。
> 因此，也许是大量施肥导致花儿不开。

这里既说到杜鹃花没开的年份的共同情况，也说到杜鹃花盛开的年份都没有这个情况，由此可以合理假设过度施肥妨碍了杜鹃开花。

11.5.1.3 共变原则[⊖]

得出因果假说的第三个原则是：若一个现象的变化伴随着另一现象的变化，那么这种事物量之间所具有的共变或相关是我们形成因果假说的依据。例如：如果犯罪率随着枪支销量的增长而上升，则这两个增长是相关的。第 7 章已经谈到"相关不能证明因果"，然而，以常识和背景知识为指导来形成因果假说时，往往以相关作为因果的依据。如下例所示：

> 过去几年来，圣迭戈的在线课程增多了，与此同时，圣迭戈学生的平均 GPA 提高了。
> 因此，GPA 的提高可能是由于在线课程的增多。

关联不证明因果关系，但基于关联可以提出假说。另一个例子：

> 第二次世界大战后，当荷兰肉类消费量增加时，该国前列腺癌的发病率也升高。
> 因此，也许吃肉会引起前列腺癌。

以上信息无法确定第二次世界大战后荷兰的肉消费量增加导致

⊖ 密尔称这条原则为"共变法"。

那里的前列腺癌发病率升高，但是依据这个信息可以形成假说：二者之间可能存在因果关联。

重申一遍，相关不能证明因果。相关所提示的因果关系仅仅是可能的因果关系。一个女孩的头发会随着她学习乘法表的时间变久而变长，但二者没有因果关系。随着圣诞节商品的销售量增加滑雪事故也增加，但它们没有因果关系。我们讨论的形成因果假说原则需要结合因果关系常识和事物如何运作的背景知识。我们的背景知识认定，肉食消费可能与前列腺癌有关，但头发长度不可能与学习算术有关。

11.5.2　权衡证据

提出因果假说涉及权衡证据。汽车没有启动。为什么？当我们尝试启动它时，我们听到了有趣的咔嗒声，这可能与电池快没电有关。同时我们也发现有烟雾，就像发动机被水淹了。我们还注意到了其他异常情况：我们刚刚加了新品牌汽油、方向盘无法解锁、天气异常寒冷等。

我们也刚刚安装了新收音机。这些可能与问题有关吗？

行为原因

思考以下陈述：

- 奥利维亚没有与艾玛说话，因为艾玛侮辱了她。
- 工会批准了合同，因为其成员想结束罢工。
- 克里斯蒂当选是因为他吸引了独立选民。

这些陈述从理由和动机方面解释了行为的原因。这里，理由和动机不是物理原因。说克里斯蒂当选是因为他吸引了独立选民不像说地板有积水是因为抽水马桶漏水。理由和动机是行为的原因而不是物理原因。

在现实生活中，形成假设并不像前面三个原则提示的那么简单。我们必须进行权衡。例如，与电池几乎没电相关的咔嗒声比方向盘无法解锁、甚至比闻到汽油味都更值得注意。经常在发动机进水时能闻到汽油味可能是由于刚刚加了油。我们会检查电池的连接，并希望能见到最好结果。

下面是权衡证据的另一个例子：

你因一只腿麻去看医生。医生问了你一系列问题：腿麻的确切位置？何时开始有腿麻症状的？是突然有此症状的吗？是否有麻得更厉害的时段？另一条腿也麻吗？腿麻的情况和你的活动或姿势有关吗？你抽烟吗？你患有高血压吗？你还有其他异常症状吗？医生调查检测一系列症状：其中一些是神经科的，一些是骨科的，可能还有精神科的，等等。

医生会仔细考虑哪些症状最重要，然后依据你的情况进行诊断。诊断就是医生的因果假说。她不能通过前面介绍的三个原则简单地、公式化地应用。但是，她正在寻找症状和身体状况之间的关联，她正在寻找可能伴随着麻木发作的异常事件。"有什么异常事情发生吗"是在测试相伴异常事件原则是否可适用。身为一名医生，她最有资格衡量患者回答中的哪个问题更值得关注。

形成因果假说的三个原则

- 相伴异常事件原则：如果发生异常事件，则寻找其他异常事件，考虑其是不是可能的原因。
- 共同变项原则：某事物多次出现的场合中都有的相关变项可能与其有因果关系。
- 共变原则：如果一现象的变化伴随着另一现象的变化，考虑这两种现象是否可能有因果关联。

> 这三个原则仅仅提出因果假设，并没有证明因果关系。认为根据其中任何一个就可以建立因果关系是谬误。

再看一个例子：

发生了一起谋杀案，侦查人员已经锁定了 3 个嫌疑人。亚当的枪是作案工具，在回答案发时他在哪里时，亚当撒谎了。亚当和死者是好朋友，侦查人员没有发现亚当有作案动机。布兰迪欠了死者的钱，他公开威胁过死者，他还接触过亚当的枪，但他有自己不在场的证明。科克斯案发时出现在现场附近，他认识死者，也可能接触过亚当的枪，但他没有明显的作案动机。

这些因素引向相互矛盾的假说，但是有些因素比其他因素更重要。亚当针对自己的所在地点撒谎虽然值得怀疑，但不像布兰迪欠了受害人钱并威胁过受害人那样更可疑。

我们猜想侦查人员会仔细审查布兰迪的不在场证明。

从这些例证中可以看出，提出因果假说需要权衡各种因素，而不是简单地依据公式应用三个原则中的一项或多项。权衡证据时，背景知识是非常重要的。在评估医学症状方面，医生比多数其他专业人更强。针对犯罪问题，侦查人员强于他人。解释历史事件的起因，则是历史学家的强项。在我们自己最了解的领域，我们形成因果假说的能力最强。

11.5.3 验证因果假说

验证许多因果关系假说都需要证明，如果假设的原因不出现那么需要解释的结果也不会出现。例如：

我们擦干地板，关上抽水马桶，然后等待，地板保持干燥状态。接着，我们重新打开抽水马桶继续观察。现在地板上有积水。因此，抽水马桶漏水引起地板积水。

假设的原因是抽水马桶漏水，需要解释的问题是地板积水。这个论证给出理由让我们认为，要不是抽水马桶漏水，地板会保持干燥。

拉丁文有相应的术语：必要条件（sine qua non）（没有这个条件结果就不会出现）。

你可能会遇到一系列不同看法：抽水马桶不漏水，但里面有水是事实呀；抽水马桶里没水，但事实上地球上有水；地球与太阳间的距离适当时地板上才会有水。如何回答这些问题呢？答案是我们只关心地板积水是否由抽水马桶漏水引起。由于那些问题与我们要解决的问题无关，所以从逻辑上可以忽略它们。

电影《黄金罗盘》。就像它应该做的那样，这张图片让我们想看这部电影。我们不知道它为什么会有这种效果，但我们不需要论证就知道它确实有这样的效果。

11.5.3.1 随机对照实验

这是另一推理示例，它试图解释不出现假设的原因时结果不会发生。此例略长但值得阅读。

　　把感染了感冒病毒的 50 名志愿者随机分为两组，其中一组按说明书服用 Zicam（实验组），另一组不服用（对照组）。两周之后，比较两组人患感冒的情况。对照组中 18 人患感冒，而实验组中只有 10 人患感冒，差异在 0.05 的水平上有统计学意义。因此，Zicam 可能降低了实验组的感冒发生率。

验证假说是逻辑谬误吗

> 如果所检验的因果假说成立，那就能观察到某现象。
> 观察到某现象。
> 因此，因果假说成立。
> 此形式是确认结果（affirming the consequent）的一例，我们在第 8 章中讨论过这个逻辑谬误。科学实验的结果以这种方式呈现时，就向验证因果假说迈进了一步。最好将推理视为非演绎论证，并用下面的形式表示：
> 观察到某现象。
> 若所检验的因果假说可能成立，此现象就得到了最佳解释。
> 因此，因果假说可能成立。
> 下面是一个例子：
> 实验组的感冒发生率明显低于对照组的。
> 对此最佳的解释是，Zicam 减少了实验组的感冒发生率。
> 因此，Zicam 可能减少了实验组的感冒发生率。

　　上面关于 Zicam 的论证较强。它描述了一个随机对照实验（randomized controlled experiment），随机对照实验将被试随机分配到实验组（E）或对照组（C），他们仅在一个方面彼此不同：E 组接受检验的原因（在本例中为 Zicam）。

　　实验组的感冒发生率低可能是因为 Zicam 以外的其他变量吗？例如，可能是实验组被试的抗感冒能力更强吗？这不太可能，因为被试是被随机分组的。随机分组有助于确保两个组完全相同（让其中一组服用 Zicam 前）。

　　实验组的感冒发生率低是否出于偶然而不是 Zicam ？可以用统计数据说明这一点，事实证明，有95%可能性，E 和 C 之间感冒率差异并非偶然发生。为具体说明，请注意上面论证中的这句话：

　　未接受 Zicam 治疗的受试者中有 18 名患有感冒，而只有 10 名接受过 Zicam 治疗的受试者患感冒，两者之间的差异在 0.05 水平上具有统计学意义。

　　这句话所表达的意思是：实验组和对照组各25人，实验组（10/25）40% 得了感冒，而对照组（18/25）72% 得了感冒。根据统计数据，如此大的差异（32 个百分点）"在 0.05 水平上具有统计学意义"，上述差别有95% 的可能性不是偶然因素导致的。表 11-2 列出了实验组和对照组的差异 d，如表所示，在有 25 人的实验组中（如本实验），d 为 27 个百分点或更高时就具有统计意义。

表 11-2　在 0.05 的水平上，d 有统计学意义的近似值

实验组的人数 （对照组人数大致相同）	具有统计学意义必须大于的数字 （百分点）
10	40
25	27
50	19
100	13
250	8
500	6
1 000	4
1 500	3

因此，该随机对照实验验证了：（1）服用 Zicam 的小组成员与（2）减少感冒发生率之间是相互关联的，此外，这种关联很可能并非偶然发生。虽然存在偶然性：95% 的可能性不等于 100%（服用 Zicam 不会让每个人免于感冒），但 95% 的概率仍然很高。

11.5.3.2　前瞻性观察研究

随机对照实验（RCE）用于验证或否证关于总体的因果关系假说。其他验证技巧与此相仿。其中最重要的两个是前瞻性观察研究（由因到果）和回顾性观察研究（由果到因）。观察研究不是实验，观察研究中的研究人员无法控制被试人员（或其他研究不涉及人的对象）在相互比较的组群之间的分配，而且他们不对其中的任何一组进行实验。相互对照的组都是"观察到的"。

前瞻性观察研究与随机对照研究非常相似，先看下面的示例，我们将对其进行解释：

> 周末参加聚会是否会对学习成绩产生不利影响？圣迭戈州立大学的学生接受了调查。有 100 名学生自称大多数周末参加聚会，另 100 名学生自称很少或从未参加过周末聚会。对这两组学生的学习成绩进行比较，结果发现：60% 参加聚会的人的 GPA 低于学校所有学生的平均值，只有 30% 很少或从未参加周末聚会的学生的 GPA 低于平均值。因此，参加周末聚会可能会对学生的学业产生不利影响。

在前瞻性观察研究中，将某事发生率（此例是 GPA 较低）不同的两组进行了比较。一组成员具有待检验的原因（此例是周末多参加聚会），另一小组成员都没有这个成因。结果（低 GPA）的发生率的显著差异不大可能出于偶然。

但这两个组真具有可比性吗？比较组中影响 GPA 的混杂变量

可能是不成比例的。例如，参加派对的组的年级学生数量可能不成比例，他们住学校宿舍，可能是噪声和注意力分散影响了他们的学习成绩。

在观察研究中通过比较组之间的匹配可以在一定程度上控制混杂变量（有时被称为潜在变量）。例如，研究人员可能会尝试确保两个比较组的年级学生人数相同。但是，由于研究人员无法知道到底有哪些混杂因素，所以观察研究不可避免地弱于随机对照实验，是验证假说的较弱形式。

11.5.3.3 回顾性观察研究

回顾性观察研究指通过所关注的现象推出现象背后的待检验原因或原因要素，在两组中的一组普遍存在所关注的现象，另一组则普遍不存在这个现象，然后检查两组在待检验原因出现方面是否有明显差异。下面是一个例子：

周末参加聚会是否会对学习成绩产生不利影响？圣迭戈州立大学的学生就周末学习习惯接受了调查。调查发现，100 名试读生中，60% 的人认为自己大多数周末都参加聚会。相比之下，无须试读的100 名学生中只有 20% 确定自己大多数周末参加聚会。因此，参加周末聚会可能会对学习成绩产生不利影响。

进行比较的两组中，一组所有学生都处于试读期，另一组都不是。如果两组其他方面都相同，唯一可以解释两组差异的就是大部分前一组学生周末参加聚会。但这两组确实其他方面都一样吗？前瞻性观察研究中的问题同样存在于这类推理之中：我们无法确定比较的两组是否不成比例地包含混杂变量。此例中，我们不能确保试读的学生中大一学生的比例是恰当的。

结语：因为混杂变量在比较各组中可能分布不均，所以观察研究是较弱的验证因果假说方法。

> **验证因果假说的方法** //
>
> - 随机对照实验：将被试随机分配到实验组"（E）或对照组"（C）中，理论上两组被试的唯一区别就在于实验组中有待检验的原因。比较两组各自出现待检验结果的概率。
> - 前瞻性观察研究：通过两组展开研究，其中一组普遍存在待检验的原因而另一组则不存在。比较两组各自出现待检验结果的概率。
> - 回顾性观察研究：通过两组展开研究，其中一组普遍出现所关注的现象而另一组不出现。比较两组中导致关注现象的待检验原因的出现概率。

11.6　计算统计概率

我们常常根据对事件可能性的看法做决定。如果我们认为下雨的可能性很小，就会安排野餐；如果我们认为三个 K 获胜的机会很大，就会下大赌注；如果我们认为房屋价格即将上涨，就倾向于在涨价前买房子。除了掷硬币和玩纸牌游戏，我们往往很难确定给定事件发生的概率。但面临预测多个事件发生的概率的情况时，如果无法正确计算概率，我们对概率的理解力将进一步减弱。下面解释如何计算其中的一些概率。

11.6.1　相互独立的交事件

事件的结果概率可以通过简单的除法来计算。我们来看一个简单的例子：掷硬币正面朝上的概率是多少？掷硬币有两种可能的结果，其中之一是我们感兴趣的结果：正面。如果我们将感兴趣的结果数（在此示例中为 1）除以可能的结果数，所得为 1 除以 2 或 1/2（即 0.5% 或 50%）。

　　硬币连续两次正面朝上的概率是多少？为了得出答案，必须将每个独立结果的概率相乘。在这种情况下，我们将 0.5 乘以 0.5，得出 0.25 或 25%。因此，有 25% 的概率硬币连续两次正面朝上。

　　同时掷两个骰子，这两个骰子的点数的和为 7 的概率是多少？有六种方法可以产生结果 7，这就是我们感兴趣的结果（6+1、1+6、5+2、2+5 等），总共有 36 种可能的结果（每个骰子都有 6 面，因此可能的结果总数为 6×6）。将 6 除以 36，得出的结果是 1/6 或不足 17%。这就是同时掷两个骰子出现 7 的可能性：1/6，近 17%。

　　注意，我们讨论的是两个独立事件。当一个事件不影响另一个事件发生的概率时，两个事件是独立的。一次掷硬币不会影响下一次掷硬币的结果，因此它们是独立的。但是，如果我们有一只装有 10 个玻璃弹珠的袋子，其中有 9 个是白色，1 个是红色。随机抽出一只红色弹珠的概率是多少？我们知道概率是 1/10，即 10%。如果拿出的第一个弹珠是白色，那么第二个取出的弹珠为红色的概率是多少？请注意，答案不是 10%，因为此时袋子里只剩下 9 个弹珠，所以答案是 1 比 9，即 1/9 或 11.1%。在这种情况下，两次取弹珠是相关事件，因为第一次发生的事件的确会影响第二件事的概率（当然，如果第一次取出了红色弹珠，则第二次取出红色弹珠的概率降至零）。

　　许多人没有意识到独立事件确实是独立的。掷硬币连续三次都是正面朝上（可能性为 0.5×0.5×0.5 或 12.5%）后，人们可能会认为下一次掷出反面朝上的可能性更大。但这是赌徒谬误，如第 8 章所述，就像每次掷硬币的结果一样，下一次所掷的结果依然是硬币有 50% 的概率正面朝上。

11.6.2　并事件

只要事件之间是互斥的，就可以很容易地判断出两个或多个事件出现的所有可能性。假设我们想知道从 52 张牌中抽出一张黑桃或一张红心的可能性（这是互斥事件，因为抽出的是黑桃就排斥了抽出的是红心，反之亦然）。由于 1/4 的牌是黑桃，1/4 的牌是红心，因此被抽中的牌是黑桃的概率是 1/4，即 0.25 的概率。抽中红心的概率也一样。为了确定抽中的是黑桃或红心的可能性，只需将两个事件的概率相加：0.25+0.25=0.5，即抽出的牌有 50% 的概率是黑桃或红心。当然，这正符合预期，因为黑桃和红心的总数是整副牌的半数。

因此，求 X 或 Y 发生的概率，只需简单地将 X 和 Y 的概率相加。

11.6.3　期望值

如何识别一场赌局的好坏呢？假设你和朋友共进午餐，朋友提议掷硬币，输方支付全部午餐账单。在你看来这是好主意吗？如果你需支付的金额大于朋友需支付的，朋友的提议就是好主意，如果朋友需支付的金额更高，这场赌局则对你不利。针对这类问题，无论是像此例的简单情况还是更复杂的情形，我们怎样寻求答案呢？

与此相关的概念被称为期望值（expectation value，EV），指所有可能结果的概率乘以其结果的总和。回到我们上面的例子：假设你的午餐是 20 美元，朋友的是 10 美元，总计 30 美元（你们去的不是四季酒店，也不是汉堡王）。如果你掷硬币赢了，将有机会赢得 20 美元（因为朋友会支付你的 20 美元午餐），如果你输了，就损失 10 美元（因为你要支付朋友的 10 美元午餐）。你掷硬币的输赢概率是相同的：0.5 或 50%。这样，你的期望值是：用你获胜的概率（0.5）乘以你可能赢得的金额（20美元），然后从此结果中减去你输的概率（0.5）乘以可能损失的金额（10美元）。所以：

$$EV = (0.5 \times 20) - (0.5 \times 10)$$
$$EV = 10-5$$
$$EV = 5$$

当EV大于零时，这是一个不错的赌局，所以此例是一个非常好的赌局。如果你和朋友都花了15美元，则你的EV为7.5减7.5或零。这意味着你和朋友拥有同等好（或同等不好）的赌局。你俩有同等机会赢得相同金额。

让我们来看另一赌博情形。在典型的掷骰子赌博中，有一种赌博被称为Big6。假设你投入5美元作为赌注，押注的是六点将在七点之前出现。如果六点先出现，那庄家要付给你5美元，如果先出现七点，庄家就拿走你的5美元。这场赌局的期望值是多少呢？既然你和庄家的赢或输都是5美元，你赢的概率是多少呢？两个骰子可以有6种方式出现七点，却只有5种方式出现六点。因此，庄家赢的概率比你赢的概率是6∶5；你赢的概率约为0.45，而庄家赢的概率约为0.55（从长远看，每掷11次就有一个赢家，庄家将赢6次，你将赢5次）。你的EV计算方式如下：

$$EV = (0.45 \times 5) - (0.55 \times 5)$$
$$EV = 2.25-2.75$$
$$EV = -0.5$$

如前所述，任何EV小于零的赌局都不是好赌局。为使这场赌局对双方公平，当你赢时，庄家须支付你6美元，当你输时，你须支付庄家5美元。用赌博术语说，投注赔率（6美元vs.5美元）需与赌赢概率（6∶5）匹配。若赌局都是这样公平的，赌场将不会开业。

最后讲个赌扑克牌的例子，因为玩扑克牌的人多于掷骰子的人。比方说你手里有四张红心牌，正想再抓一张红心牌构成同花，若真是这样几乎可以确定你会赢。抓中第五张红心牌的概率是多少呢？假设还有 47 张牌待抓，其中 9 张是红心牌，这样你抓中第五张红心牌的机会是 9/47 或小于 1/5。所以，相对于你所投的每个 1 美元至少需要有他人的 5 美元作为投注，你才值得为了抓第五张红心牌玩下去。但如果相对于你的每个 1 美元的他人投注少于 5 美元，你就该离开牌局了。

一般来讲，如果输赢概率相等，且赢给你带来的收益大于输给你带来的损失，下注！！！！如果输赢概率不等，那么不仅要考虑将有多少收益或损失，还要考虑赢的概率是多少。面临损益相关的结果进行决策时值得依此方法思考。

计算期望值并不总是可行的，因为我们可能无法了解所有事实。但只要可行，这就是好主意。否则，只能凭猜测，或更糟糕的：无知。

11.6.4　计算条件概率

已知 A 之下的 B 概率，那么 B 之下的 A 概率为多少？举一个例子来说明吧。

你学校的 1000 名学生中，学数学专业的是男生的可能性是 0.76。如果你是男生，你学数学专业的概率是多少？

这些问题看似令人生畏，解决方案是将它们转换为关于比例的问题。

你学校的 1000 名学生中，数学专业 76% 是男生。学数学专业的男生比例是多少？

我们已经知道数学专业的男生比例，如果知道非数学专业的男生比例，也知道数学专业有多少人，就能知道学数学专业的男生比例是多少。

举例来说，假设你校的 1000 名学生中有 50 个学生学数学专业，其中 76% 是男生；假设 50% 的非数学专业学生是男生。然后计算如下：

76% 的数学专业生是男生 = 38

非数学专业的 50% 是男生 = 475

因此，学校的 513 名男生中，有 38 名是数学专业的学生 = 7.4%

知道如何将概率转换为比例对于计算体检中的概率非常有用，这一能力可能非常重要。例如：

99% 的男性前列腺癌患者的前列腺素（PSA）水平升高。你叔叔的 PSA 水平升高，他患有前列腺癌的可能性是多少？

你或许会认为可能性很高。但是，假设每千名男性中，只有 10 人患前列腺癌，假设有 20% 无前列腺癌的男性的 PSA 水平升高。那么的理由如下：

99% 的前列腺癌男性患者的 PSA 水平升高 = 10

无前列腺癌的男性中有 20% 人 PSA 水平升高 = 198

因此，在 208 名 PSA 水平升高的男性中（每千名男性），有 10 个人患有前列腺癌 = 4.8%

如果知道 A 之下的 B 概率，计算 B 之下的 A 概率的关键是将问题转换成比例，并获得有关非 A 为 B 的比例，以及每 1000 人中 A 的数量。

11.7　法律上的因果关系

　　本章结束前，我们来关注法律领域，该领域中人们的福祉甚至生命都取决于因果关系的确认。在司法中，因果关系是特定的行为和损害结果之间的关系。仅当一个人的行为引起了损害结果（或是导致损害的原因之一）时，这个人才该为此损害结果承担责任。在民法中，某人的行为导致了系争案件中的损害，是该主体承担侵权责任的必要条件。[⊖]在刑事案件中，尽管不是所有刑事责任（不是所有的犯罪都需要有损害结果，如未遂罪）都需要认定因果关系，但对于有些刑事案件，认定因果关系是被告承担刑事责任的必要条件。表面上看起来，认定 X 引起 Y 似乎并不复杂，但实际情况并非如此。

　　广义的原因指必要条件（没有它就不会发生什么事的条件）。这样的条件通常被表达为"除非"。如果没有 X 就不会有 Y。如果当时不开枪，海明威就不会死。显然，必要条件是相关的。如果即使没有 X，Y 也会发生，那么由于发生了损害结果 Y 而惩罚实施了行为 X 的人就有悖理性。

　　但从这个意义上讲，一个原因会引起一系列继之发生的结果。如，人们甚至可以认为 1925 年一名医生所开的处方导致了 1963 年约翰·肯尼迪被杀，因为 1925 年李·奥斯瓦尔德拿着这个处方去了药店，正是在该药店奥斯瓦尔德遇到了他的意中女郎并和她结婚生子，1963 年，在得克萨斯的达拉斯，奥斯瓦尔德从教科书仓库大楼上开枪射击了肯尼迪。

⊖　The legal obligation of one person to a victim as the result of a civil wrong or injury.

　　显然，人们并不希望溯及得如此久远来为某损害归责。为了查明一个事件的**法律原因**（legal cause）（即近因）我们有必要对作为要件的原因概念加以限制。

　　尽管必要条件或"除非"是关于事实的，但法律上的原因或近因却是事实与决策或事实与政策的交织物。这是因为要权衡何为"重要的"或"显著的"，我们需要某种决定或某种表明什么是重要的政策。在关于这个论题的著名论著《法律中的因果关系》中，H.L.A. 哈特和 A.M. 奥诺尔告诉我们，在必须决策的时候，常识会给我们指引方向。[⊖]他们论证：为了让某人对发生的损害承担法律责任，就必须先证明是该主体的行为导致了特定的损害。设想史密斯将一根点燃的香烟扔进路边的灌木丛中，引燃了灌木丛，随着阵阵微风，火势渐渐蔓延，直至烧遍了整个圣迭戈。我们不会由于风的介入而宽恕史密斯，因为风是日常现象，它是被我们称作"因果背景"的一部分，就像空气中有氧气存在一样。这样的特征不会被视为一种干预力，从而减轻史密斯的责任。

　　但假如琼斯出现了并且往或许可被扑灭的火上浇汽油，这种情形下，由于琼斯的介入是可控的，琼斯的行为使得史密斯的行为对于引起火灾的结果可以略而不计。由此，我们愿意认定是琼斯的行为引起了火灾。

　　有时会出现意想不到的巧合：摩尔猛击默顿并将其打倒在地，恰逢此时，大风刮倒一棵大树，大树压死了倒在地上的默顿。由于大树倒地纯属意外，不可能被摩尔预见，我们就不能要求摩尔对默顿的死承担法律责任。我们可以认定摩尔导致了默顿受伤但不能认定他导致了默顿的死亡。通过这个例子要说明的理念是：不能要求一个人为意外的巧合承担责任。

　　⊖　H. L. A. Hart and A. M. Honoré, *Causation and the Law* (London: Oxford University Press, 1959), esp.59-78.

关于法律上的因果关系我们在此的论述只是挂一漏万，但至少可以借此看到在法律上探讨因果关系的方向。

本章总结

- 类比论证是由相似事物具有特定属性得出某事物也具有这种属性。
- 对类比论证进行批判性思维涉及 11.1.1 中所述的指南。
- 反驳类比论证的策略是通过强调类比前提和类比结论之间的重要差异来攻击类比。
- 类推论证在伦理、历史、法律以及反驳中尤其重要。
- 由全部、大多数或某个百分比成员的样本具有某属性得出总体的全部、大部分或某个百分比具有该属性，是从样本进行概括。
- 对从样本进行概括展开批判性思考涉及 11.2.2 所述的指南。
- 从样本进行科学概括与日常概括的区别在于，日常概括未经科学选择样本以消除偏见，而且无法精确计算日常概括的概率。
- 统计三段论具有以下形式：多数 X 是 Y；这是 X；因此，这是 Y。
- 统计三段论的强度不同于所有考虑因素结论的可能性。
- 论证和陈述因果关系往往使用相同的语词。
- 因果陈述可以是论证的结论或前提，但不是论证。
- 因果假说是为进一步调查或检验提供待检验的因果的陈述。
- 形成因果假说的三个有用原则：相伴异常事件原则、共同变项原则、共变原则。

- 验证因果假说通常是试图表明没有待检验的原因为条件就不会发生所关注的现象。
- 三种可用于验证因果假说的推理：随机对照实验，前瞻性观察研究和回顾性观察研究。
- 有用的概率计算包括相互独立的交事件、并事件、条件概率和期望值。
- 法律上判断事件的原因通常需要判断哪种原因要素最相关。

道德、法律与美学推理

本章学习目标

1. 解释价值判断在道德推理中的作用
2. 解释西方思想中道德推理的视角
3. 解释道德慎思的要素
4. 解释法律推理与法律论证的原则
5. 解释美学推理和判断的原则

　　如果你和一个熟人在同一家保险公司投保，你还发现这个在最近的经济衰退中失业的人参与了保险欺诈骗局，他正试图欺骗公司数万美元。你因要查询自己的保险单去了保险公司，你应该说出这位朋友的所作所为吗？

　　我们时常面临类似的艰难的道德决策。母亲也许不得不权衡参加女儿的垒球比赛与自己的工作职责何者放在首位。"亲爱的阿比"试图回答一名年轻女子的困扰：在未婚夫服役海外期间她爱上了新人。州长必须决定是否将依据间接证据定罪的罪犯送往死囚区。总统也许必须决策是否要发动一场战争。

　　抽象地思考的时候，人们或许会认为道德话题是主观的。人们会说："当面临该如何行动时，按照你认为正确的去做，仅此而已。"然而，我们曾经在一个班级里提问学生：有多少人认为回答年轻女子的问题时，阿比应该说"想怎么做就怎么做"？没有一个人举手。当面对真实的道德两难时，尤其是当我们自己面临这样的境地时，就会发现道德话题并不只是个人意见而已。人们会就道德问题展开讨论，征求他人意见，考虑可能的选择，权衡各种后果。在展开讨论和思考的过程中，人们会发现，在各种考量和论证中，总有一些更为重要、优于其他（本书第 1 章已经简述过这个问题）。

　　本章中，我们先讨论道德推理和道德慎思中所涉及的内容，然后再讨论法律推理和美学推理的相关内容。

12.1　价值判断

　　我们先来阐明道德推理的确切所指。最近我们的同事怀特教授在讨论该如何对待一名学生，这个学生抄袭了其他学生的学年论文还自作聪明地以为不会被发现。可以对这个学生做各种评价，怀特教授的观点是"他应该得 F"，她也的确把这名学生的总成绩记为 F。

　　怀特教授给出的就是所谓的价值判断（又称规范性判断）。价值判断评价优点、需求以及人或事之值得称赞之处。当怀特教授说学生该得 F 时，她不是在描述学生，而是在评价学生。她认为学生做了错误的行为。

　　道德推理与其他推理的区别在于，道德推理试图建立道德价值判断。正因道德推理中都含有道德价值判断，所以在讨论道德推理之前，我们先要学会识别道德价值判断。

并不是所有的价值判断都是道德价值判断。说一部电影很棒是对电影的评价，但不是道德评价。说百事可乐比可口可乐味道好是在评价口味而不是道德评价。

为帮助你识别道德价值判断，下面的排列中，左侧的是道德价值判断，右侧的是非道德价值判断。

道德价值判断	非道德价值判断
议员隐瞒消息是不对的。	议员衣着得体。
议员不该声称他住在实际并没居住的社区。	《为什么是他》是近年最有趣的电影。
堕胎是不道德的。	洛德还不足以成为一流歌手。
应该教育孩子尊敬长者。	弗兰克·扎帕是一般的吉他手。
不该因为我诚实的错误给我不及格。	杰西·J 很棒。

道德价值判断通常使用这些词语，如："好""坏""对""错""应当""应该""适当的""合理的""公平的"及其反义词等。但使用这些语词的语句并不都是道德评价。如果你告诉某人她应当遵守诺言，这是一个道德价值判断，但如果你告诉她滑雪时应当保持膝盖弯曲，这里虽含"应当"却不是道德价值判断，而是在告诉她滑雪时弯曲膝盖的做法是值得肯定的。

值得注意的是，一个并不是价值判断的命题中或许隐含着价值判断。例如"善良的大卫·艾索洛定期为纽约时报捐款"，虽然整个命题不是价值判断但其中有价值判断：大卫·艾索洛是善良的。

12.1.1 道德与非道德

对道德的理解往往是讨论道德推理时产生误会的根源。这个词可以在两个不同的意义上被分别使用。一个是作为"非道德"的反义词，另一个是作为"不道德"的反义词。到目前为止，我们都是在第一种意义上使用"道德"这个术语的。"克里斯·克里斯蒂的体重超过 200 磅"是非道德判断，即这个判断和道德无关。"克里斯·克里斯蒂是邪恶的人"则与道德密切关联：这是道德价值判断。"克里斯·克里斯蒂是善良的人"也是表达道德价值的判断。

"道德"的另外一层意思与"不道德"相对立。仅为了取乐而踢猫是不道德的，关照猫则是道德的。这是在第二种意义上运用"道德"。在这里，道德的意思是"好""正确""恰当"等。

为避免混淆，本章中的"道德"都是在第一种意义上使用的，指与道德相关。语句"踢猫是过错"和"踢猫并不为过"都是道德判断。

12.1.2　道德推理的两个原则

假如摩尔第一天上课时在班级宣布，期末考试是可选择的，而又随机地指向坐在第三排的一个女生，说："你例外，你是强制的。"

这个女生和其他同学并无区别，但摩尔却要对她区别对待，这就引入了道德推理的第一条原则。

道德推理原则 I

同样的个案必须同等对待，同等对待的个案必须情况相同。

为方便起见，我们把这个原则称为**一致性原则**（consistency principle）。如果摩尔给两个表现悬殊的学生同样的成绩，摩尔就违反了这条规则。

请注意这是道德推理的原则而不是道德原则，这个原则并是不在说"要善待动物"之类，而是类似于说"如果 X 是 Y，若某物是 X，那么该物是 Y"——"如果所有的学生的考试都是可选择的，坐在第三排的那个女生是学生，那么这个女生就有权选择考试"。

道德推理的第二个原则与其说是逻辑的，不如说是程序的。

道德推理原则 II

看起来违背了一致性原则的一方有责任证明他并没有违背一致性原则。

如果帕克宣布"蓝眼睛的学生可以开卷考试，而其他学生不行"，帕克就有责任证明他没有违背一致性原则。他必须表明有理由让蓝眼睛的学生享受开卷考试的权利。

个案之间到底是相同的还是不同的呢？幸好原则 II 给我们留有余地，使我们可以不从理论上回答这个问题。如果哈伦反对对越南战争而支持对阿富汗战争，而这两场战争在我们看来并无不同，那么如果哈伦不能令我们信服地指出这两场战争之间的区别，哈伦就违背了一致性原则。如果卡罗尔区别对待黑人消费者和白人消费者而不能向我们说明这两类消费者之间的不同，我们就可以合理地认为她不一致。

设想卡罗尔认为肤色本身就是该区别对待白人和黑人的重要特征，并指责我们忽略了这个区别。我们可以轻易地指出，如同身高和眼睛的颜色一样，肤色是人们与生俱来的不可改变的特征，但卡罗尔会因此改变她因这些特征而区别对待他人的行为吗？

不难发现销售人员在对待顾客时的不一致性，他们对一些人礼貌而对另一些人粗鲁。而很多时候，对于是否涉嫌不一致做合理评价时，人们的意见并不相同。某人同意堕胎而反对死刑是不一致吗？一方面支持政府可以自由缩减社会福利的开支，另一方面不同意政府可以取消侵权案件赔偿的上限，这是不一致吗？为了在讨论中澄清相关问题，明智的做法是，提出问题："二者有何区别？"

在第 6 章中我们提到过诉诸人身谬误，即误以为指出某人行为的不一致就驳倒了他的言论。如拉梅斯告诉我们：打猎是不对的。后来我们发现，拉梅斯爱好捕鱼。在我们追问之后，拉梅斯说不出这两种活动在道德上有何不同。这样，拉梅斯就是不一致的。但这并不意味着打猎是对的或者捕鱼是错的。如果因此说"拉梅斯，你

'打猎是错的'的主张不成立，因为你本人就捕鱼"，就是诉诸人身谬误。但如果因此说"拉梅斯，你并不一致，在打猎或者捕鱼的问题上你必须改变立场"，这就不是诉诸人身。

设想摩尔教授给霍华德的成绩为 A，给詹姆斯的成绩为 C，而他俩在课程中的表现并无不同。若我们因此说"摩尔，你不该给詹姆斯 C，因为你给了霍华德 A"，或者说"摩尔，你不该给霍华德 A，因为你给了詹姆斯 C"，都是诉诸人身谬误，但如果说"摩尔，你并不一致，至少给其中一个学生判错了成绩"，这种说法不违背逻辑。

12.1.3　道德原则

对于道德个案，要相同情况同等对待，而道德原则是普遍意义上的价值判断。也就是说，道德原则指向在所有类似情形下该如何做（正确的、恰当的等），而不针对个别具体情形。"偷窃是错误的"是道德原则。"偷鲍勃的东西是错误的"以及"鲍勃偷别人的东西是错误的"则都是针对具体情形的道德价值判断，不是道德原则。道德原则的特质之一就是具有普遍性、一般性，实际上，从一致性原则中就可以得出这个结论。日常道德推理的主要形式就是从一般道德原则中得出具体的道德价值判断。下面我们来看看这具体是如何运作的。

12.1.4　形成特定的道德价值判断

从逻辑的视角看，从不含价值判断的前提中推出特定的道德价值判断为结论不免令人疑惑。例如：

艾略特的父亲依靠艾略特，所以，艾略特应当照顾他父亲。

日常生活中我们常常面对这样的论证，而对此并不留意。当然这样的论证并没有违背逻辑。如果事实和数据并不是做出道德决定的理由，那理由是什么呢？无论如何，从逻辑上看，这类论证——

道德推理的基本类型——不免令人疑惑，该论证的前提（艾略特的父亲依靠艾略特）不是价值判断，而结论（艾略特应当照顾他父亲）却是价值判断。我们为何可以从关于"是"的前提得出关于"应当"的结论呢？"应当"是怎么得来的呢？

答案在于：上述论证之所以能够从表达的前提得出结论，是因为这个论证中含有某个一般道德原则作为假设。该例中所假设的道德原则是：成年子女应当照顾依靠自己的父母。上述论证实际上可以理解为

前提：艾略特的父亲依赖艾略特

（未陈述的一般道德原则：成年子女应当照顾依赖自己的父母。）

结论：因此，艾略特应当照顾他父亲。

这是一个有效的演绎论证。与此类似，前提陈述事实而结论得出道德价值判断的道德推理都含有一个道德原则作为假设，这个假设连接着前提中的"是"和结论中的"应当"。

至此，我们只从逻辑的角度讨论了道德推理，但还要从实践的角度来看道德推理。进一步讨论道德论证时我们要关注一般道德原则。如果我们同意上述论证的前提"艾略特的父亲依赖艾略特"而不同意其结论"艾略特应当照顾他父亲"，争议焦点就在未陈述的道德原则"成年子女应当照顾依赖自己的父母"上。例如，即使是以自己或配偶的健康为代价，成年子女也应当照顾依靠自己的父母吗？在进行道德决策时，审查连接事实前提和价值结论的未表达的道德原则对于澄清议题颇为有用。

例如你有时会听到这样的话：

同性恋是不自然的，所以，不该同性恋。

这里所假设的一般性道德原则也许是：不该做不自然的事。聚

焦这个原则就会引发富有成效的讨论。"不自然"到底指什么？飞行是不自然的吗？穿衣服呢？活到 100 岁呢？超过生育年龄之后的性行为是自然的吗？难道真的不自然的事都不该做吗？自然界中，严重残障的新生动物只能自己养活自己，那我们照顾自己严重残障的孩子也是错误的吗？在公众场合抓挠自己堪称是自然的，但我们的文化所认同的却是这样做欠妥。

　　回到我们说过的怀特教授的例子。怀特教授在给抄袭的学生不及格的同时，也准备惩罚那个被抄袭的学生查尔斯。查尔斯把自己的论文给抄袭的同学看是错误的吗？要得出此结论就需要类似这样一个道德原则：在你的同学提交作业之前向他出示你的作业是错误的。虽然这个原则可以演绎地推出怀特教授所要的结论，但这个原则本身却有待审查。例如，不少大学都把交卷前向邻座同学提供考卷答案作为开除学生的理由，但请同学对自己的学年论文提供建设性意见却是好事。仔细考量上述道德原则也许会得出结论：查尔斯并没有错。

　　接下来，我们将讨论大多数道德推理中更普遍、更基本的假设。

推论出正确做法

　　在有关道德的讨论中，各类推理都有可能出现。例如，为了支持关于某行为会给多少人带来幸福的主张，就需要运用非演绎推理。另一方面，"你该做 X"的主张几乎都是通过演绎推理得出的结论。典型的推理如：

> 受益于该项目的人该为其后续做贡献。
> 登齐尔显然受益于该项目。
> 所以，登齐尔该为这个项目的后续做贡献。

这类推理如此常见的原因是我们非常依赖一致性原则：同等

情况相同对待。这个原则暗含在关于登齐尔的一般陈述中：该陈述将所有受益于这个项目的人视为一个群体，他们的情况看起来是相同的。

12.2 道德推理的主要视角

人们往往基于多个框架或视角进行道德推理。下面讨论西方思想中特别有影响力的思考视角。

12.2.1 后果论

后果论（consequentialism）主张在确定道德价值时要关注决断、行为或政策的后果。从道德上看，如果一个行为的后果优于其他可选方案，那么这就是正确行为。持这种视角的最著名的理论就是功利主义（utilitarianism）。在功利主义看来，如果一个行为将比其他行为带来更多快乐，那么该行为就是正确的；如果采取某行为将带来较少的快乐，而其他可选行为将带来较多快乐，那么，采取该行为而不采取其他可替代行为就是错误的。

当考虑该采取哪种行为时，许多人列出正反两面后果的清单作为指导。假如你父母离异了，你要决定去父亲的新家还是母亲的新家过感恩节，总有一边的人会失望，但可能其中一边失望的人会更多一些，或者某一边人的失望程度更深。作为功利主义者，你需要尽可能地计算你的行为给两边的人的幸福所带来的影响。另外，你还得（运用非演绎推理）分析每一种选择与其快乐结果的确定程度，并给相对确定的积极结果赋以较高的权重。通常人们更能确定行为给你自己以及你熟悉的人所带来的快乐，所以偏向于选择最能增加你自己或你熟悉的人的快乐的行为在道德上常常是合理的。当然，你不能以此为借口彻底自私：从道德上说，你自己的快乐并不比别人的快乐更重要。道德上最佳的行为并不总是能最大程度地增加你的快乐。

总之，功利主义者从正反两方面衡量各种方案的结果，然后选择能使快乐最大化的那个方案。边沁（1748—1832）是最初主张功利主义的渊博知识分子，他甚至研究发明了享乐主义微积分——一种在紧张度、确定性和可持续性等基础上赋予快乐与痛苦以实际数值的方法。其他一些功利主义者认为快乐的质量有高低之分（例如，阅读莎士比亚的作品比观看《魔宫战士》所得的快乐质量要高）。虽然功利主义中还有一些其他重要的方面，但其最基本的视角是通过所带来的快乐来权衡行为的结果。功利主义有相当广泛的影响力，现实生活中的道德推理往往都是功利的。

尽管如此，该理论的某些方面还是有疑问的。通常，当我们考虑是否采取某行动时，我们并不总是只考虑该行为对快乐的影响。例如，我们有时会考虑到他人的权利。我们不会让别人成为我们家的奴隶，即使这样做给我们家带来的快乐要胜过给奴隶带来的不快。我们还要考虑自己的责任和义务。我们会认为偿还欠款是我们的责任，即使我们手头拮据而他人并不缺钱，甚至他都不记得曾经借了钱给我们。如果我们订有婚约，然后又因遇见挚爱而想毁约，对于到底是履约还是毁约，我们会再三思量，纵使我们认为从总体上看，毁约所带来的快乐将远大于暂时的不悦。很多人都认为，不能因违背诺言可能带来的快乐而忽略信守诺言的道德责任。

在评价行为的道德价值时，功利主义似乎不考虑行为动机。假设一抢劫者攻击某受害者，而与此同时，受害者头顶上有一个花盆正好从上方阳台落下。抢劫者正好在花盆落下的前一刻把受害者推开了，而这个受害者原来正站在花盆落下的地方。事实上，抢劫者救了受害者的命。但我们会仅仅因为抢劫者的行为产生了快乐的结果而说他做了道德上的好事吗？根据功利主义，可以这么说——假设抢劫行为的最后结果比原本的状况更好就可以这样说。可见，仅用功利主义来分析道德推理是不够的。

后果论中的另一流派是**伦理学的利己主义**（ethical egoism）。其主要理念是，如果某行为给你自己带来的快乐高于其他选择，这样行事就是正确的，如果某行为给你自己带来的快乐低于其他选择，这样行事就是错误的。简而言之，应尽最大的努力促进自己的幸福。显然，深思熟虑的利己主义理论所开的不是自私的处方，因为从长期看，自私的行为不会给你自己带来最大的快乐。尽管如此，行事的理由是给自己带来快乐和行事的理由是给他人带来快乐毕竟不同。认为一种行事理由正确的流派是**伦理学上的利他主义**（ethical altruism）。这种理论认为他人的快乐比自己的快乐价值更高。从这个角度看，功利主义持较为中立的立场，它兼顾了自己利益和他人利益的重要性。

行为与规则

如何评价考试作弊行为？单次作弊行为可能会使世界上的快乐总量增加，但如果考试作弊作为原则被广泛接受，世界上的快乐总量将会减少。

这就引出了问题：在计算快乐结果的总量时，我们应该考虑特定行为的后果呢？还是应该考虑接受与行为相关的原则所带来的后果？

因此，有的哲学家区分了行为功利主义与规则功利主义，前者根据特定行为可以带来的快乐对其进行道德评价，后者则通过接受该行为所体现的准则所带来的快乐对其进行道德评价。

12.2.2 义务论/道义论

伊曼努尔·康德（1724—1804）见证了功利主义的开始，也发现了功利主义哲学的缺陷——它忽略了道德义务。康德所提出的理论就被称为义务论（duty theory）或道义论（deontologism）。

康德指出，基于我们自己的情境和目标，我们的生活充满着律令。如果想在工作上取得进步，遵守诺言就是一种律令；如果关心朋友的快乐，不在背后议论他们就是一种律令。这类假言命令（hypothetical imperative）告诉我们为了追求特定的结果应该做什么（或不应该做什么），但康德论证说，这不是道德上的律令。他论证道，遵守诺言若以我们能获得一定声誉为目的，这在道德上既不值得赞扬也不该遭到责备。我们的行为要获得道德上的称赞，就必须不是出于某种目的，而只是因为它本身是正确的。他说，仅当因为遵守诺言是正确的而遵守诺言时，我们遵守诺言的行为才是值得称赞的。道德律令是无条件的或绝对的：它所规定的行为，不是为了某种结果，而是因为该行为就是我们道德义务。

按照这种哲学，从道德上来衡量行为时，并不像功利主义那样依赖行为的后果，而要关注行为的动机。在康德看来，道德上最佳的动机，也就是唯一真正在道德上值得称赞的行为，就是纯粹因为它是道德义务而实施的行为。

什么才是我们的道德义务呢？一些道义论者认为义务的基础是人性；另一些人则认为义务植根于理性；当然，在西方文化中，很多人相信道德义务是由上帝设定的。如何来界定义务是什么呢？一些人认为诉诸良心就可以发现义务；另一些人则认为义务是自明的或者是可以诉诸道德直觉的；而认为上帝设定了人类道德义务的人，常常通过对经文（例如《圣经》）的解释来获得自己对义务的特定理解，尽管这些人对何为正确的解释甚至究竟谁有权解释往往意见不一致。

康德按如下方式来回答上述问题：假设你急需一笔钱，而且知道自己没有偿还能力，你在考虑是否去借钱。在这种情况下去借钱是道德上允许的吗？康德指出：首先，找到要做的事情中所包含的原则（行为规则）。在本例中原则就是"每当我需要钱时，就去向朋友借并承诺偿还，即使我知道自己还不了"。然后自问："我是否想把这个原则变成人人都该遵守的普遍的法则或规则？"按照康德的说法，这种普遍化的过程就是你在判断某事是否应该作为道德律令的过程。能把人人都可以谎称偿还借款作为普遍的法则吗？几乎不可能：如果每个人都接受这个原则，那就不会再有借款这回事。简言之，对原则普遍化的过程恰恰破坏着被普遍化的原则本身。如果所有人都接受这个原则，那么就可能没有人会遵守它。这个原则的普遍化是不合逻辑的，所以偿还欠款是你的义务。

不难预见，根据康德的理论所采取的行动与根据功利主义所采取的行动可能完全不同。功利主义可以原谅不打算偿还却去借钱的行为，只要这样做可以比不这样做产生更多的快乐。但是，康德的理论就不会原谅这种行为。

康德指出，如果你本意不想还钱而去向朋友借钱，就是把朋友当作实现目的的手段。他说，如果你考察一下此类事件，即你利用他人作为达成自己目标的手段，那么，你会发现每个行为中都含有不能普遍化的行为准则，都是对道义的违背。因此，他告诫我们，我们的道德义务是：绝不能把他人仅仅作为实现目标的手段。当然，康德不是说摩尔不能向帕克求助，求助并不代表摩尔仅仅把帕克作为利用的工具。

康德的义务理论——决不把他人当作手段的道德必要性——可以用于支持人权和公平的观念：即人人拥有权利，公平对待他人。无论你是否接受康德的义务理论，你自己的道德思考都可能会超出严格的功利主义的界限，你很可能会结合其他道德要素来考量，其中包括你的义务和他人的权利。

12.2.3　道德相对主义

对于初涉哲学的学生而言，**道德相对主义**（moral relativism）是一种流行的伦理观念，这种观念意味着，正确或错误依赖并决定于其所处的群体或文化。

涉及道德推理时，人们往往将下面两个观点相混淆：

1.对行为正确和错误所持的信念，可能会在不同群体、不同社会或不同文化间呈现差异。

2.行事方式到底是正确还是错误，可能会因不同群体、不同社会、不同文化而呈现差异。

第二个观点是道德相对主义，第一个则不是。请仔细阅读这两个观点，你就会发现它们虽然看来相似，但确实不同。第一个观点说人们的信念不同，第二个观点则说事实上正误标准不同。第一个观点是无可争辩的，而第二个观点是有争议、成问题的。在古希腊，多数人也许都相信奴隶制没错，但这并不意味着在当时奴隶制就毫无错误。

密尔的谬误

功利主义的奠基人是英国哲学家杰里米·边沁（1748—1832）、约翰·斯图加特·密尔（1806—1873）和哈丽特·泰勒·密尔（1807—1858）。边沁离世后享有崇高的致敬，他的遗体（穿着衣服）被陈列在伦敦大学学院。边沁似乎依然参加大学理事会会议，被列为"出席但不投票"者。

密尔（边沁的教子）是一位早熟的年轻学者，他不到3岁就能阅读希腊文。他的著作《逻辑体系》是英国最畅销的书，不仅畅销于哲学届，也是普通大众的热门读物，虽然当时没有 YouTube。哈丽特·泰勒是女权倡导者，她与约翰·斯图加特·密尔合作撰写了许多书籍。

每个逻辑和哲学专业的学生都应该知道，密尔在他的专著《功利主义》中的第四章为功利主义提出了以下招致非议的论证：

"唯一能证明可见物体的证据是人们实际上看到了它。唯一能证明可听声音的是人们听见了……我以同样的方式理解，对于什么是可欲的唯一的证明就是人们的确希望它……除了每个人的希望，无从证明普遍幸福是可欲的。只要相信可以获得，每个人都希望自己幸福……对于"幸福是好的"我们不仅能证明它是可接受的，也能证明它是可获得的：每个人的幸福对他本人是一件好事，因此普遍幸福对整体有益。"

密尔接着又说这不是通常意义上的证明。无怪乎他这么说，因为通常意义上这个论证包含三个谬误。

1. 从"是"得出"应该"：从人们实际所做的得出人们应该做的。我们前面讨论过这一点：从"是"得出"应该"的论证中假设了普遍道德原则。

2. 模棱两可：论证从正在追求意义上的"希望"转变为应该追求意义上的"可欲"（参见第 8 章的"模棱两可"）。

3. 合成谬误：论证从个体幸福是一件好事转变为结论集体幸福是一件好事（参见第 8 章的"合成"）。

杰出的哲学家们为密尔辩护，试图证明他并没有真正犯下这些错误。密尔的论证有辩护人，表明他们认为密尔的论证需要辩护。

我们的观点是，密尔知道自己在做什么，所以他要声明这不是通常意义上的证明。我们同意这不是通常意义上的证明。既然没有其他合理说法，我们视其为修辞技巧（参见第 4 章）。

值得注意的是，道德相对主义面临着三个方面的潜在难题。首先，到底如何界定群体、社会和文化？界定其成员的标准是什么？特定的人到底可以归属于哪些群体、社会或文化？在将一般原则运用于特定个体时我们往往会遇到这些困难。

其次，某群体内部的成员间所接受的道德原则往往是相互冲突的。例如，即使在一个很小的社区，其居民之间对同性恋或堕胎所持的态度往往也是不一致的。

第三个难题并不那么显而易见，为了便于理解，让我们假设某人所处的社会相信：允许谋杀美国人，作为道德相对主义者的你就会因此承认，允许此人谋杀美国人。但假如美国人一致同意：不能仅仅因为任何人的民族特征而谋杀他。作为美国人的你就会认为，不允许此人谋杀美国人。赞同道德相对主义会让你置身于自相矛盾的境地。

另一流行的道德观念是相对主义的极端形式，被称为道德主观主义（moral subjectivism）。它认为，对错仅依主观看法而定。思考主体认为对的就是对的，认为错的就是错的。在第 1 章中我们讨论过相对主义，并指出了认为价值判断都是主观的不合理之处。

12.2.4 宗教相对主义

顾名思义，宗教相对主义（religious relativism）认为行为的正确和错误取决于一个人所处的宗教文化或社会。持这种看法的人会面临与其他版本的相对主义相同的难题。首先，如何界定宗教文化或社会及其成员？浸礼会和天主教是同一种宗教文化吗？如果你从不去教堂你是否基督徒？其次，即使在同一种宗教文化中，也可能会存在相互冲突的道德观念，例如，2015 年长老会教堂曾就认可同性恋婚姻举行投票，结果并不一致。

再者，持一种宗教观的人可能会认为笃信另一种宗教是罪过——认为后者误信别的救世主是罪过。按照宗教相对主义，如果你是前一种教徒你就会认为相信别的救世主是罪过，因为你的教派就持这种观点。但作为宗教相对主义者，既然其他教派相信别的救世主，该教派的教徒如此相信就不是罪过。

12.2.5 宗教绝对主义

克服困难的途径之一似乎就是赞同宗教绝对主义（religious absolutism），即正确的道德原则就是"正确的宗教"所接受的原则。但问题在于，我们无法确定何为"正确的宗教"。

12.2.6 德行伦理

到目前为止，我们所讨论的视角，都在关注正确和适当的行为、决策、实践或政策。正因如此，这些理论被称为行为伦理。但有一些当代哲学家再度钟情另一理论——德行伦理（virtue ethics）。该理论曾在古希腊思想中占主要地位，它关注的不是做什么，而是成为什么样的人。

说明德行伦理的最好例子便是童子军誓言。童子军不必宣誓要做或者不能做某个具体的行为，而是宣誓要成为什么样的人。他们宣誓要成为具有如下品格的人：值得信赖、忠诚可靠、乐于助人、为人友善、谦恭有礼、平易近人、勇敢无畏，等等。这些就是"德行"的清单，或者说性格特征。具有这些德行的人会展露独特的行为习惯。

古希腊人认为至关重要的是达成心理和生理的平衡：要做到这一点，需要养成前后一贯的良好品性。失衡的人不能恰当地评价自己所处的境况，容易反应过度或者不及；而且，这样的人不知道把握合理的分寸。那些能认识到自己的长处和不足，并基于合理的理由，在恰当的时候、对合适的对象、做出适度反应的人，才是具有德性的人。他们懂得节制的价值：既不过度也非不及，遇事的反应总是适度的。

亚里士多德（前384—前322年）把德行视为特质，正如智慧、公正或勇气，当我们运用自己的理性能力去克制冲动和欲望时，所获得的就是德行。亚里士多德的伦理学著作《尼各马可伦理学》主要致力于分析处于两个极端之间的特定德行（例如，勇敢介于胆怯和鲁莽之间）。他还强调德行是一种习惯，一种品质，一种生活方式。

德行伦理不只是抽象的伦理理论。我们中的很多人（幸运地）都希望是（或成为）品性良好的人。在实践层面上，我们在考量怎么做时，常常会考虑：在这种情形下，那些德高望重的人会怎么做。

仅靠德行理论并不能解答所有的道德问题。我们每个人都可能面对此类道德困境：并不清楚品性良好的人会采取什么行动。

12.3   道德慎思

在开始阅读本章之前，你也许默认道德讨论仅仅是交流个人意见或感受，道德讨论中并没有推理或批判性思维。但道德讨论中通常都设定了我们已提到过的某种视角。实际上，在现实生活中，道德推理通常交织着视角切换：注重某人自己的快乐的功利主义考量，基于义务、权利和责任观念对前述功利主义考量适当修正，再添加其他想法的色彩，如内疚的，即关于理想中的德行人（父母、教师）在类似情况下会怎么做的想法。道德讨论中有时会卷入错误——也许混淆了价值判断和其他类型判断，可能会出现不一致，弱的非演绎论证，无效的演绎论证，还可能出现一些推理谬误，诸如此类。

我们可以通过努力弄清自己的视角来把道德思考引向深入。例如，假设所考虑的是死刑问题。我们首先想到的可能是，如果对杀人者执行死刑，社会将变得更好。这里所采取的是功利主义视角吗？这样提问可能会引导我们进一步思考，为了公众利益我们限制了什么——比如，我们愿意因此而冒无辜者受害的风险吗？这样提问还会让我们思考，如果凶手被执行了死刑，如何证实社会是否变好了？如果我们是功利主义者，假如我们希望自己的推理有说服力，最终必须证实这一点。

假设我们看到朋友在考试中作弊，应该向老师报告吗？无论我们倾向于怎么做，审查我们的视角都是明智的。我们是从功利主义的视角去观察事物吗？也就是思考，我们举报自己的朋友总体上会感到快乐吗？或者仅仅相信举报是我们的义务？还会思考什么？品性高尚的人会举报自己的朋友吗？每一个问题都引导我们关注一些特殊的焦点——这些都与我们的思维方式相关。

为何道德问题看起来无解

道德分歧有时看起来不可调和。有的争论源于道德视角差异。赞成平权行动的人从功利视角认为它提供了更多好处，反对的人则认为它没有平等尊重人权。赞成控制枪支的人认为对持枪者实施限制有利于保障公共安全，反对者则认为控枪剥夺了宪法规定的权利。

并非道德分歧都源于道德视角不同。反对堕胎者和支持堕胎者通常都持义务论视角强调权利；他们都同意，没有正当理由而剥夺人的生命就是错误的。然而，他们对哪种权利（妇女的选择权还是胎儿的生命权）更为优先意见不一，对于到底生命何时开始他们也各持己见。

至此，你可能想知道选择某种视角有其理由吗？答案是肯定的：持有这些立场的人，如前面提到的哲学家们，为他们的视角提供了理论支持，其中包括人性、天性、德行等。换句话说，他们都对自己的视角展开了论证。如果你对此感兴趣，建议你学习伦理学课程。

12.4 法律推理

当提到论证和辩论时，大多数人首先想到的也许是法庭上的律师辩护。诚然，律师需要准确理解案件事实，善于利用人们的心理，尤其是有陪审团时，但律师的关键技能还是论证。律师的成功，取决于其为有利于委托人的主张提供证据的能力，换句话说，他们的成功取决于如何把前提和结论组合成令人信服的论证（这并不意味我们低估法庭上各种修辞和说服技巧，不少案件的判决是基于强有力的修辞而不是好的论证）。

法律类别很多，如行政法、商法、刑法、国际法、税法等，这容易让人认为各法律类别中并没有所谓的"独特法律推理"。的确如此，但依然可以将法律推理大致分为两类问题：（1）在个案中适用法律及解释法律；（2）法律应该是什么。通常，法学家和职业律师对前一类问题更感兴趣，法哲学家更热衷于后一类问题。

法学家和职业律师在适用法律时所运用的推理也无外乎演绎的或非演绎的。如果运用演绎推理，则可能是可靠的、有效或无效的；如果运用非演绎推理，则可能是强的或弱的。演绎推理包括直言推理、假言推理等，非演绎推理包括概括推理、类比推理、因果推理等。在法律适用中，特别值得一提的是类比推理和因果关系推理。

法律适用中占据特殊地位的是诉诸先例（appeal to precedent）。即在法律实践中运用既有判决来作为判决类似新案件的权威指南。诉诸先例实际上就是运用类比论证，如果当前的案件被认为与先前的案件足够相似，那就要进行同样的判决。诉诸先例也是以道德推理中所讨论的一致性原则为基础的。没有明显差异的案件要相同对待。以不同方式对待同样的案件既不合逻辑也有失公正。

诉诸先例的原则在拉丁文中的意思是遵照先例（stare decisis）（不改变既有决定）。按第11章所说的类比推理术语，类比项分别是既决案件和当下案件。关键问题在于比较项是否足够相似以至于区别对待它们就会违反遵照先例原则。除了判决结果对涉案各方关系重大以外，法律类比推理与其他情境中使用的类比推理并没有原则性区别。

遵从先例体现在普通法中。普通法起源于一千年前的英国，它把先例作为当前案件判决的决定要素，其逻辑基础是刚刚描述的类似案件类似处理原则。普通法制度有别于民法，后者更依赖成文法。现代法律制度通常受这两种影响，英国受普通法影响更多，罗马受民法影响更多。无论如何，如维基百科所述，类似案件须一致判决是普通法体系的核心。这也符合我们的正义原则。

因果关系推理在法律中也举足轻重。构成侵害结果的原因是承担法律责任的基础。一些情形下，一方要承担法律责任不仅仅是由于他引起了特定后果，还有其他归责要素，但引起后果通常是承担法律责任的必要条件。第 11 章中，我们曾讨论过法律中的因果关系。

法律的证成：四个视角

对特定法律的证成或辩护所运用的推理与上节中讨论的道德推理类似。这两类推理都涉及将一般原则运用到具体事件中，这两类推理最终都可以归于某个或某些基本视角。上面讨论的道德推理视角也可用于对特定法律的证成或辩护。例如功利主义关于增加快乐总量的观点就被用来对征用权（政府可以未经所有者同意而征用其财产）进行辩护，而反对者所持的理由就是道义论的观点：不能把利用他人作为实现目标的手段。下面将要讨论伤害原则，即法律只禁止伤害别人的行为，伤害原则植于道义伦理（虽然这是由功利主义者约翰·斯图加特·密尔明确提出的）。

对于法律的证成，我们最感兴趣的是，法律试图禁止我们做本来想做的，或者要求我们做本不想做的。立法机构是否该制定禁止做 X 的法律呢？通常，支持出台法律的论证的理由及视角无外乎四种。第一种就是，X 行为是不道德的。法律道德主义（legal moralism）的基本立场就是，法律应该认定不道德行为是违法的。有人就从这个视角来为法律禁止谋杀、袭击等辩护。对于法律道德主义者来说，用于表明某行为是不道德的论证与证明该行为违法直接相关。

自卫（*stand your ground*）

美国半数以上的州都采纳堡垒原则：在自家面临威胁时任何人都没义务让步，处此情境，你甚至有权使用致命武力击退进攻者。与其他几个州一样，2005 年佛罗里达州又通过了一项法律，把自卫时使用致命武器的权利范围延伸到捍卫者拥有合法权利的任何地方。这类法律被称为自卫法（SYG）。

尚不清楚自卫法是减少还是增加了暴力。支持者和反对者都引用各自的证据，并且感兴趣的人在形成自己的意见之前都可以参照已有研究。

这些法律在 2012 年 2 月成为焦点，在一场引起争议的冲突中，28 岁的多种族西班牙裔乔治·齐默尔曼枪杀了 17 岁的黑人青年中特雷冯·马丁。马丁正从一家便利店步行回住处，他住在他父亲的未婚妻家。邻里察看协调员齐默尔发现马丁时，齐默尔正坐在车里。他打电话给警察报告马丁形迹可疑，齐默尔曼在通话中下车，随后发生暴力冲突。这是齐默尔曼一人的叙事，因为马丁在对抗中被枪杀。齐默尔曼声称没带枪的马丁袭击了他，他因自卫开了枪。

佛罗里达州桑福德市的警察被指责延迟指控枪击者。警方和当地检察官则认为，造成延迟的原因是自卫法不仅可以为刑事审判提供辩护理由，还可以免于刑事附带的民事诉讼。

齐默尔曼于 2013 年 6 月以二级谋杀和过失杀人的罪名接受审判。2013 年 7 月 13 日，陪审团让他无罪开释。尽管佛罗里达州 SYG 法明确与此案相关，但齐默尔曼的律师在辩护中很少提及这种相关。陪审团受此法影响的程度尚不清楚。

第二种用于证成法律的理由也许是许多人最先想到的理由，它与约翰·斯图亚特·密尔（1806—1897）密切相关，被称为伤害原则（harm principle）。禁止 X 行为唯一的合法基础在于 X 行为对别人造成伤害。注意：伤害原则规定对他人的伤害是禁止某行为的充分理由，而且是唯一理由（根据第 10 章的命题逻辑，可以这样来表述此原则：禁止 X 是合法的，当且仅当 X 对他人造成伤害）。某人如果为此原则辩护并且想制定一部禁止 X 行为的法律，就要出示证据证明 X 行为确实对他人造成了伤害。其论证类型可能是前面章节探讨过的任何一种。

第三种证成法律的理由是法律家长主义（legal paternalism）。法律家长主义认为，如果法律阻止某人做有害自己的事，那么相关法律就可以得到证成；也就是说，法律为了某人自己的利益禁止或者限制 X 行为。这样的例子包括，法律要求人们在驾驶汽车时系安全带、骑摩托车时戴头盔。许多禁止或限制药物使用的法律也以此为据。

最后一种理由往往是为刑法辩护的依据，即某些行为被认为是冒犯性的。冒犯性原则（offense principle）认为，如果 X 行为对他人具有较大的冒犯性，那么禁止 X 的法律就可以得到证成。禁止随地小便和禁止焚烧国旗的法律就是以此原则为证成基础的。

与"法律应该是什么"相比，"法律是什么"以及如何适用法律的问题要简单些。但法律的理解和适用依然是复杂的问题。举个例子就可以说明这一点。第 3 章我们讨论过概念模糊性问题，完全消除交流中的模糊性是不可能的。下面是关于法律的例子。假定某城市法规规定，城市公园里的道路禁止车辆行驶。显然，驾驶卡车或者轿车穿过公园道路的人触犯了法律。但如果是摩托车呢？自行车呢？马车呢？儿童脚踏车呢？哪种是车辆，哪种不是车辆？诸如此类问题经常需要在法庭做出裁决，因为（毫无疑问）立法者制定法律时不可能预见人们视为车辆的所有物品。

缩限法律的适用范围时会遇到另一类与法律相关的推理问题。

12.5 美学推理

美学思考与道德和法律思考一样，其概念框架中交织着事实与价值。关于美和艺术的判断，甚至关于某件东西到底是艺术品还只是件生活用品的判断，都一一诉诸鉴定美或艺术价值之源的那些原则。因此，做这类判断时要求助于美学概念，即使评判人并没意识到或没说明这一点。

12.5.1 八个美学原则

以下原则对艺术创造和艺术评判具有普遍的支持力或影响力。前三个原则断定某物有艺术价值的依据在于其满足了特定文化或社会功能。

1. 含义深远或启迪真理的对象具有美学价值。比如，亚里士多德说，悲剧用戏剧的形式告诉我们人类处境的普遍真理，而这是实际生活不能做到的。很多人认为艺术向我们揭示了真理，而这些真理通常被我们日常生活的实际想法所掩蔽。

2. 能够表达其文化或传统的核心价值或信念的对象具有美学价值。文化或传统是艺术品得以诞生的源泉，它们对于艺术家的创造至关重要。比如，约翰·弥尔顿的《失乐园》描述了 17 世纪的清教徒关于人类与上帝关系的观点。

3. 有助于带来社会或政治变革的对象具有美学价值。比如，亚伯拉罕·林肯所评论的哈里亚特·比彻·斯托夫人的《汤姆叔叔的小屋》有助于反奴隶制运动，该运动导致了美国内战。

另一组原则确定美学价值的依据是让欣赏者产生某种主观（即

心理）状态的能力。第二组中最常见或最有影响的原则是：

4. 能使体验或欣赏的人感到快乐的对象具有美学价值。比如，
19 世纪的德国哲学家尼采指出有这样一种美学价值，它能在观众
中创造出一种狂喜的感觉。

5. 能够给人带来有价值的情感的对象具有美学价值。我们对艺
术带来的情感与生活带来的情感的态度有时并不相同。亚里士多德
在《诗学》中提到，我们欢迎恐怖戏剧给我们带来的恐惧感，然而
在日常生活中，我们会逃避这种恐惧感。心理学家弗洛伊德对此原
则提供了另一种解释：当我们欣赏艺术时，我们让自己产生如此具
有破坏性的感觉，以至于我们必须在日常生活中抑制这些情感，不
让它们起作用。

6. 能够带来特定的非情绪性体验的对象具有美学价值。自主感
或者搁置疑虑就是这样的体验。这个原则是 19 世纪英国诗人塞缪
尔·泰勒·柯勒律治提出来的：他认为，艺术的价值之一是具有这
样的能力，即激发想象力，从而把我们从过于狭窄的务实思维中解
放出来。

请注意，就能实现某种功能从而具有美学价值而言，原则
4～6 与原则 1～3 是类似的。根据后三个原则，艺术的功能是在
观众中创造出某种主观的或内心的状态；然而根据前三个原则，艺
术的功能是实现客观的结果，如传达信息或知识、维护或改变文化
或社会。但是，有些颇具影响力的美学原则，并不视实现某种功能
为艺术特征。被普遍接受的原则之一是，艺术品是通过拥有某种特
定美学性质或特定形式而获得其美学价值的。

7. 拥有某种美学特性或展现特殊美学形式的对象具有美学价
值。这种美学特性有时被称为"美"，有时被赋予其他名称。比如，
20 世纪早期的美学批评家贝尔坚持认为，优秀的艺术自身就具有
价值，而不是因为它能实现什么功能。他指出，要知道作品是否具

有审美价值，只需通过看或听来发现它是否具有"言之有意的形式"。"言之有意的形式"因其自身而具有价值，而不是因为它履行了职能才具有价值。

艾丽西娅·阿尔瓦雷斯的水彩画及朱莉娅·罗斯的钢笔和墨水画都描绘了轻松愉快的女性形象，尽管她们以截然不同的方式实现了这一点。

还有一种原则认为，对艺术判断无法给出理由。确切地说，持此原则的人认为，赞成或不赞成某对象为艺术是表达没有理由的偏爱，而不是提供判断。这条原则可以表述为：

8. 对象是否具有美学价值无法给出论证理由。这条原则在拉丁文中的表达就是"趣味无可争论"。

这里并未穷尽关于美学价值的所有重要观点。历史地看，关于艺术性质的观点是相对变化的，因为它们必须回应技术和文化的动态变革。而且，即使广为人知的美学价值观念是有限的，也可以用许多不同的方法来表述这些观念，不同的表述方式以各自的特点渗透着其背后的思想。

因此，给每一原则命名的做法会导致混乱。比如，让我们思考是否应该把其中的任何原则称为形式主义，这是重要的艺术流派或类型。虽然第七个原则清晰地把美学价值归于作品的形式而不是其功能，尽管在前六个原则中，形式只是达到更有价值目标的手段，但这些原则也认为艺术作品的形式性质是有价值的。比如：一些学者、批评家和艺术家认为，艺术品的某种形式类型能引起相应的情绪、社会模式或观众的愉悦感——比如，小三和弦的慢节奏音乐会使人感到悲伤。

你应该理解，这里所表述的原则只是为你批判性地思考艺术提供基本框架。如果你对艺术感兴趣，就需要更复杂和精深的概念框架来丰富你对艺术的思考。

12.5.2 用美学原则来判断美学价值

我们应注意到上面所讨论的各原则彼此之间是相容的。因此，理性的思考者在对某对象的美学价值形成判断时，往往会诉诸不止一条原则。比如，用第一和第五条原则来评价悲剧的思想就是一致的。亚里士多德的《诗学》就是这样运用美学原则的。他指出，不仅告诉人们关于人类处境的普遍真理并且能帮助观众在直面人类的困境时克服遗憾和恐惧的是优秀悲剧。他还说，一部展现普遍真理但没有激起观众适度情绪宣泄（情绪放松）的戏剧，或者一部激起观众悲剧情绪却没有使其认识到普遍真理的戏剧，都不如两者兼备的戏剧有价值。

然而，评判美学价值时并不总是能一致地采用上述各项原则。有些原则间的关系跟命题间的反对关系一样（回想一下第 9 章对当关系方阵），它们不可能同时正确，虽然有可能都错。比如，艺术因其形式或构造（而不是因为它服务于某种功能）而自身具有价值这一原则，跟另一条关于艺术因服务于社会或政治功能而具有价值的原则，就不能同时并用。你也许已经注意到第八条原则与其他各原则是相矛盾的，就是说，前七个原则都是确切地提及各种理由来引导和支持我们对艺术的欣赏，但是最后一个原则否认有这样的理由。

最后，理解下面这一点很重要，即引用同一个原则既能得出积极评价，也能得出消极评价，这取决于相关艺术品能否满足该原则所表达的标准。比如，可称之为"美学享乐主义"的第四条原则，它对产生愉悦的艺术品给予积极评价，但对让观众痛苦或不悦的艺术品给予负面评价。

12.5.3 评价美学评论：相关性与真实性

对特定艺术品的各种评论之间是否没有良莠之分呢？答案是否定的，理由有二：（1）对特定艺术品的评论引用了美学原则作为思考框架，基于所引原则，评论理由就有相关和不相关的区分；（2）即使理由是相关的，如果将原则运用于作品时有失真实，依然不是好评论。

我们先来看第一个理由。如果你接受第 4～6 条原则——它们都主张美学价值在于艺术品在观众中激起的主观反应，在这种情况下，如果告诉你毕加索的《格尔尼卡》（*Guernica*）能让观众体验战争的恐惧，这可能会吸引你去看这幅作品；但如果告诉你《格尔尼卡》探究了二维和三维空间概念的联系，这幅作品或许就不会吸引你。假设你反对第 1～3 条原则所倡导的，通过作品所展现的客观的、认知的、道德的、社会的或政治的功能来认可其美学价值，毕加索的政治倾向在你看来就与欣赏《格尔尼卡》无关。认为画家的政治倾向与作品有关的人至少会接受前三条原则中的一条。

为说明第二个理由，我们来看看《格尔尼卡》。假设一个评论家写道："通过类似鱼的构图，表现它们平静地漂游在水世界，毕加索让我们感到人在任何条件下都能生存。"但《格尔尼卡》中没有任何影像看起来像鱼。而且，它们被火包围，而不是水，并且它们因极度痛苦而扭曲，而不是平静。所以，这种评论的理由失真，因为它没有忠实于原作，它不能指导我们理解影像从而提高我们的鉴赏力。如果理由不真实，就会出现相似的问题。比如，将《格尔尼卡》解释为对《最后的晚餐》的描绘就不真实，因为我们在图里寥寥的几个形象中找不到有关这个主题的通常标志，即十二门徒和耶稣坐在桌旁（至少在吃饭）。

12.5.4 为何进行美学推理

我们所介绍的各种美学原则，是讨论艺术时或隐或显运用的最常见原则。而且，它们不仅影响了艺术创作，也影响了人们对艺术品的选择。但这些原则是从哪里来的？对此有许多争论，为了理解它，我们可以利用关于定义的观念（见第 3 章）和关于概括的讨论（见第 11 章）。

有人认为，美学原则只不过是对艺术概念或美学价值的具体界定。让我们对此看法略做解释。我们用定义来识别事物，比如，通过定义我们从三条边和三个角来鉴别一个几何图形是三角形。相似地，可以说美学原则就是定义。这就是说，这些原则为我们提供了美学词汇，来指导我们识别一个物品的美学价值。

如果的确可以把美学原则视为定义，那么学会评判艺术就是学习艺术语言。但因为艺术家们总是努力寻求原创性，所以面对创新的艺术品，评论家们曾熟悉的语言不能胜任评判。艺术的这个特点挑战着即便最资深的评论家，要求他们不断扩充美学词汇。

另一些人认为美学原则是概括，它总结了把对象视为有价值的艺术品的真实体验。其中的论证是从样本到目标总体的类比。因此，有人认为，我们所知道的全部或大部分悲剧之所以具有美学价值，是因为它们就人类的处境说了重要的内容。由此可以期待，有待评价的任何悲剧也都具有这个特点。还有，那些得到很高评价的音乐作品，连续上演了几个世纪还能让我们产生特别的情感，如快乐或悲伤，所以可以通过类比来预言，新创作的乐曲如果也能唤起强烈而明确的情感，就可得到类似的好评。当然，在目标对象不同于样本对象时，这些论证会遭到某种程度的削弱。因为艺术追求原创，新作品可能与以前的样品截然不同，这使得通过类比进行的论证显得十分无力。

美学原则来源的这两种解释是相互补充的：定义在某种程度上反映了我们过去对有价值的艺术品的体验，而我们过去的体验在某种程度上也受到定义的约束。但如果艺术发生了改变，这些原则（无论是分析性的还是归纳性的）对于指导我们做出美学判断甚至促进我们形成美学判断的共识还有什么用呢？

至少，这些原则指导我们在理解艺术时激起强烈情感。激起强烈情感（在第 5 章做了简要讨论）是语言的一个面向，它允许我们不仅仅为传递信息而使用语言。在讨论艺术时，构成推理的语言可以拥有激发强烈感情的力量，它引导我们注意作品的特定方面。如果评论家可以准确地、有说服力地描述这些方面，那么一般认为，观众会关注这些方面并体验到与评论者相似的好评（或批评）。如果推理太模糊或者将原则运用于作品是有失真实的，观众就不可能同意评论家的看法。

因此，艺术原则就好像指南，指导着我们给作品以适当的好评或批评。无论作品被归为哪一类，归类背后的推理都是达成一致意见的原因。无论是提高自身对艺术品的鉴赏力还是说服别人，这些推理都是十分有用的。将推理适用于对象时要进行准确而有内容的描述。这些推理能使我们：（1）选择一种特定的方式，如观察、倾听、阅读或其他方式去理解对象；（2）介绍、引导或规定以这种方式来观察、倾听并阅读该对象。

所以，美学推理有指引作用，它激发人们以特定的方式感知对象的特质。这些规定性的观察方式激起好评（或批评）的反应或体验。例如，假设一个评论家认为凡·高的《星月夜》的画法富有活力、颜色也十分强烈。这种积极的批判性推理规定人们在欣赏这幅画时关注这些特征。可以预期，当人们的目光掠过凡·高色彩鲜明的天空，并被他描画的繁星所感动时，由于关注这些形式特性，他们会享受画作所带来的积极反应。

为了学会对艺术做出解释并形成推理，你在观察、聆听或阅读时，要练习运用这些原则。每一个原则都会引导你关注画作、音乐演奏、诗歌或其他艺术作品的特定方面。扩充你的美学语汇也很重要，这样你就有词语来描述你的所见所闻或对作品的其他感观。随着练习，你的美学专业知识会提升。并且由于推理所依据的原则也是其他人所接受的，你会发现对艺术的合理反思可以达成更大范围和程度的美学判断共识。

本章总结

- 价值判断是陈述价值的命题。

- 道德价值判断陈述道德价值。

- 一些语词，尤其是"必须""应当""对""错"及其反义词，常常出现于道德价值判断中，虽然这些词也具有非道德的语义。

- 与其他类型的推理不同，道德推理的结论是道德价值判断。

- 包含价值判断的结论不能从不含有价值判断的前提中得出，换句话说，不能从"是"得出"应该"。结论中含有价值判断的论证的前提中暗含有一般道德原则作为未表达前提。

- 对前提中的事实无争议却对结论的道德判断有分歧，说明分歧根源在于普遍道德原则。

- 人们有时在道德观点上不一致：对待相同情况就像是对待不同情形，甚至说不出两者究竟有什么重要区别。

- 当两个或更多看上去很相似的情形被区别对待时，区别对待者就负有举证责任，他必须解释各情形到底有何不同。

- 道德推理通常具有特定的思考框架或视角。西方流行的视角包括：后果论、功利主义、伦理学上的利己主义、义务论、道德相对主义、宗教绝对主义、宗教相对主义和德行伦理。

- 通常，汇集不同的视角会产生对道德问题的相似解决办法。

- 弄清我们自己的视角，可以帮助我们在道德慎思时聚焦于相关考量。

- 法律推理和道德推理相似，都具有规范性。

- 法律研究致力于证成规制人们行为的法律。

- 法律道德主义、伤害原则、法律家长主义和冒犯性原则是证成法律的主要理由。

- 判定法律在何时何地适用的问题，往往要求把模糊的问题具体化。
- 判例是一种类比论证，通过这种方式，当前案件可根据以前案例所决定的指导原则来判决。
- 给定个案能否援引判例，取决于两者的相似程度。
- 美学推理是在交织着事实和价值的概念框架内做出判断。
- 美学价值常常被认为是发挥某种功能的能力，比如产生快乐或促进社会变化。
- 另一派认为，美学价值由艺术作品中特定的美学性质或形式来界定。
- 还有一种观点把美学判断看作品位的表达方式。
- 关于美学价值的合理论证帮助我们以变化或扩展了的方式去观察、聆听或感知艺术，并加强我们对艺术的鉴赏力。
- 提供了支持某种美学判断理由的评论家，通过与他人分享对艺术作品的感知来和他人达成共识。我们分享这种美学感知的程度越深，就越能在美学价值观上达成一致。

高 效 学 习

《刻意练习：如何从新手到大师》

作者：[美] 安德斯·艾利克森 罗伯特·普尔 译者：王正林

销量达200万册！
杰出不是一种天赋，而是一种人人都可以学会的技巧
科学研究发现的强大学习法，成为任何领域杰出人物的黄金法则

《学习之道》

作者：[美] 芭芭拉·奥克利 译者：教育无边界字幕组

科学学习入门的经典作品，是一本真正面向大众、指导实践并且科学可信的学习方法手册。作者芭芭拉本科专业（居然）是俄语。从小学到高中数理成绩一路垫底，为了应付职场生活，不得不自主学习大量新鲜知识，甚至是让人头疼的数学知识。放下工作，回到学校，竟然成为工程学博士，后留校任教授

《如何高效学习》

作者：[加] 斯科特·扬 译者：程冕

如何花费更少时间学到更多知识？因高效学习而成名的"学神"斯科特·扬，曾10天搞定线性代数，1年学完MIT4年33门课程。掌握书中的"整体性学习法"，你也将成为超级学霸

《科学学习：斯坦福黄金学习法则》

作者：[美] 丹尼尔·L.施瓦茨 等 译者：郭曼文

学习新境界，人生新高度。源自斯坦福大学广受欢迎的经典学习课。斯坦福教育学院院长、学习科学专家力作；精选26种黄金学习法则，有效解决任何学习问题

《学会如何学习》

作者：[美] 芭芭拉·奥克利 等 译者：汪幼枫

畅销书《学习之道》青少年版；芭芭拉·奥克利博士揭示如何科学使用大脑，高效学习，让"学渣"秒变"学霸"体质，随书赠思维导图；北京考试报特约专家郭俊彬博士、少年商学院联合创始人Evan、秋叶、孙思远、彭小六、陈章鱼诚意推荐

更多>>> 　《如何高效记忆》 作者：[美] 肯尼思·希格比 译者：余彬晶
《练习的心态：如何培养耐心、专注和自律》 作者：[美] 托马斯·M.斯特纳 译者：王正林
《超级学霸:受用终身的速效学习法》 作者：[挪威] 奥拉夫·舍韦 译者：李文婷

逻辑思维

《学会提问（原书第12版）》

作者：[美] 尼尔·布朗 斯图尔特·基利 译者：许蔚翰 吴礼敬

批判性思维入门经典，授人以渔的智慧之书，豆瓣万人评价8.3高分。独立思考的起点，拒绝沦为思想的木偶，拒绝盲从随大流，防骗防杠防偏见。新版随书赠手绘思维导图、70页读书笔记PPT

《批判性思维（原书第12版）》

作者：[美] 布鲁克·诺埃尔·摩尔 理查德·帕克 译者：朱素梅

10天改变你的思考方式！备受优秀大学生欢迎的思维训练教科书，连续12次再版。教你如何正确思考与决策，避开"21种思维谬误"。语言通俗、生动，批判性思维领域经典之作

《批判性思维工具（原书第3版）》

作者：[美] 理查德·保罗 琳达·埃尔德 译者：侯玉波 姜佟琳 等

风靡美国50年的思维方法，批判性思维权威大师之作。耶鲁、牛津、斯坦福等世界名校最重视的人才培养目标，华为、小米、腾讯等创新型企业最看重的能力——批判性思维！有内涵的思维训练书，美国超过300所高校采用！学校教育不会教你的批判性思维方法，打开心智，提早具备未来创新人才的核心竞争力

《思考的艺术（原书第11版）》

作者：[美] 文森特·赖安·拉吉罗 译者：宋阳 等

《学会提问》进阶版，批判性思维领域权威大师之作，兼具科学性与实用性，不能错过的思维技能训练书，已更新至第11版！将批判性思维能力运用于创造性思维、写作和演讲

《逻辑思维简易入门（原书第2版）》

作者：[美] 加里·西伊 苏珊娜·努切泰利 译者：廖备水 雷丽赟

逻辑思维是处理日常生活中难题的能力！简明有趣的逻辑思维入门读物，分析生活中常见的非正式谬误，掌握它，不仅思维更理性，决策更优质，还能识破他人的谎言和诡计

更多>>>
《说服的艺术》 作者：[美] 杰伊·海因里希斯 译者：闾佳
《有毒的逻辑：为何有说服力的话反而不可信》 作者：[美] 罗伯特 J.古拉 译者：邹东
《学会提问（原书第12版·中英文对照学习版）》 作者：[美] 尼尔·布朗 斯图尔特·基利
译者：许蔚翰 吴礼敬

斯科特·H.扬系列作品

1年完成 MIT4 年 33 门课程的超级学神

ISBN: 978-7-111-59558-8

ISBN: 978-7-111-44400-8

ISBN: 978-7-111-52920-0

ISBN: 978-7-111-52919-4

ISBN: 978-7-111-52094-8